산은 약(藥)이다

산은 약(藥)이다

저자 · 편집 · 디자인	김 준 성
펴낸 곳	바른행복
초판 1쇄	2024년 12월 16일
ISBN	979-11-989931-3-7

바른행복

대표자　김준성
e-mail　humaster@naver.com

이 책의 저작권은 저자에게 있으며
책 내용을 이용할 경우 서면 동의를 받아야 합니다.

산은 약(藥)이다

알아차림 명상 수행자의 25년 등산이야기

김 준 성 지음

산을 인생에 약으로 활용하는 방법
번뇌를 비우고 마음을 치유하는 등산
허리와 무릎을 보호하는 등산법

바른행복

『 인생에 약이 필요한 모든 존재들이

산을 약으로 활용할 수 있기를 기원합니다. 』

저 자 소 개

저는 명상과 등산을 좋아하는 40대 중반의 남성입니다.

'백패킹, 여행, 요리, 바벨 운동(스쿼트, 데드리프드)'도
좋아하는 평범한 사무직 직장인입니다.

어느 날 지리산 천왕봉 중산리 코스로 등산 나녀오다가
운전 중 라디오에서 들은 이야기입니다.

이집트에 오래전부터 전해져오는
사후 심판 이야기가 있다고 합니다.

사람이 죽으면 신 앞에서 심판받게 되는데
그때 신은 다음과 같은 질문을 한다고 합니다.

" 너는 좋아하는 것을 찾았느냐? "
" 그것으로 사람들에게 유익함을 주었느냐? "

신이 심판하는 것은 '생을 얼마나 가치 있게 살았는가?'
또한 '자신에 그치지 않고 남에게 유익함을 주었는가?'입니다.

20대 초반에 초기 불교 명상(사마타, 위빠사나 명상)과
등산(강원도 전방 산악부대 복무)에 인연이 닿았습니다.

명상은 제게 바른 삶(계율행-도덕적 말과 행위)이라는
숭고한 가치를 심어주었고 큰 이익을 얻었습니다.

등산은 세속을 살며 겪게 되는 어려움을
버틸 수 있게 힘과 자신감을 주었습니다.

40대 중반의 나이까지...
명상과 등산을 20여 년 넘게 즐기면서
삶에 많은 도움을 받았습니다.

특히 명상은 저의 삶을 완전히 바꿔준
인생의 은인으로 표현하고 싶습니다.

근래에는 생을 가치 있게 살고 싶은 마음에
진지하게 출가 고민도 하던 중에 이러한 생각이 들었습니다.

' 나름 오랜 시간 공들여 배우고 즐긴
  나만의 가치 있는 것들이 있다.

  출가를 하게 될지는 알 수 없지만...

  그전에 내가 배운 것들을 세상에 나누며
  유익함을 줄 수 있지 않을까?

  만약 그렇게 된다면 출가를 잠시 미루거나
  또는 세속에 머물며 살아갈 이유가 될지도 모르겠다. '

출가자가 된 후에는...

등산 같은 취미 이야기를 세상과 나누기 어렵기에
지금의 시점에서 한번 시도해 보고 싶었습니다.

또한 식장에서 논 벌기 위해 하는 일이 아닌
내가 좋아하는 것에 관해 이야기해 보고 싶었습니다.

이 책은 그렇게...
단지 인세 수입을 올리기 위한 것이 아니라

세상에 선업(善業)을 지으며 소통해 보고 싶은
설레며 흥미진진한 시도입니다.

어디선가 우연히 보았던 글이 기억납니다.
' 가장 힘든 것은 꾸준히 하는 것이다. '

어떤 가치 있는 것이든 20여 년 이상
관심 가지고 해 온 것은 쉬운 일이 아닐 것입니다.

그래서 나의 경험은
나눔의 가치가 있다는 생각에 글쓸 용기가 납니다.

이 책은 명상의 관점으로 보는「등산의 바른 견해」입니다.

하지만 거부감을 일으킬 수 있는
종교 사상에 관한 이야기는 없습니다.

요즘은 초기 불교 명상의 일부 요소(알아차림, 마음챙김 등)를
'심리학, 정신의학, 교육학' 등에서 활용하기도 합니다.

마찬가지로 명상의 일부 요소를
등산에 활용한다고 보시면 됩니다.

세상에 유익한 것을 나누고 싶은
평범한 40대 중반의 저자 소개입니다.

비양도에서 행선(行禪) 중...

『 이 세상 살아있는 모든 존재들
항상 몸과 마음 평온하고 행복하기를... 』

『 등산은 투쟁과 성취가 아닌

놓아버림을 배우는 것입니다. 』

이 책을 손에 든 당신에게 드리는 말...

혹시 주말에 무엇을 하십니까? 주중 생업에 종사하며 스트레스받을 때, 어떤 마음으로 버티십니까? 재충전하는 자신만의 방법이 있어 다가오는 주말을 기다리십니까? 또는 힘들고 괴로운 일이 생겼을 때 어떤 방법으로 극복하십니까? 몸과 마음에 활력을 주는 취미가 있습니까?

세상을 살아가려면 몸과 마음을 치유할 수 있는 건전한 수단 한 가지는 있어야 합니다. 그래야 힘들 때, 지친 몸과 마음을 돌보며 건강하게 유지할 수 있습니다. 또한 평소에 밝고 긍정적인 에너지를 축적해 가며, 매력적이고 건강한 사람이 될 수 있습니다.

역경에 부딪혔을 때, 극복하여 다시 힘차게 나아갈 수 있고 자신을 성숙시킬 수 있는 수단은, 참고 이겨내야 하는 무거운 부담감이 있으면 안 됩니다. 아무리 좋다는 것도 마음을 무겁게 만드는 것이라면 하지 않게 됩니다. 부담 없이 가볍게 할 수 있으며 즐겁고 행복해야 합니다. 이런 것이 취미라고 말할 수 있을 것입니다. 그러면 어떤 취미가 적당하겠습니까? '헬스, 골프, 낚시, 캠핑, 테니스, 악기연주 ……?'

저는 등산을 권하고 싶습니다. 크게 '세 가지 이유'가 있습니다.

첫 번째 이유는 혼자서 할 수 있습니다. 같이할 사람을 구하는 번거로움이 없고, 내가 원하고 필요할 때 언제든지 할 수 있습니다. 혼자라서 남의 눈치를 보지 않고, 가식과 불편함 없이 순수하게 자신을 마주할 수 있습니다. 사실 등산은 혼자 할 때 더 재미있고 얻는 것이 많습니다.

두 번째 이유는 산은 조용하고 깨끗해서, 자신을 점검하고 치유할 수 있는 가장 좋은 장소입니다. 몸과 마음을 함께 건강하게 할 수 있습니다. 사실 등산은 몸의 운동이라기보다는 마음에 에너지를 충전하는 것입니다. 왜 그러한지는 책을 읽으며 이해할 수 있을 것입니다.

세 번째 이유는 대한민국은 산이 좋은 나라입니다. 어떤 도시에서도 산을 쉽게 접할 수 있습니다. 등산이야말로 대한민국에 태어난 혜택을 제대로 누리는 것 아닐까요? 산이 좋은 나라에 태어나, 산을 모르고 죽는다는 것은 참 아쉬운 일입니다.

아마도 이렇게 생각할 수 있습니다. '등산이 몸과 마음을 건강하게 하는 좋은 취미라는 것은 알고 있다. 그런데 힘들 것 같아 부담스럽고 시작하기 망설여진다.'

이 책은 등산의 그릇된 선입견으로 시작하기에 부담 느끼는 분들을 위해 썼습니다. 등산이란 힘들지 않게 하는 것입니다. 힘들지 않아야 즐길 수 있고 얻는 것이 있습니다. 힘들지 않게 설악산 대청봉, 지리산 천왕봉을 다닐 수 있습니다. 다시 말하면, 해발 고도 1,500m 이상을 오르며 몸이 전혀 힘들지 않다면 거짓말일 것입니다. 하지만 마음은 괴롭지 않게 고요하고 행복할 수 있습니다. 마음이 안정되면, 몸의 힘듦은 기존에 알던 것과 다르게 느껴질 것입니다. 몸의 힘듦이 더 이상 걱정스러운 부담이 아니게 됩니다.

이제는 동네 뒷산을 오르는 것처럼 설악산, 지리산도 마음 편하게 갈 수 있습니다. 이런 변화는 체력의 확신에서 오는 것이 아니라, 마음을 능숙하게 다뤄본 경험에서 오는 것입니다. 등산은 체력과 크게 상관없습니다.

몸과 마음을 건강하게 하는 건전한 취미로써 등산을 배우고 싶고, 삶의 어려움을 극복하는 수단으로 활용하고 싶지만, 어렵고 힘들 것 같은 부담감에 쉽게 시작하지 못하는 분들, 또는 등산을 시작하긴 했으나 여러 가지 이유로 흥미를 갖지 못하는 분들을 위한 책입니다.

저자는 어떤 사람이기에 등산을 시작하는 독자들에게 도움 줄 수 있을까요? 이 책은 저자가 20대 초반에 등산과 인연이 닿고, 20년 넘게 경험해 온 이야기들을 쓴 책입니다. 책의 목차를 보면 어떤 내용으로 구성되어 있는지 짐작할 수 있습니다.

저자 역시 등산을 모를 때는 심한 부담감을 느꼈고, 내려올 산을 왜 힘들게 올라가는지 이해하지 못했습니다. 그러나 강원도 전방 산악부대에 복무하며 강제로 산과 친해져야 했습니다. 그 때문에 전역 후 부담감 없이 등산을 접할 수 있었지만, 등산의 그릇된 견해로 인해 무릎을 다쳤고 한동안 등산을 멀리하기도 했습니다.

취업 후 직장생활 스트레스가 심하여 해소할 수단이 필요했습니다. 산 정상에서 느낄 수 있는 넓고 담대한 마음을 잘 알기에, 등산보다 더 좋은 것이 없다고 생각했습니다. 그래서 절실한 마음으로 공부해 가며 무릎 통증을 해결하였고, 또한 20년 이상 배운 명상을 등산에 활용하며 「산이 약이 되는 바른 등산」을 시작할 수 있었습니다.

이와 같은 오랜 경험이 있기에, 등산을 취미로 삼고 싶은 분들께 도움 드릴 수 있을 것으로 생각했습니다.

세상 어느 것도 한 가지 방법만이 100% 정답인 경우는 없습니다. 저자가 생각하는 등산 외에 다른 좋은 견해도 있을 것입니다. 자신에게 맞는 방법을 찾아 등산의 유익함을 즐기는 것이 중요합니다.

저자는 등산을 운동보다는 명상으로 생각합니다. 법륜 스님께서 극찬하셨던 '산의 영혼(The Spirit of the Hills)'이라는 책을 쓴 프랭크 스마이드(Frank S. Smythe)의 표현처럼, 「등산은 명상을 하기 위한 산책」으로 생각합니다. 산은 단지 명상을 하기 위한 배경일 뿐입니다.

그렇기에 몸뿐만 아니라 마음도 함께 건강하게 하고 치유할 수 있습니다. 방법은 익혀야 할 테크닉이 많거나 어렵지 않습니다. 욕망과 불만족을 놓아버리고 깨어있는 순수한 마음으로 '지금 이 순간, 여기 한걸음'

에 온전히 머물면 됩니다. 그렇게 할 때 마음의 깨어남은 더욱 커지고, 평범한 산길이 예술 작품처럼 느껴지는 경이로운 순간을 경험하게 됩니다. 번뇌 없이 맑고 고요하게 깨어있는 그 경험은, 기존에 알고 있던 등산의 견해를 완전히 바꿔 놓을 것입니다.

한 걸음 한 걸음 깨어있는 마음으로 '지금 여기'를 걷다 보면, 때가 되어 멋진 조망이 터지고 마침내 정상에도 도달하는 것입니다. 마음이 '지금 여기'의 발걸음을 벗어나 과거와 미래를 떠올려 집착하게 되면, 등산은 불만족에 괴로운 힘든 투쟁으로 변합니다. 그렇게 하는 등산은 지치고 힘들 뿐, 오래 하지 못하고 몸과 마음을 치유하지도 못합니다.

바른 견해로 하는 등산은, 부담감을 없애고 몸과 마음을 치유하는 행복한 취미가 될 수 있습니다. 그래서 책 제목을 '산은 약이다.'라고 정하였습니다.

지금까지 출판된 등산 관련 책 중에 '등산에 대한 견해'를 주제로 쓴 책이 없기에, 세상에 꼭 필요한 책을 쓴다는 기분 좋은 의무감도 있습니다.

처음 써보는 책이라서 글의 느낌에 주의 기울였습니다. 내 생각을 일방적으로 가르치려 하지 않고, 경험을 이야기하며 자연스러운 공감을 얻으려 노력하였습니다. 글의 형식에 얽매이지 않고 '독백, 수필, 대화'처럼, 독자가 편하고 자연스럽게 느낄 수 있게 쓰고 싶었습니다. 그러나 의도대로 잘 될지는 모르겠습니다.

책 내용의 이해를 위해 그림과 사진을 삽입하였습니다.
이 책에 있는 모든 사진은 제가 직접 등산하며 찍은 것들입니다.

이 책을 인연으로...
많은 사람이 「산을 인생의 약」으로 활용할 수 있기를 기대합니다.

' 2023년 8월 8일에 산을 좋아하는 어느 평범한 사람이...... '

산은 단지 배경 입니다.

'어떤 마음으로 걷는가?' 그것이 등산의 핵심입니다.

차례

저자 소개와 머리말

제1장 등산이 삶에 스며드는 과정

1-1.	고등학교 수련회의 두렵고 하기 싫은 등산.	26
1-2.	강원도 전방 산악부대 입대 피할 수 없는 등산.	28
1-3.	훈련 중 알게 된 산의 아름다움 전역하면 등산을 해보자.	30
1-4.	힘든 야간 행군 중에 본 펀치볼 운해 감탄하는 병사들.	32
1-5.	산악부대에서 얻은 자신 있는 체력, 산을 쉽게 보다.	36
1-6.	경쟁하는 등산 더 빠르게 더 힘차게 정상을 탈환하라.	38
1-7.	서울특별시 도심 속에 이런 산이 있다니…	40
1-8.	청바지에 전투화, 북한산에서 중년 등산객에게 혼이 나다.	42
1-9.	갑자기 아프기 시작한 무릎, 등산에 흥미를 잃다.	44
1-10.	무릎이 아파서 등산 대신 명상과 헬스를 하다.	46
1-11.	돈 없는 취업 준비생 휴식을 위해 산으로 가다.	48
1-12.	취업 후 직장 스트레스에 또다시 산으로…	50
1-13.	이제 등산은 번뇌를 비우기 위한 명상이 되었다.	52
1-14.	등산이 간절한데 무릎은 계속 아프다.	54
1-15.	스틱과 무릎 보호대, 등산 공부를 시작하다.	56
1-16.	속리산 문장대, 모산(母山)에서 등산을 배우다.	58

제2장 등산은 명상을 하기 위한 산책

2-1.	이제 산에 명상하러 간다.	64
2-2.	산은 단지 배경이다.	66

2-3.	마음가짐을 바르게 한 후에 등산하십시오.	68
2-4.	등산은 힘들지 않게 하는 것.	70
2-5.	숨차고 땀에 젖은 등산은 하수.	72
2-6.	알아차림(마음 챙김)은 등산을 명상으로 바꾼다.	74
2-7.	만족은 행복을 가져오는 만병통치약.	78
2-8.	산속에서 보호받는 자애 명상.	82
2-9.	마음에서 일어나는 번뇌를 알아차리고 놓아버리기.	86
2-10.	정상의 멋진 경치보다 만족스러운 고요함.	90
2-11.	생각이 사라진 깨어있는 고요함의 중독.	94
2-12.	평범한 산길이 예술 작품으로 변하다.	98
2-13.	정상으로 달아난 마음을 돌려 '지금 여기'에 만족.	100
2-14.	깨진 고요함은 무상(無常)의 이치, 또다시 일어나는 번뇌.	102
2-15.	받아들이기 그리고 다시 알아차림의 반복.	104
2-16.	마음의 균형을 조절하는 능숙함.	108
2-17.	행복이 있으면 괴로움도 있는 법.	112
2-18.	정상을 향한 욕망의 괴로움.	114
2-19.	평온한 마음으로 맞이하는 정상.	116
2-20.	정상에서 나를 더 크게 만드는 평정심.	118
2-21.	번뇌가 사라진 나에게 느끼는 자존감.	120
2-22.	하산하는 마음가짐.	122
2-23.	무릎 부상을 예방하는 알아차림.	124
2-24.	볼 것 없는 하산이 행복해야 힐링이다.	126
2-25.	쉴 줄 아는 여유는 마음 수준의 척도.	128
2-26.	다시 일어난 경이로움과 무상(無常)의 진리.	130
2-27.	출근길과 산책도 명상으로 활용할 수 있게 된다.	132

제3장 지리산 등산 미리보기

3. 지리산 등산 미리보기. 　　　　　　　　　　138

제4장 등산의 기술

4-1.	알아차림(Sati)이란? 배워봅시다.	204
4-2.	마음을 편안하게 만드는 만족.	218
4-3.	놓아버리기, 그대로 내버려두기.	222
4-4.	성향이 다를 뿐, 목적은 같다.	224
4-5.	걷기 명상으로 알아차림을 연습해 봅시다.	226
4-6.	시간을 아껴주는 스트레칭.	242
4-7.	등산 스틱의 필요성과 사용법.	246
4-8.	허리 통증을 예방하는 척추 중립.	256
4-9.	아픈 무릎은 피해자 입장이다.	262
4-10.	등산 중 무릎이 아플 때 대처 방법.	266
4-11.	무릎 보호대보다 스포츠 테이프가 좋다.	272
4-12.	바벨 운동으로 깨달은 등산 보법.	276
4-13.	대전제는 있지만 정답은 없다.	284
4-14.	시간을 주고 무릎을 얻어라.	290
4-15.	마음의 여유는 즐거움과 안전의 보장.	292
4-16.	등산 체력은 먹는 것에서 나온다.	294
4-17.	느린 걸음이라도 황소걸음이 이긴다.	298
4-18.	산에서는 안전이 우선 절대로 무리하지 말기.	300
4-19.	한번 발목을 다쳐 보면 중등산화를 신는다. (등산화 끈 매는 법)	304

4-20.	배낭이 가벼워지면 풍경이 눈에 들어온다.	308
4-21.	산에서는 오지랖을 부리지 말자.	312
4-22.	너무 비싼 옷과 장비는 생각해 볼 문제.	316
4-23.	사계절 중 가장 힘든 여름 등산 조언.	320
4-24.	사계절 중 가장 아름다운 겨울 등산 조언.	324
	(등산복 레이어링)	
4-25.	혼자 하는 야간 산행의 비법 자애.	340
4-26.	상황에 맞게 즐기는 등산.	348
4-27.	산에서 필요한 에티켓.	352
4-28.	국립공원 대피소 이용법.	356
4-29.	놓아버릴 때 얻게 되는 것.	360
4-30.	등산을 핑계 삼아 운동을 시작하자.	364
4-31.	설악산을 처음 가는 분들께 드리는 노하우(knowhow).	368

제5장 등산 후기

5-1.	설악산 공룡능선, 별 보며 들어가서 별 보며 나오다.	386
5-2.	한파경보와 강풍주의보에 설악산 신년 일출 산행을 가다.	410
5-3.	무모한 자신감의 겨울 소백산 어의곡 환종주.	428
5-4.	위험하지 않아도 충분히 아름다운 한라산 눈꽃.	444
5-5.	겸손을 가르쳐준 대설의 소백신.	458
5-6.	설악산 대청봉에서 만난 80대 어르신 부부.	484

맺음말

산 그리고 인연

등산이 삶에 스며드는 과정

『 산 그리고 인연 』

1장
등산이 삶에 스며드는 과정

1-1. 고등학교 수련회의
　　　두렵고 하기 싫은 등산.

　고등학교 1학년 때 상주시 화북면에 있는 학생수련원으로 수련회를 갔다. 수련회 두 번째 날 오후 일정에 근처 속리산 국립공원 문장대 등산이 계획되어 있었다. '아 수련회 와서 무슨 등산이야!' 하며 학생들은 첫날부터 걱정하고 있었다. 그때 우리들이 생각하는 등산은 힘들고 남과 경쟁하는 것이었다. 뒤처지거나 중간에 포기하면 친구들에게 창피한 부담스러운 것이었다.

　두 번째 날이 되었다. 오전부터 등산을 피하기 위한 온갖 궁리를 하기 시작했다. '아프다고 할까? 발목을 삔 것처럼 연기할까? 아니면 등산로 입구까지 가다가 중간에 이탈해 숨어버릴까?' 하지만 점심 식사 후 출발하기 위해 모일 때까지, 어떤 뚜렷한 계책도 떠오르지 않았다. 결국은 마치 강제로 징병 되어 끌려가듯, 무거운 발걸음으로 따라가고 있었다.

　한 번도 가보지 않은 문장대, '도대체 얼마나 멀고 힘들까? 뒤 처지면 창피해서 어쩌지? 혼자 못 오르면 어쩌지?' 그런 걱정을 하며 걷고 있었다.

그런데 갑자기 구름 낀 흐린 하늘에서 빗방울이 떨어지기 시작했다. 마음에 기쁨이 일어나며, 담임 선생님 표정을 힐끔힐끔 살피기 시작했다. 하지만 담임 선생님은 아무 반응 없이 계속 걷기만 했다.

나는 계속 선생님 표정을 살피며 마음속으로 주문을 걸었다. '제발 입을 열어라~ 열어라~' 마치 기도하듯 간절했다.

점차 빗줄기가 굵어지며 옷을 적시기 시작했고, 결국 선생님이 입을 열었다. "얘들아. 서늘한 사람은 옷으로 머리를 덮어라. 젖은 머리로 체온이 빠져나가니, 덮어서 유지해라." 우리는 크게 실망하며 속으로 말했다. '아니! 비가 내리는데 무슨 등산이야? 돌아가야죠!'

한 20분 더 걸었을까? 아직 등산로 입구에 도착도 못 했는데 빗줄기는 더 굵어졌다. 옷은 젖어 조금 추웠지만, 어쩌면 되돌아갈 수도 있다는 기대감에 기분이 좋아졌다.

결국 앞에 가던 다른 반 아이들이 걸음을 멈추고 큰 소리로 외쳤다. "등산 취소~~~" 그 말을 듣는 순간 그렇게 기분 좋을 수 없었다. '이제 살았다.' 우산도 없이 비 맞으며 걸었지만, 축축한 몸의 느낌과는 반대로 마음은 아주 상쾌했다.

'나는 등산이 두렵고 싫었다. 해본 적도 없고 하고 싶지도 않았다.'

등산이 삶에 스며드는 과정

I-2. 강원도 전방 산악부대 입대
피할 수 없는 등산.

98년도 21살에 강원도 양구군에 있는 백두산 부대에서 군 복무를 시작했다. 부대 이름이 백두산이다. 사단 마크도 삼각형의 뾰족한 산 모양이 그려져 있다. 그것도 겨울 산처럼 눈 덮인 흰색이다. 훈련소에서 훈련병들이 모여 말했다. "백두산 부대 가면 죽음이래." 왜? 죽음일까? 아마도 부대 마크가 산인 것으로 봐서, 높은 산을 오르며 하는 훈련이 힘들 것 같았다.

민통선(민간인 출입 통제선)과 가까운 부대로 배치받았는데, 부대 정문에서부터 오르막길은 시작된다. 인솔하는 선임병 뒤를 따라, 보급품을 가득 넣은 무거운 더블백을 메고 걷는데, 숨이 턱까지 차오르고 종아리 부분이 당기며 뻐근하다. 훈련소에서 들은 백두산 부대의 악명 때문에, 부대에 도착하자마자 걷는 오르막길은 앞날에 두려운 상상을 일으켰다. 그렇게 30분 정도 걸어가니 연병장과 막사 건물이 나왔다.

저녁 식사 시간에 집합하여 함께 식당으로 이동하는데, 뭐가 또 오르막길이다. 숨이 찬다(나중에 보니, 병장들은 그 오르막길을 걷는 것이 싫어서 가끔은 굶기도 한다).

새벽 기상 시간이 되면 스피커로 댄스곡이 크게 흘러나온다. 병장을 제외한 병사들은 벌떡 일어나 빠르게 침구 정리하고, 걸레를 빨아와 침상과 내무반 바닥을 닦는다. 짬밥 순으로 역할이 분담되어 있다. 15분도 안 돼서 청소를 마치고, 모두 밖으로 나가 줄을 맞춰 당직 사령의 점호를 기다린다.

점호가 끝나면 체조 후 상의 탈의에 구보하는데, 내리막길을 한참 달려 내려가서 다시 원위치로 뛰어 돌아온다. 좀 과장해서 30m 이상 평지로 이어진 곳이 없다. 그런데 병사들은 마치 평지처럼 아무렇지도 않게 뛰어다닌다.

이등병 때는, 산 중턱을 깎아 만든 부대에서 하는 모든 생활이 두려움이고 고통이었다. 기상 후 구보를 따라가지 못하는 것과 무거운 장비를 짊어지고 이동하는 이등병의 일상은, 매일 체력에 한계를 느끼게 했다.

하지만 하루하루 지나며 적응하기 시작했다. 몇 달이 지난 후, 체지방이 다 빠진 봄은 이소룡겨틴 몸통 근육이 선명하게 드러났다. 그렇게 나는 무거운 장비를 메고 산길을 뛰어다니는 강철 체력 터미네이터가 되어 갔다.

1-3. 훈련 중 알게 된 산의 아름다움
   전역하면 등산을 해보자.

　부대에서 매일 가파른 오르막을 뛰어다니며 생활하는 내게는 높은 곳이란 짜증 그 자체였다. 감옥 같은 산속에서 강제로 생활하기에 산이 더 싫어졌다. 가끔 일이 있어서 차를 타고 부대 밖으로 나가게 되면, 기분전환은커녕 자동차 도로 옆을 따라 길게 이어진 산만 봐도 답답하고 숨이 막혔다.

　나는 포병이었고, 관측병들을 관리하는 화력 통제 장교 옆에서 보좌하는 임무를 맡았다. 그래서 훈련이 시작되면 차를 타고 보병부대로 투입되었다. 당연히 장교의 개인 물품까지 내 배낭에 넣어 다녔다. 배낭이 너무 무거울 때는 팔로 들기 힘들었다. 배낭을 바닥에 놓고 그 위에 누워 팔을 끼운 후, 몸을 옆으로 돌려 엎드린 자세를 만들고, 팔과 무릎으로 땅을 밀면서 일어났다.

　그 정도로 무거운 배낭을 메고, 높은 곳에 있는 전투지휘소까지 올라가 훈련 뛸 때면 더더욱 산이 싫어졌다. 무거운 배낭으로 오르막길을 오른 후 쉬지도 못하고, 숨 막히는 간부들 틈에서 눈치까지 보았다.

어느 날 부대끼리 연계하는 가벼운 훈련이 있었는데, 포대장이 나를 불러서 타 부대 훈련 장소로 잠깐 같이 가야 한다고 한다.

부대 차량으로 어느 높은 산 아래에 내려졌고, 내 배낭에 간단한 물품을 넣고 포대장과 함께 오르기 시작했다. 입대하고 처음으로 편안한 분위기에 산을 오르는 경험이었다. 하지만 오르는 길이 너무 길었다. 배낭이 가벼워도 역시 숨차고 힘들었다.

배낭을 멘 나는 헉헉거리며, 맨몸으로 편하게 오르는 포대장 뒤를 따라 어느 봉우리에 이르렀다. 땅만 보며 걷다가 고개를 들었는데 순간 달력에나 나올 듯한 멋진 광경이 펼쳐졌다. 큰 바위가 웅장하게 이어져 있고, 그 사이로 안개구름 같은 것이 바람 따라 흘러갔다. 그 멋진 장면 속 곳곳에 끼어 있는 군복 입은 병사들은 묘한 느낌을 일으켰다.

태어나 그런 장관을 보기는 처음이었다. 내가 그 속에 있다는 것이 믿어지지 않았다. 보병과 다르게 포병은 어중간한 산 중턱에 위치해 저런 장관을 볼 기회가 없었다. 몸의 피곤함은 어느새 잊히고, 눈을 여기저기 옮기느라 정신이 없었다. 그런 멋진 곳에서 보병들이 마치 도인저럼 뛰어다녔다.

' 와... 산이 이럴 수도 있구나. 전역하면 등산을 해봐야겠다. '

1-4. 힘든 야간 행군 중에 본 펀치볼 운해 감탄하는 병사들.

상병 계급을 달고 뛰었던 큰 훈련이었다. 계절은 기억나지 않는다. 아마 봄이나 가을이었던 것 같다.

훈련이 시작되고, 나와 내 후임은 한 조가 되어 21사단 OO대대로 투입되었다. OO대대는 강원도 양구군 동면에 위치하는 해발 고도 1,000m 이상의 OO산 정상에 있는 부대다.

OO대대는 대한민국에서 가장 높은 곳에 있는 대대급 부대이며, 1년 365일 중 70%는 구름 속에 묻혀 있고 10월 초에 첫눈이 오며 5월 초에 마지막 눈이 내리는 곳이다.

그래서 타 부대 병사들은 훈련 중 이곳에 투입되는 것을 가장 싫어한다. 춥기도 하고 바람이 계속 세차게 불며 물도 편하게 쓰지 못하기 때문이다. 이곳에 훈련하러 가서 우연히 목욕탕 내부를 보았는데, 큰 탕에 물을 받아 병사들 빨래를 모두 모아 넣고 비누를 풀어 담가둔다. 물이 부족하기 때문이다.

OO대대에서 군용차를 타고 대항군과 치르는 전투 지점에 이르러 며칠 간의 훈련을 마친 후, 복귀는 보병을 따라 행군하며 오라는 지시를 받았다. 포병 군장은 보병 군장보다 무겁다. 고가의 비싼 장비들이 많다. 훈련 중에도 화력 장교 옆에서 보좌하기 때문에, 보병을 따라 장거리 행군하는 경우는 거의 없다.

  행군하며 돌아와야 했던 이유는, 그날 OO대대 대대장 기분이 별로였기 때문이었다. 보병들의 행군 행렬에서 뒤처지지 않으려고, 잔뜩 긴장하고 열심히 걸었다. 군장의 무게 차이 인지 아니면 평소 하는 훈련의 종류 차이인지, 보병들의 행군 속도는 거의 뛰는 수준이었다. 뒤처지거나 쓰러지지만 말자는 마음으로 앞 사람 뒤꿈치만 보며 열심히 따라가고 있는데, 어느 지점부터 병사들이 이상한 소리를 내기 시작했다.

  '와~~~ 와~~~'

  힘든 것을 참으며 행군 속도를 맞춰 가는 중이라서, 그 소리가 귀에 들어와도 관심 가지 않았다. 그러다 어느 순간 '와~~~' 하는 소리가 크게 들려 고개 들어보니, 엄청난 광경이 눈에 들어왔다. OO대대로 가는 높은 능선길을 통과하는 중이었는데, 펀치볼이라는 지형이 내려다보이는 곳이었다. 고등학교 교과서에도 나오는 펀치볼이라는 곳은, 마치 쌓인 눈에 동그란 공을 꾹 눌러 놓은 것처럼 360도 모든 방향이 산으로 둘러싸인 아주 넓은 지형이다.

움푹 파인 넓은 펀치볼에 구름이 갇혀 연못처럼 덮였고, 맑은 하늘 달빛이 비치는 구름 연못은 은빛으로 물들었다. 그 장관을 보는 순간 힘든 느낌은 다 사라지고, 내 입에서도 '와~~~' 소리가 저절로 나왔다. 좀 더 일찍 고개를 들었어야 했는데 중간 지점을 넘어 보기 시작한 것이 너무 아쉬웠다.

사방이 훤히 보이는 밝은 달밤에 은색으로 빛나는 거대한 구름 연못은, 힘든 훈련을 마치고 돌아오는 장병들에게 큰 위로가 되었다. 아마도 그때 함께 있었던 병사들은 평생 그 광경을 잊지 못할 것이다.

전역한 이후로 지금까지 등산 다녔지만, 그때 본 것만큼 아름다운 광경을 보지 못했다. 나라를 지키기 위해 고생하는 장병들에게만 주어진 자연의 멋진 선물이었다.

등산이 삶에 스며드는 과정

1-5. 산악부대에서 얻은 자신 있는 체력
   산을 쉽게 보다.

2020년도 7월에 드디어 끝나지 않을 것 같았던 군복무가 끝났다. 9월에 바로 대학교에 복학했다. 매일 정해진 시간에 규칙적인 생활 하고 일상이 체력 훈련인 곳에서 2년 2개월을 살다가, 평온한 대학생 삶으로 돌아왔다. 그토록 그리워하던 자유인데 이상하게 몸과 마음은 조금 찌뿌둥했다. 밤이 되면 학교 주변 술집에서 음악이 흘러나오고, 캠퍼스 잔디밭에는 신입생들이 막걸리 파티를 열었다.

나는 술과 모임을 별로 좋아하지 않는 성격이라서, 찌뿌둥한 기분을 풀 마땅한 수단이 없었다. 그래서 마음이 답답할 때면 운동복으로 갈아입고 대학교 운동장으로 갔다.

밤중에 가보니 운동하는 사람들이 좀 있었다. 큰 운동장을 그냥 뛰기 시작했다. 그런데 이상하다. 남들보다 빠른 속도로 달리는데 숨이 차지 않고 힘들지도 않았다. 뛰다 보니 사람들을 추월하는 재미가 생겼다. 조금 더 속력을 내서 달렸다. 그렇게 다섯 바퀴를 도는데도 별로 힘들지 않았다. 운동장을 보며 앉아 있던 사람들의 말소리가 들린다. '와.... 저 사람 봐! 대단하다. 계속 달린다.' 그 말에 기분이 좋았다.

'힘든 곳에서 군 생활하다 나오니 그래도 얻는 게 있구나. 나는 강철 체력이 되었다.'

주말이 되고 딱히 할 일이 없었다. 군 생활 2년 2개월 동안 신체 활동에 익숙해진 것일까? 입대 전과 다르게 무료하면 몸을 움직이고 싶어졌다. 그래서 집과 가까운 속리산 문장대를 가보기로 했다. 고등학교 수련회 때 두려워했던 그 속리산 문장대 코스였기에, 이제는 어떨지 궁금하기도 했다.

나는 등산로 입구부터 정상까지 쉬지 않고 아주 빠른 걸음으로 오르다가, 때로는 가볍게 달리는 속도로 뛰듯 올랐다. 사람들은 나를 보고 놀란 표정으로 피해주었고, 나는 사람들이 알아서 비켜주니 재미있었다.

' 강철 체력이 된 나는,
이제 해발 고도 1,054m의 문장대가 너무 쉬웠다. '

1-6. 경쟁하는 등산
   더 빠르게 더 힘차게 정상을 탈환하라.

 군대에서 얻은 강철 체력으로 등산에 재미가 붙었다. 속리산 문장대 코스라고 해봐야, 정상에 이르기 전까지는 아늑한 숲길과 중간에 가파른 오르막 몇 곳이 있을 뿐이다. 군 생활 중에 본 감탄사가 나올만한 그런 비경은 없다.

 그래서 산 그 자체를 즐긴다기보다는, 남들을 추월하며 느끼는 체력 자신감에 쾌감을 느꼈다. 혼자서 빠르게 오르다가 앞에 사람이 보이면, 더 힘을 내서 추월하고 멀찌감치 떨어뜨려 놓는다. 그렇게 추월한 후에는 다시 앞에 사람이 나타나기를 기다린다. 또다시 속도를 올려 추월한다. 그때마다 사람들의 표정을 보고 즐긴다.

 '산에서는 내가 제일 빠르다. 빨리 오르는 것이 잘하는 것이다.
  빠른 것이 자부심이다. 아무도 나를 못 이긴다.'

 '따라올 테면 따라와 봐!'

산 정상에 올라서는, 남들보다 빠르게 도달했다는 성취감에 젖어 만족스러웠다. '승리욕, 성취감 이것이 등산이다.'라고 생각했다.

정상의 경치를 즐기며 힐링한다기보다는, 남보다 빠르게 정상을 탈환한 성취감에 젖어 있다가 하산한다. 하산하다 보면 오르며 추월했던 사람들이 아직 올라오고 있다. 내려갈 때도 속도전이다. 시계를 보며 하산 시간 목표를 세운다. 흙길도 아닌 돌 위를 넓은 보폭으로 뛰어 내려간다.

'그게 어떤 결과를 가져올지도 모르면서……'

1-7. 서울특별시 도심 속에
이런 산이 있다니...

대학교 4학년 2학기가 되었고, 취업하기 좋게 학점과 토익점수를 잘 맞춰 놓았다. 그런데 졸업할 즘에 갑자기 목 디스크가 생겼다. 4년 동안 성실하게 공부하며 준비했는데 갑자기 몸이 아프니 속이 많이 상했다. 남들처럼 취업 원서 내는 것은 포기하고, 목 디스크를 치료하기 위해 인근 한의대 부속병원에 내원했다. 접수 후 침구과 진료실 앞에서 대기하다가 내 순서가 되어 들어갔다. 그때 안에서 걸어 나오던 5살 연상의 침구과 여교수와 마주쳤고, 둘은 서서 시간이 멈춘 듯 서로를 쳐다보고 있었다.

그때 스쳐 지나갔던 그 '악연?' 때문에, 나는 취업이 아닌 다시 의대나 한의대를 가고 싶어졌다. 의료봉사를 하며 살고 싶었다. 그래서 수능 공부하기 위해 신림동 고시촌으로 갔다. 결과적으로 그 바보짓 때문에 3년이란 아까운 시간을 버렸다.

조금 쉬면 나을 수 있는 그리 깊은 증상도 아니었는데, 잘 모르는 의사가 수술을 언급하며 겁을 줬기 때문에 그런 상황이 벌어졌었다.

하지만 신림동 고시생들의 삶을 보며 배운 것도 있다. 신림 2동 높은 곳에 있는 내 공부방에서 새벽 2시까지 공부하다가 창을 열어보면, 신림 2동과 9동에 즐비한 원룸 건물 대부분의 창문에 아직 불이 켜져 있었다. 공부하는 시간을 바꿔 5시에 일어날 때도 창문을 열어보면 불이 켜져 있는 곳이 많았다. 또는 아주 오랜 기간 고시 공부하는 사람들과 그들을 바라보는 신림동 주민들의 눈빛, 그들 수준에 맞춰져 있는 식당과 생활환경, 그 속에서 3년간 혼자 수능 공부하며 많은 것을 느끼고 경험했다.

공부하다 답답할 때면, 서울대학교 공과대학에서 시작되는 관악산 코스를 올라갔다. 서울 시내 중간에 있는 산이라고 해봤자 별 볼 일 없는 야산 정도 되겠지 생각했는데, 예상과 전혀 달랐다. 산속으로 들어가면 도심과 완전히 단절된 듯 숲이 아주 깊었다. 정상 조금 아래에 있는 큰 바위에 앉아 넓게 펼쳐진 산세를 보고 있으면, 김포공항에 착륙하기 위해 낮은 고도로 지나가는 비행기의 거대한 모습이 멋졌다. 때로는 매 같은 맹금류가 사냥하기 위해 공중을 돌다가 빠르게 하강하는 장면도 볼 수 있었다. 정상에는 단풍나무가 많았는데, 가을에는 아주 붉게 물들어 그 또한 아름다웠다. 큰 도시와 관악산은 서로 묘하게 균형을 맞추며 공존했다.

'서울 도심 속에 이런 산이 있다니...'
여전히 산에서는 내가 제일 빨랐다.

1-8. 청바지에 전투화
     북한산에서 중년 등산객에게 혼이 나다.

공부하다 답답할 때 관악산만 오르다가 흥미가 떨어져 북한산에 가보고 싶어졌다. 인터넷으로 검색해 보니 난도가 조금 있는 험한 산이었다. 그래서 운동화가 아닌 예비군 훈련을 대비해 가져온 전투화를 신기로 했다. 왜냐하면 나는 강원도 최전방 백두산 부대 용사였다. 그곳에서 전투화 신고 산을 달리며 훈련했었으니깐. (사실은 등산화 살 돈도 없었다.)

지하철 타고 북한산에 이르러 등산을 시작했다. 그때 딱 한 번 가봐서 올라가는 코스가 어땠는지 기억나지 않는다. 기억에 남는 것은 정상의 큰 바위가 특별히 멋있었다는 것이다. 또 관악산보다 거칠게 느껴졌다. 같은 서울 도심 속 산이었지만, 그곳은 관악산과 다르게 등산 복장과 장비를 잘 갖추고 있는 사람들이 많았다. 대학교 때 종종 찾던 속리산 문장대와 신림동에서 편하게 오르던 관악산에 비하면, 북한산에서는 전문 등산인들을 보는 듯했다.

'멋스러운 모자와 등산 스틱에 아래위로 색상을 잘 맞춘 등산복, 일상에서 다른 용도로는 신지 못할 것 같은 전문 등산화...'

당시 내 생각으로는 약간 이해 불가였다. '산에 오르는데 저렇게 돈 쓸 필요가 있나? 그냥 편한 복장으로 오르면 되는 거지.'

항상 그랬던 것처럼 나는 달리듯 빠르게 올라갔다. 그런데 지금까지 느꼈던 사람들의 눈빛이 아닌 다른 것을 느꼈다. 그래도 상관하지 않고 남보다 빠르게 오르는 만족감을 즐겼고, 내려올 때도 달리듯 내려왔다. 약간 높은 돌 위에서 뛰어내리듯 달리는 중에, 딸과 함께 온 어느 중년의 등산객과 마주쳤다. 그런데 갑자기 그 등산객이 젊고 건장한 체격의 내게 호통을 쳤다.

'산에서 전투화 신고 그렇게 달리면 아주 위험해!!!'

걱정해 주는 느낌 때문인지 기분 나쁘지 않았고, 나는 마치 선생님께 필요한 훈계를 듣는 듯한 반응으로 고개 숙이며 웃었다. 나중에 등산 지식이 생기고 알았다. 오래된 딱딱한 고무바닥의 전투화를 신고, 돌 위를 그렇게 달리면 미끄러져 다치기 쉽다. 물기가 있으면 더 위험하다.

'강원도 양구 최전방에서 야생으로 배운 등산이, 서울특별시 도심 속에서 문명으로 진화된 등산과 만난 순간이었다.'

1-9. 갑자기 아프기 시작한 무릎
　　　등산에 흥미를 잃다.

　답답할 때 가끔 오르던 관악산 서울대 코스는 이제 너무 익숙해져 있었다. 여느 때처럼 빠른 걸음으로 또는 달리듯 하산하는데, 어느 날 갑자기 무릎 느낌이 불편했다. 하지만 아픈 정도는 아니라서 별로 신경 쓰지 않았다.

　무릎은 노인이 되어야 아픈 것으로 생각하며 20대 후반 젊은 나이를 너무 과신했다. 더군다나 여전히 체력 하나는 자신 있었기에, 아픈 무릎은 내게 상상도 할 수 없는 일이었다.

　무릎의 불편한 느낌은 등산할 때마다 조금씩 커졌고 어느 날 통증으로 변했다. 이제는 더 이상 산에서 달릴 수 없었다. 오히려 하산길에서 무릎을 걱정하기 시작했다. 한번 무릎이 아프기 시작하면 남은 하산길이 너무 고통스러웠다.

　내가 즐기는 등산의 재미는 남들보다 빠르게 오르고 정상에서 성취감을 느끼는 체력 자신감이었는데, 이제 아픈 무릎 때문에 경쟁 능력을 상실했다. 등산에서 느끼던 재미를 완전히 잃어버렸다.

| 관악산 연주암 |

1-10. 무릎이 아파서
　　　등산 대신 명상과 헬스를 하다.

군 복무하며 우연히 오쇼 라즈니쉬가 쓴 '달마'라는 책을 보았다. 성장기 때부터 정신세계에 관심이 많았고 종교 역시 불교였다. '달마'라는 책은 마음을 관조하는 명상에 관한 내용을 담고 있다. 살며 처음 접하는 내용이었지만 그 관조가 어떤 것인지 바로 알 수 있었다. 과거에 우연히 몇 번 경험했던 기억을 떠올리게 되었다.

신기한 경험을 했었다. 마음이 힘들고 머리가 복잡할 때 그 마음을 지켜보면, 찰나의 순간에 모든 번뇌가 사라지고 마음이 비워졌다. 그 경험을 정확하고 뚜렷하게 기억해 냈다.

책에서 '내면의 관조, 지켜보는 자' 이런 설명을 보는 순간, 과거에 했던 경험이 뚜렷하게 떠올랐기에 책에 큰 흥미가 생겼다. 힘든 군 생활 일과가 끝나고 저녁의 짧은 휴식 시간에 틈틈이 책을 읽었다. 책에서 말하는 '관조, 지켜보는 자'(다른 표현으로는 알아차림)를 연습하기 시작했고 재미가 붙었다. 일상에서 또는 훈련 중에 응용해 보기도 했다. 그 때문에 군 생활 내내 명상 수행을 하게 되는 효과가 있었다.

전역하고 2년이 지난 2002년에, 당시 서울 강남구 압구정동에 있던 보리수 선원에서 정식으로 '위빠사나 수행'을 배웠다. 배우며 알게 된 것인데, 약 2,600년 전 붓다라는 성인께서 깨달음을 얻으실 때 했던 수행이 위빠사나 수행이었다. 위빠사나 수행은 '사띠(Sati)'라는 마음 기능을 이용하는 수행법이다. 정신의학이나 심리학에서 말하는 '알아차림, 깨어있음, 지켜보기' 등은 위빠사나 수행의 '사띠(Sati)'를 응용한 것이다.

  신림동으로 온 후 보리수 선원에 다니며 집중 수행도 참가하고 좀 더 상세히 배웠다. 거의 매일 시간 내어 명상했고, 일상에서 깨어있는 마음을 유지하려 노력했다. 무릎이 아파 등산을 못 하는 대신 헬스를 시작했다. 하루 종일 책상에 앉아 공부하다가 머리가 아프면 건물 밖으로 나가 행선(걷기 명상)을 15분씩 하고 들어왔다. 자기 전에는 좌선하다가 잠들었다.

  이때부터 배운 명상으로, 내 마음과 삶은 예전과 비교할 수 없을 정도로 좋게 변해갔다. 누군가에게 이 명상을 소개할 때 생명에 은인으로 표현할 정도였다. 위빠사나 명상 수행은 등산을 바르게 다시 배울 때, 핵심 원리가 되었다.

1-11. 돈 없는 취업 준비생
휴식을 위해 산으로 가다.

한방병원 연상의 침구과 여교수에게 첫눈에 반했던 그 악연으로 시작한 수능 공부는, 3년의 절실한 노력에도 불구하고 결실을 보지 못했다. 정말 내 인생에서 그렇게 열심히 공부해 본 적이 없었다. 하지만 의대 한의대는 내가 넘볼 수준이 아니란 것을 솔직하게 받아들였다.

심사숙고하지 않은 그 한 번의 무모한 결정이, 아까운 3년을 버리게 하고 찾아온 좋은 취업 기회도 놓치게 했다. 하지만 그때는 그럴 수밖에 없었다. 사람을 보고 시간이 멈춘 경험은 그때가 처음이자 아직은 마지막이다.

'이제 무얼 할까? 어떤 직업을 얻어야 하지?' 고민하다가, 서울에서 최대한 여러 가지 일들을 짧게 해보기로 했다. 정말 많은 종류의 일들을 구경삼아 경험했다. 그러다가 내린 결론은 공무원이었다.

딱히 적성에 맞는 것을 찾지 못했고 사기업 분위기는 별로 마음에 안 들었다. 그래서 다시 집으로 내려와 공무원 시험공부를 시작했다.

대학 졸업하고 또다시 수능 시험을 보겠다고 무작정 신림동으로 갔는데, 수중에 돈이 있을 리 없었다. 공무원 시험 준비가 하루 이틀에 끝나는 것이 아니니, 일주일에 하루는 쉬어야 했다. 쉬는 날에는 할 게 없어 다시 산으로 갔다.

예전과 다르게 무릎을 아끼며 천천히 등산했다. 돈 없는 취업 준비생이지만, 산속에 들어가면 세상과 단절된 듯 내 처지를 잠시나마 잊을 수 있었다. 그렇게 산속에서 마음을 비우고 머물다 돌아오는 것이, 내게는 지친 마음을 회복시키는 괜찮은 휴식이었다.

1-12. 취업 후 직장 스트레스에
　　　　또다시 산으로...

2011년도 공무원 시험에 합격했다. 당시는 공무원 직업이 인기 있어 경쟁률이 높았다. 이제 정년 보장에 칼퇴근할 수 있는 편안한 직장 생활이 시작될 것으로 기대했다.

대학 졸업 후 긴 시간을 혼자 공부만 하며 지냈었다. 이제 직장 다니며 연애와 결혼도 하고 평범하게 살고 싶었다. 재테크 공부해서 돈도 많이 벌고 싶었다. 임용 후 민원실로 근무 배치받았고, 맡은 업무는 건축 인허가였다. 출근 첫날 공무원 직업의 환상이 완전히 깨져버렸다.

'어떤 민원인이 욕하며 문 열고 들어온다. 하루에도 몇 번씩 사무실에서 고함이 들린다. 그뿐만 아니라 업무를 처리하려면 건축법을 봐야 하는데, 글자만 한글이지 무슨 외계어 같고 이해가 안 간다. 직장은 학교가 아니기에 누가 옆에 앉혀놓고 가르쳐주지 않는다. 혼자 알아서 배워야 한다. 하루에 몇 건씩 건축 인허가 민원은 접수되는데 처리하지 못해 쌓여만 간다.

건축 인허가 상담 전화가 오면 꿀 먹은 벙어리가 된다. 누구도 도와주지 않는다. 모두 자기 할 일 바쁘다. 그런데 이 와중에 성격 이상한 선배 직원은, 자기 일도 많으면서 내 업무 처리를 트집 잡는다. 결재를 올리면 팀장이 불러 스트레스 준다.

칼퇴근은 없다. 일을 모르니 밤 11시까지 붙들고 있어도 양이 줄지 않는다. 12시가 다 되어 집에 도착해 누우면, 다음 날 걱정에 잠이 안 온다. 주말에도 월요일 출근 걱정에 맘 편히 쉬지를 못한다. 심할 때는 주말 내내 잠만 잔다.'

'아. 도저히 안 되겠다. 또다시 산으로……'

공부할 때는 돈이 없어 산속에서 휴식했는데, 임용되고 나서는 직장 스트레스 때문에 산으로 가야 했다. 어디 좋은 곳을 찾아 멀리까지 갈 마음에 여유가 없었다. 자주 찾던 속리산 문장대로 자연스럽게 가게 됐다.

속리산 문장대를 20대에는 대학생으로, 30대에는 취업 준비생과 직장인의 신분으로, 그때마다 다른 이유로 찾았고 다른 위안을 얻있다. 그러고 보니 나는 산과 인연이 참 깊었다.

1-13. 이제 등산은
　　　 번뇌를 비우기 위한 명상이 되었다.

　주말이 되면 방에 누워서 고민만 했다. TV에 재미난 프로가 나와도 눈에 들어오지 않고, 어두운 표정으로 하는 것 없이 시간만 보냈다. 그런 나를 보고 있는 가족 역시 불편할 수밖에 없었다. 일해서 번 돈으로 뭘 사거나 즐기고 싶은 생각도 없었다. 머릿속은 직장 걱정뿐이었다. 월요일에 다시 출근해 외계어(건축법)를 붙들고 맞게 일하는지도 모른 체, 불안한 마음에 시달릴 다음 주가 걱정될 뿐이었다. 이렇게 몇 주를 보내다 보니 도저히 안 되겠더라. 그래서 일단 밖으로 나가자고 생각했다.

　'지금 이 기분으로 나가서 남들 시선 신경 쓰지 않고, 뭐라도 편하게 할 만한 곳이 어디일까? 산밖에 더 있나? 또 지금까지 필요할 때마다 다른 목적으로 가기는 했지만, 산속의 맑은 고요함이 마음을 얼마나 정화해 주는지 이미 경험으로 알고 있지 않나? 아무리 몸과 마음이 힘들어도, 움직이다 보면 활력이 생긴다는 것도 경험으로 알고 있다.'

집과 가까워 자주 찾던 속리산 문장대를 오르기 시작했다. 이제는 예전과 완전히 다른 목적으로 왔다. 그리고 다른 방식으로 산을 오른다. 직장 생활 스트레스인 마음의 번뇌를 버리기 위해 왔고, 나는 20대부터 배운 명상법을 알고 있었다.

'이제 나에게 등산이란, 자신 있는 체력으로 남과 경쟁해 이기고 빠르게 정상에 이르는 성취감을 얻기 위한 것이 아니다. 오랜 기간 배운 명상법을 등산에 적용해서 번뇌를 비우고 마음에 활력을 되찾는 것이 목적이다.' 이제 등산은 몸의 운동이 아니라, 마음의 명상이 되었다.

'들머리에서 걷기 시작하며 마음가짐부터 다르다. 나는 걷기 명상을 하러 왔다. 내 마음에서 정상에 올라야 한다는 의무감은 사라지고, 단지 '지금, 이 순간' 한발 한발 깨어있는 마음으로 걷는 것에 관심을 둔다.'

이제 등산에서 내 마음의 주제는 정상에 이르는 것이 아니라, '지금, 이 순간' 번뇌를 내려놓고 맑게 깨어있는 것이 되었다.

' 한발 한발 알아차리며 내디디고, 마음속으로 닿음... 닿음... 닿음... '

1-14. 등산이 간절한데
    무릎은 계속 아프다.

　　다시 등산을 시작하고 이제는 주말이 기다려졌다. 주중에는 시간도 없었고 또 뭘 해도 스트레스에 효과가 없었다. 출근하는 5일 동안은 그냥 죽었다고 생각하며 버텨야 했다. 하지만 예전처럼 무기력하게 시달리며 하루하루 보내는 것이 아니라, 등산으로 달라진 주말을 기대하며 꿋꿋이 버틸 마음이 생겼다. 아무리 마음 상태가 엉망이라도 무작정 몸을 이끌고 산으로 가면 활력이 생기고 평온해졌다. 완벽하게 직장 생각이 단절되지는 않지만 청량감 가득한 숲속에서 알아차리며 걷다 보면, 직장 생각이 일어나더라도 좀 더 넓고 평정심 있는 시선으로 바라보게 되었다.

　　숲을 걸으며 직장 생각이 안 나면 휴식을 즐길 수 있어 좋았고, 직장 생각이 나더라도 평정심에서 바라보기에 생각에 빠져 극단으로 치닫지 않고 정리되었다. 신기하게도 주말에 등산하고 나면, 긍정적이고 평온한 마음의 여운이 며칠간 지속되었다. 스트레스에 버티는 힘이 점점 커졌다.

이렇게 번뇌를 다스리는 데 도움받게 되니, 이제는 등산 없는 삶은 상상도 할 수 없었다. 번뇌를 비우고 마음에 활력을 얻기 위한 수단으로 등산이 절실해졌다. 주말에 등산하지 않으면 다음 주 출근이 걱정될 정도가 되었다.

그런데 무릎은 여전히 아팠다. 산을 오를 때는 괜찮다가 내려올 때는 불편함을 넘어 참기 거북한 통증으로 변했다. 등산을 마치고 아픈 무릎을 느끼면서 심각하게 고민하기 시작했다.

'무릎 통증 때문에 등산을 못 하게 되면 어쩌지? 지금 내가 직장 생활 스트레스를 해결할 방법은 등산뿐인데…'

등산의 효과를 누리며 예전과 다르게 스트레스가 줄었지만, 한편으로는 아픈 무릎의 걱정이 조금씩 커졌다. 등산을 포기할 수는 없으니 아픈 무릎을 해결하는 수밖에 없었다.

1-15. 스틱과 무릎 보호대
       등산 공부를 시작하다.

　　21살 강원도 전방 산악부대에서 산과 인연 맺어, 대학교 학창 시절 무료한 때와 졸업 후 취업 전까지 힘들었던 시기에, 또한 취업 후 직장 스트레스를 풀기까지 거의 10년 이상 필요할 때마다 산에 올라 즐기고 휴식하며 도움받았다. 그런데 인제야 등산 공부를 진지하게 시작하게 되었다.

　　당장 아픈 무릎부터 해결해야 했다. '왜 아플까? 군대에서 무거운 군장 메고 훈련할 때 상했을까? 아니면 전역 후 젊은 나이와 체력만 믿고 산을 뛰어다녀서 상한 걸까? 만약 무릎 속 연골이 상했다면 치료는 될까? 수술해야 하나?'

　　일단 왜 아픈지 알아야 했기에 등산과 관련된 무릎관절 책을 사 보았다. 그런데 지식만 나열되어 있어 별로 도움 되지는 않았다. 방법을 바꿔 인터넷을 거의 탈탈 털 듯 정보를 수집했다. 등산으로 아프든 아니면 달리기나 노화로 아프든, 무릎이 아픈 사람들의 이야기와 치료 방법을 찾아보기 시작했다. 의사 한의사 물리치료사 운동인 등 가리지 않고 무작정 찾아보았다.

그래도 아픈 무릎의 원인과 해결책을 찾지 못했다. 등산은 해야 했기에 어쩔 수 없이 무릎 보호대라도 샀다. 그리고 배낭에는 효과 좋은 진통제를 꼭 챙겼다. 오를 때는 아프지 않으니 무릎 보호대를 하지 않았고, 정상에서 내려올 때 착용했다. 내려오다가 무릎이 심하게 아프면 진통제를 먹었다.

등산 스틱을 구매해서 인터넷 검색으로 사용법을 익혔다. 유명인의 한 가지 방법이 아니라 여러 사람의 방법을 따라 해 보고, 가장 효과 좋은 방법으로 결정했다.

스틱과 무릎 보호대에 진통제까지 준비할 수 있는 것은 모두 다 갖췄다. 스트레칭에 관한 책도 구매해 공부하며 등산과 일상에서 열심히 적용했다.

스트레칭하고 등산 스틱에 무릎 보호대까지 갖추고서, 정상을 찍고 내려올 때는 아주 조심스럽게 천천히 내려왔다. 하지만 그래도 아픈 무릎은 해결이 안 났다.

1-16. 속리산 문장대
모산(母山)에서 등산을 배우다.

언젠가 TV에서 산악인 엄홍길 씨가 출연한 방송을 보았다. 어느 유명하지 않은 평범한 산을 오르는 장면이었는데, 그 산을 자신의 모산(母山)이라고 소개했다. 등산을 가르쳐 준 어머니 같은 산이란 의미다.

'상주시 화북면에 있는 속리산 문장대 코스는 왕복 7km 정도에 난도는 중급 정도 된다. 집에서 자동차로 40~50분 거리에 있다. 단지 가까워서 자주 찾던 산이었고 오르는 중에 특별히 멋진 조망은 없지만, 등산객이 적어 조용했고 등산로도 잘 정비되어 있어 깔끔했다. 정상은 철 계단으로 올라가는 우뚝 솟은 아주 크고 넓은 바위다. 정상 주변에 멋진 바위들이 펼쳐져 있고, 멀리는 사방으로 시원하게 트인 조망에 마음이 활짝 열린다. 정상에 도달하면 보게 되는 멋진 풍경은, 조망 없는 숲길을 고요하고 차분하게 올라온 것에 충분한 보상을 해준다.'

주말에는 산에 가서 번뇌를 비워야 하는데, 아픈 무릎이 해결 나지 않았으니 안 가본 산을 가기는 부담스러웠다. 문장대 코스는 너무 친숙해서, 갑자기 무릎이 아파도 별로 걱정되지 않는 어머니처럼 마음 편한 산이었다.

같은 산을 매주 올라도 지루하지 않았다. 산에 경치를 보러 가는 것이 아니라 번뇌를 비우고 명상하러 가기 때문이었다. 산은 단지 배경일 뿐 몸과 마음을 알아차리며 고요히 걷다 보면, 항상 지나던 같은 곳이라도 평온한 마음에 만족스러웠다. 때로는 새롭게 느껴지기도 했다.

같은 산을 계속 오르다 보니 깨닫게 되는 것이 있었다. 익숙한 산이라서 몸과 마음에 더 주의 기울이며 걸을 수 있었고, 더 깊은 이해가 생겨났다. 아마도 몸과 마음에 대한 이해가 생겨나기 전에 여러 산을 다녔다면, 등산을 제대로 배우지 못했을 것 같다.

어떤 산을 오르든지 그 산을 오르는 것은 나의 몸과 마음이기에, 나에 대한 이해부터 깊어져야 했다. 나의 체력은 얼만큼인지, 나는 어떤 종류의 구간에서 취약한지, 내 마음은 등산 중에 어떻게 변해가는지, 내가 언제쯤 몸과 마음이 지치는지, 또 지쳤을 때는 어떻게 해결하면 좋은지를 아는 것이 등산을 배우는 것이었다.

' 어머니처럼 편하고 익숙한 산에서 배울 수 있는 것들이었나. '

산에서 배움

등산은 명상을 하기 위한 산책

2 장
등산은 명상을 하기 위한 산책

『 산에서 배움 』

2-1. 이제 산에 명상하러 간다.

　나는 이제 산에 명상하러 간다. 어떤 성취감이나 만족을 위해서가 아니다. 신체 단련과 건강을 위해서도 아니다. 일상을 살아가는 데 필요한 번뇌의 비움을 위해서 간다. 욕망으로 가던 산을 이제는 마음의 치유를 위해서 간다.

　몸의 건강 측면에서만 보자면, 헬스장에서 즐기는 스트렝스 훈련이 더 많은 이득을 준다. '스쿼트, 데드리프트' 같은 바벨을 이용한 복합 다관절 운동이 더 많은 근육량을 만들어 주고, 잘만 배우면 웬만해서는 다칠 일도 없다. '2.5kg, 5kg'의 세분된 단위로 중량을 내 체력에 맞게 설정할 수 있다. 중량을 들며 다치지 않으려면 움직임에 바른 자세를 익혀야 하고, 자연스럽게 일상의 움직임에도 바른 자세가 적용된다. 근육이 늘어나면 각종 성인병이 예방되고 신체 코어가 단련되어 척추 건강에도 도움된다. 또한 자기 신체 능력에 맞는 적당한 강도와 시간으로 운동하기에, 욕심내지 않으면 몸에 무리가 가지도 않는다.

　사람들이 북적대는 헬스장에서 음악 들으며 운동하는 것도, 일시적으로 마음이 비워지고 상쾌함을 느낄 수 있다. 그러나 헬스장을 나와 일상으로 돌아가면 그 지속 시간은 등산에 비할 수 없을 정도로 짧다. 내면의 번뇌가 사라져 정화되는 청정함 역시 없다.

그래서 등산은 몸의 운동이라기보다는, 마음의 명상이 맞다. 산은 누구에게나 같은 높이와 거리다. 자기 신체 능력에 맞춰 산을 조절할 수는 없다. 다만 페이스를 조절할 수 있을 뿐이다. 동네 뒷산 수준이 아니라면 보통 왕복 4시간 이상은 걸어야 한다. 또한 등산로는 건물 계단처럼 안전하고 규칙적이지 않다. 이런 조건에서 신체를 단련할 목적으로, 가파른 오르막길을 오르며 심박수를 높이고 장시간 걷는 것은 괴롭다. 신체에 무리가 갈 수도 있다. 그래서 등산은 몸보다는 마음의 개발에 더 적합하다.

몸과 마음을 알아차리며 상쾌한 숲속을 걷다 보면, 번뇌가 비워지고 그 자체로 명상이 된다. 마음을 알아차릴 때 욕망을 놓게 되어 무리하지 않게 되고, 몸을 알아차릴 때 바른 자세로 걸을 수 있어 부상을 방지한다. 깨어있어 바른 마음과 바른 자세로 산을 걷다 보면 몸의 건강은 저절로 따라온다.

' 이제부터 나는 산에 명상하러 가기로 했다. '

2-2. 산은 단지 배경이다.

　산에 왜 가냐고 묻는다면? '그냥 걸으러 갑니다.'라고 답합니다. 단지 걸으러 갈 때, 가장 만족스러운 등산을 할 수 있기 때문입니다.

　단지 걷는다는 것은 밖으로 구하는 욕망이 없다는 것입니다. 좋은 경치를 보기 위한 것이나 어떤 성취감을 느끼기 위한 것이 아니며, 멋진 사진을 찍어 남에게 보여주려고 가는 것도 아닙니다.

　단지 걸으며 내 몸과 마음을 알아차릴 때 생겨나는 맑은 고요함, 그것이 좋아서 산에 갑니다. 바라는 것이 있으면 놓아버림의 맑은 고요함이 생겨나지 않습니다. 번뇌를 비운다는 것은, 놓아버림의 맑은 고요함 상태에 머물며 걷는 것입니다. 정상을 잊고 단지 걷다 보면, 시원한 계곡을 지나고 기분 전환해 주는 조망도 터지고 어느 순간 정상에 이르러 있습니다.

　'어떤 등산을 했는가?'는 산이 결정하는 것이 아니라, '내가 어떻게 등산했나?'에 달렸습니다. 내 마음이 얼마나 깨어있어 가볍고 고요했는지에 달려 있습니다. 아무리 멋진 산도 힘든 마음으로 걸을 때는 감흥이 덜합니다. 힘든 마음 때문에 몸까지 더 힘듭니다.

산은 단지 배경입니다.
'어떤 마음으로 걷는가?'
그것이 등산의 핵심입니다.

| 설악산 오색 코스에서 |

2-3. 마음가짐을 바르게 한 후에 등산하십시오.

들머리에서 등산을 시작할 때 어떻게 오릅니까? 멋진 정상을 기대하며 들뜬 마음으로 힘차게 오르기 시작합니까? 아니면 남보다 빠르게 오르기 위해 서두르며 오릅니까? 그렇게 시작하면 곧 힘들고 괴로워지며, 정상까지 그와 같은 상태로 걷게 될 것입니다. 그런 등산에서 무엇을 얻을 수 있을까요?

등산이 힘들지 않고 행복 하려면 마음가짐부터 점검해야 합니다. '지금 내 마음이 어떤가? 정상을 바라는 욕망이 있나? 아니면 올라가는 과정이 힘들 것 같은 부담감이 있나?'

정상을 바라는 욕망이 있다면 그 마음부터 놓아버리고, '지금 여기' 이 한 걸음을 걷는 것에 만족하며 온전히 머물러야 합니다. 올라가는 과정이 힘들 것 같아 부담감이 있다면, 마음을 미래가 아닌 '지금 여기' 현재의 걸음에 두어야 합니다. 마음이 현재의 발걸음을 떠나 미래와 과거로 방황하게 되면, 몸도 마음도 번뇌의 무게만큼 더 힘들게 됩니다. 아무리 가파른 오르막도 천천히 가면 그리 부담스럽지 않습니다. 빠르고 힘차게 올라야 한다는 욕망 때문에 부담감이 생깁니다.

등산을 시작하는 첫걸음부터 마지막 걸음까지, 마음가짐이 바르게 되었는지 계속 점검하면 좋습니다.

마음가짐이 바르게 되었을 때...
욕망과 괴로움으로 하는 등산이 아닌
평온하고 행복한 등산이 됩니다.

| 소청 방향에서 본 공룡능선 |

2-4. 등산은 힘들지 않게 하는 것.

'등산은 힘든 것인가요? 어떻게 해야 등산을 잘하는 것일까요?' 등산은 힘들지 않게 하는 것입니다. 등산이 힘들다면 잘못하는 것입니다. 왕복 4시간 이상의 높은 산을 힘들게 오른다면 어떻게 취미가 될 수 있을까요? 설악산 비경도 다섯 번 보면 감흥이 떨어집니다. 등산이 힘들게 느껴진다면 몇 번 인증사진 찍은 후 다시 가지 않게 됩니다. 힘든 것을 참고 오를만한 다른 보상이 없기 때문입니다.

힘들다는 설악산 지리산을 일 년에 몇 번씩 즐겨 갑니다. 부담 없이 편한 마음으로 갑니다. 몇 번을 올랐을지 모르는, 나의 모산(母山) 속리산 문장대와 크게 다르지 않게 느껴집니다. 왜냐하면 등산은 힘들지 않게 하는 것이기 때문입니다.

'왜 등산을 힘들게 할까요?' 투쟁과 성취를 위해 등산하기 때문에 힘듭니다. 정상을 정복해야 하고 남보다 빠르게 올라야 하고, 자신이 정한 기준을 달성해야 하기에 힘듭니다.

'등산은 오히려 내려놓는 것입니다.' 마음가짐을 점검하여 욕망과 부담을 내려놓고, 가벼운 마음으로 힘들지 않게 오르는 것입니다. 좀 천천히 가면 어떤가요? 더 평온하고 행복하면 그게 잘하는 것 아닐까요?

가파른 깔딱고개가 나와도 평지와 다를 게 없다고 생각하면 됩니다. 마치 MTB 자전거로 오르막을 오를 때 기어를 조절하면 천천히 갈 뿐 크게 힘들지 않은 것처럼, 등산도 내 체력에 맞게 걷는 속도를 조절하면 됩니다. 물론 걷는 속도를 조절한다고 해도 깔딱고개와 평지가 완전히 같을 수는 없습니다. 체력에 더 부담 가는 것은 사실입니다. 하지만 마음에 부담이 없으면 훨씬 수월한 것도 사실입니다.

등산은 원래 힘들게 할 수가 없는 것입니다. 등산은 힘들지 않게 하는 것입니다. 등산뿐만 아니라, 무엇이든 힘들지 않아야 즐길 수 있고 오래 할 수 있고 얻는 것이 있습니다.

'등산은 목표를 위한 투쟁과 성취가 아니라,
　　내려놓음을 배우는 것입니다.'

2-5. 숨차고 땀에 젖은 등산은 하수.

 들머리에서 등산을 시작할 때, 다른 사람들과 함께 출발하는 경우가 종종 있습니다. 처음에는 제가 가장 느립니다. 어떻게 보면 너무 느긋하고 유유자적합니다. 아마도 그런 내 모습이 사람들 눈에는 이상하게 보일지도 모릅니다. 반면에 다른 사람들은 마치 맡겨놓은 물건을 찾으러 가듯 서둘러 힘차게 올라갑니다.

 조금 걷다 보면 늦게 출발한 사람들이 나를 추월합니다. 활기차고 빠르게 경쟁하듯 오릅니다. 하지만 한 시간쯤 지나면 나는 몸이 풀려 처음보다 조금 더 빠르게 걷지만, 표정은 그대로인 경우가 많습니다. 호흡도 힘들게 몰아쉬는 것이 아니라 신체의 움직임에 맞게 적당한 호흡을 하고 있습니다.

 그런데 나와 같이 출발해서 더 빠르게 올라갔던 사람들이나, 뒤에서 나를 추월했던 사람들은 힘든 얼굴로 쉬고 있습니다. 옷도 땀에 많이 젖어 있습니다. 쉬고 있는 그 사람들 사이를 출발할 때와 같은 모습으로 조용히 지나갑니다.

같은 속도로 꾸준히 힘들지 않게 걷다 보면, 뒤에서 쉬던 사람들이 또 숨을 몰아쉬며 나를 추월해 갑니다. 조금 지나면 앞에서 말한 상황이 반복됩니다. 그들은 힘들어서 쉬고 있습니다. 그런 상황이 두세 번 반복되거나 아주 심한 깔딱고개를 지나가면, 저들은 이제 정상에 오를 때까지 내 뒤에서 나타나지 않습니다. 항상 그렇지는 않지만 대부분 그렇습니다.

등산에도 '고수, 하수'가 있다면 가장 쉽게 알아보는 방법은 무엇일까요? 시작부터 정상까지 비슷한 모습으로 가면, 그 사람이 고수일 겁니다. 반면에 땀범벅에 숨을 몰아쉬며 가는 사람이 있다면, 그 사람은 하수라고 봐도 될 겁니다.

일단 한번 숨이 턱까지 차오를 정도로 심박수를 올리게 되면 멈춰서 쉬어야 합니다. 그렇게 쉬고 나면 걷는 것이 이전보다 더 힘듭니다. 등산에서는 땀을 적게 흘려야 좋습니다. 여름에 땀을 많이 흘리면 탈수 증세가 일어나고, 겨울에 땀을 많이 흘리면 옷이 젖어 체온을 빼앗깁니다. 땀을 적게 흘리는 정도로 걷는 것이 몸도 마음도 쾌적하고 무리하지 않는 등산입니다.

인생과 등산은 단거리 레이스가 아니라 장거리 레이스입니다. 천천히 가도 꾸준히 힘들지 않게 가는 것이 결국 이깁니다.

' 등산은 힘들지 않게 하는 것입니다. '

2-6. 알아차림(마음 챙김)은
   등산을 명상으로 바꾼다.

 많은 사람들이 무언가를 얻기 위해 산에 갑니다. 성취감이든 건강이든 멋진 사진을 찍어 남에게 보여주기 위함이든, 뭔가를 얻기 위해 산에 가는 경우가 많습니다. 그리고 이런 것들은 남과 경쟁해 이겨야 얻을 수 있는 한정된 것이 아니기 때문에, 적당히 노력하면 그 보상으로 얻게 되는 경우도 많습니다. 그래서 어느 정도 만족도 따라옵니다.

 무언가를 얻기 위해 산에 가는 것을 나쁘다고 할 수는 없습니다. 하지만 무엇이든 욕망으로 하는 것은 반드시 불만족이 따릅니다. 원하는 마음, 욕망이 항상 이루어지지는 않기 때문입니다. 또한 욕망을 이룬 후 얻은 만족은 남과 비교하며 쉽게 사라질 수 있습니다. 비교하며 생긴 불만족은 또다시 더 큰 욕망을 부추깁니다. 결국 욕망의 노예가 되어 계속해서 얻기 위해 산에 가게 됩니다. 그러한 욕망의 집착은 결국 지치고 괴롭습니다.

 욕망에 사로잡히면, 산에 와서도 일상의 삶처럼 무언가를 얻기 위해 투쟁하게 됩니다. 깊은 자연 속에서도 그렇다면 언제 무엇을 통해 마음을 쉬게 할 수 있을까요? 얻기 위해 투쟁하는 것은 일상에서 벗어나 마음을 휴식하는 등산이 아닙니다.

등산으로 마음을 활기차게 하려면 오히려 욕망을 놓아버려야 합니다. 그때 번뇌가 놓아져 마음은 쉴 수 있습니다. 마음이란 얻고자 하는 것이 없으면 어떠한 불만족도 일어나지 않습니다. 남보다 천천히 가되 되고 단지 걷는 것을 즐기며 만족할 수 있으면, 정상에 힘들지 않게 도달합니다. '지금, 이 순간'에 만족하며 걷다 보면, 때가 되어 선물처럼 정상이 내 앞에 와 있습니다.

그러면 어떻게 해야 욕망을 내려놓고 '지금, 이 순간'에 머물며 걸을 수 있을까요? 내 몸과 마음에 관심 가지고 깨어있으면 됩니다. 그것을 명상 용어로 '알아차림'이라고 합니다. 정상을 바라는 욕망을 내려놓고 '지금, 이 순간'의 한걸음 한걸음에 만족합니다. 걷고 있는 내 몸의 움직임과 마음의 느낌에 가볍게 관심 가지면, 그것이 바로 '알아차림'하는 것입니다.

알아차림은 마음이 욕망과 번뇌에 끌려다니는 힘겨움에서 벗어나 쉴 수 있게 합니다. 몸과 마음을 가볍게 알아차림 하는 것은 가장 좋은 휴식입니다.

그러면 무엇을 알아차려야 할까요? '지금, 이 순간' 내 몸과 마음에서 일어나는 것들이 알아차림의 대상입니다. '들리는 소리, 보이는 것, 몸의 감촉, 걷는 발의 느낌과 움직임, 좋다 싫다 행복하고 괴롭다는 마음에 느낌' 등을 알아차리며, '지금, 이 순간'을 걸으면 그것이 바로 산에서 하는 명상입니다.

조용한 숲길을 걷습니다. 시원한 바람이 내 몸을 스치며 감촉을 일으킵니다. 눈에는 숲길 나무 사이로 비치는 햇살이 아름답게 들어옵니다. 귀에는 '바람 소리와 나뭇가지 흔들리는 소리, 새 소리, 계곡물 흐르는 소리'가 들립니다. 코에는 숲의 냄새가 거부감 없이 다가옵니다. 몸에는 발을 디디는 느낌과 스틱을 사용하는 팔의 느낌이 있습니다. 이러한 대상들에 마음 열고 가볍게 관심 가지며 걷습니다. 이것이 '지금, 이 순간' 내 몸과 마음을 알아차림 하는 명상입니다. 알아차림으로 '지금 여기'에 머물 때, 아직 다가오지 않은 미래에 두려움이 없고 이미 지나간 과거에 후회가 없습니다.

그런데 여기에는 한가지 비밀이 숨겨져 있습니다. 욕망을 놓아버리고 알아차림 할 때, 오히려 더 값진 것을 얻게 될 것입니다. 등산의 고수가 되어 있을 것입니다.

알아차림
빠알리어 'Sati(사띠)'가 영어로는 'mindfulness'로,
한국어로는 '알아차림, 마음챙김, 몸과 마음을 관찰함' 등으로 번역되고 있다.
스트레스 감소 및 불안감 해소, 마음 개발 등 다양한 긍정적 효과들이 밝혀지고 있다.

『 하늘 사람이 성인에게 여쭙는다.

' 한적한 숲속에 살면서 고요하고 청정한 수행자는
  하루 한 끼만 들면서도, 어떻게 얼굴빛이 맑고 깨끗합니까? '

성인께서 말씀하신다.

' 지나간 일을 슬퍼하지 않고, 오지 않은 일에 애태우지 않으며
  현재의 삶에 깨어있으면, 얼굴빛은 맑고 깨끗하리...

  지나간 일을 슬퍼하고, 오지 않은 일에 애태우는
  어리석은 사람들은 그 때문에 시든다네.

  낫에 잘린 갈대처럼... ' ──────── 숲속의 경, 쌍윳따 니까야 』

| 황매산에서 |

등산은 명상을 하기 위한 산책

2-7. 만족은 행복을 가져오는 만병통치약.

앞에서 마음이 '지금 여기'에 깨어있게 하는 '알아차림'에 대해 이야기했습니다. 이 알아차림이 등산을 명상으로 바꿉니다. 등산을 '명상하기 위한 산책'으로 만들어 주는 핵심 요소가 바로 '알아차림'입니다.

그런데 이렇게 수승한 '알아차림'도 원하는 대로 되지 않으면, 마음에 번뇌만 더 하는 장애로 작용합니다. '알아차림'이 좋다는 것은 알겠는데 아무리 욕망을 놓고 가볍게 알아차림 하려고 해도 안 될 때가 있습니다. 이제 막 배우기 시작해 익숙하지 않아 잘 안될 수도 있고, 또는 삶이 너무 힘들고 스트레스가 많아서, 주말에 억지로 몸을 이끌고 산에 가는 것만으로도 힘겨운 일 수 있습니다. 컨디션이 나쁘면 평소 익숙하던 것들도 잘 안될 때가 있습니다. 삶은 이렇게 변수가 많습니다.

이럴 때는 등산하며 뭘 해도 잘 안됩니다. 몸이 무겁고 힘든 것은 당연하고, 마음에 활력도 없는데 수준 높은 정신 기능인 '알아차림'을 하려니, 도무지 마음이 깨어나지 않아 알아차릴 대상에 머물지 못합니다. 이렇게 되면 알아차림 하려는 의도가 오히려 등산을 힘든 투쟁으로 만듭니다.

안되는 알아차림을 억지로 하려는 힘겨운 투쟁은 불만족과 괴로움을 일으킵니다. '알아차림'에 대한 거부감이 일어나 '이게 되기는 하는 거야?'라며 화가 납니다. 뭔가 수승하고 효과 있는 것을 하겠다는 시도가, 오히려 실현되지 않는 욕망으로 작용해 역효과를 일으킵니다. 이럴 때는 '알아차림'뿐만 아니라, 뭘 해도 잘 안되고 마음에 불만족만 커집니다. 심지어는 등산에 흥미를 잃고 그만둘 수도 있습니다.

그러나 다행스럽게도 이 상황에 만병통치약으로 작용하는 마음이 있습니다. 지금 이대로 '만족'하는 것입니다. 그래서 저는 등산을 시작하면 '단지 걷는 것이 좋아서 걸으러 왔다.'라고 마음에 상기시킵니다. 걷는 그 자체에 만족합니다. 지금 이대로 걷는 것에 만족하는 마음을 가지면, 알아차림이 잘 되든 잘 안되든 그 결과에 별로 관여하지 않게 됩니다. 그냥 걷는 것만으로도 만족인데 뭘 더 바랄 게 있을까요? 정말로 마음을 그렇게 가져야 합니다. 그래야 정상에 대한 욕망도 놓아집니다.

만족함의 가치를 내 마음 깊게 뿌리내리게 한 '두 가지 이야기'가 있습니다. 첫 번째 이야기는 20대에 등산을 체력 과시용으로 할 때 들었습니다. 어느 라디오 프로그램에 전문의가 나와 건강 상담하는 코너가 있었습니다. 전문의가 인사하자 진행하는 DJ가 묻습니다. '휴가를 다녀오셨다던데 뭘 하며 보내셨습니까?' 전문의가 말하길 휴가 기간 내내 산을 걸었다고 합니다. DJ가 뭔 휴가를 힘들게 등산으로 보내냐고 되묻자, 전문의는 웃으면서 아주 실컷 원 없이 행복하게 걸었다고 말합니다. 이때 라디오를 들으며 생각했습니다. '일 년에 자주 못 가는 휴가를 걷는 것으로 만족하며 보낸다? 의사 선생님이라서 그런지 좀 고상하구나.' 취업 후 등산 목적이 직장 스트레스를 풀기 위한 것으로 바뀐 어느 날, 저 때들은 라디오가 생각났습니다. 그때부터 단지 걷는 것에 만족하기 시작했습니다.

두 번째 이야기는 명상에 관한 이야기입니다. 현시대에 큰 명상 스승이신 '아잔 브람' 스님이 계십니다. 국내에서는 '술 취한 코끼리 길들이기'라는 책으로 유명합니다. 스님은 호흡 수행으로 선정에 드는 것을 지도 하십니다. 스님의 표현을 인용하자면 선정이라는 것은 인간이 이를 수 있는 최상의 정신상태입니다. 호흡 수행은 부처님께서 제자들에게 가르치신 선정에 이르는 명상 방법입니다.

호흡 수행을 지도 하시는 법문에서 이런 말씀을 하십니다. 삶을 수행에 바친 출가자 중에도 선정에 이를 수 있는 사람은 극히 드뭅니다. 나는 그 선정에 이를 수 있고, 출가자와 재가수행자에게 선정에 이르는 방법을 지도합니다. 하지만 이런 나도 매번 선정에 이르지는 못합니다. 또 항상 수행이 원활하게 잘 되는 것도 아닙니다. 그럴 때 나는 만족하는 마음을 일으킵니다. 단지 방석 위에 좌선 자세로 앉아 있는 그 자체에 만족합니다. 만족하는 마음을 지니면, 명상을 방해하던 장애들이 모두 사라지는 것을 경험합니다. 그리고 어느 순간 빠르게 높은 수준의 마음 상태에 도달해 있습니다. 만족은 마음에 일어난 장애를 사라지게 합니다. (출가자는 자신이 선정에 들었다고 말할 수 없는 계율이 있습니다. 그래서 실제로는 선정이 아닌 '깊은 명상 상태'라고 표현하셨습니다.)

모산(母山) 속리산 문장대에서 등산을 '명상하기 위한 산책'으로 다시 배울 때, 두 번째 이야기에서 나오는 '만족'을 실천할 수 있게 되었습니다.

정상에 대한 욕망을 내려놓고
지금 이 한걸음에 만족하면
마음이 평온하고 행복해집니다.

| 문장대 신년 일출 |

2-8. 산속에서 보호받는 자애 명상.

' 이 산에 살아있는 모든 존재들,
  항상 몸과 마음 평온하고 행복하기를...... '

'자애'라는 단어를 들어 보았을 것입니다. 정확히는 몰라도 사랑과 비슷한 느낌이며, 남에게 친절함으로 대하는 그런 의미라고 생각될 것입니다.

자애란 마치 어머니가 하나뿐인 자식을 자신의 목숨보다 귀하게 여기듯, 어떤 대가를 바라지 않고 남이 평안하고 행복하며 잘되길 바라는 마음입니다. 세간에서 말하는 사랑은 대가를 전제로 하는 경우가 많습니다. 남녀 간의 사랑으로 보자면, 상대가 나를 사랑해 주길 바라는 마음을 전제로 나도 상대를 사랑합니다. 상대가 나를 사랑하지 않는데, 마치 어머니가 자식을 사랑하듯 그런 일방적인 사랑은 어렵습니다.

저는 산에 명상하러 가기에 혼자 갑니다. 다른 사람과 함께 가면 대화하며 걷기 때문에 고요히 알아차림을 하는 것에 방해됩니다. 서점에 있는 어느 두꺼운 등산책 목차에서 이런 소제목을 보았습니다. '산은 혼자 갈 때 더 즐겁습니다.'

20대에 등산할 때는 깊은 산에 혼자 있으면 조금 무섭기도 했습니다. 약간 부슬비가 내리거나 해질 때가 되면, 걷는 소리가 마치 뒤에서 누가 따라오는 소리처럼 들립니다. 아무도 없는 산길을 혼자 걷다가 그 소리를 들으면 머리카락이 쭈뼛 서며 뒤돌아보게 됩니다.

그런데 언제부터인가, 처음 가보는 산에서 밤에 랜턴 하나에 의지해 혼자 등산하기도 합니다. 그 비결은 바로 자애의 마음을 산속 존재들에게 방출하는 것입니다.

등산을 시작하면 먼저 자애의 마음부터 품습니다. '이 산에 살아있는 모든 존재들이 안전하고 행복하기를……' 마치 산에 있는 모든 신령 동물들 곤충들 나무들이 나와 친근한 관계인 것처럼, 바라는 것 없이 그들이 안전하고 행복하기를 기원해 줍니다. 등산하며 동물이든 곤충이든 어떤 생명도 해치지 않습니다. 나무를 함부로 꺾지도 않습니다. 나 아닌 다른 존재가 행복하기를 기원하는 그 자체로 기분 좋아집니다.

이처럼 산에 들어오는 순간, 산속 모든 존재에게 인사하듯 자애를 보냅니다. 그러면 사이 친근하게 느껴지고 두려움이 사라집니다. 백패킹 하다 보면 박지에 도착하기 전에 해가 져서, 어쩔 수 없이 야간 등산하는 경우가 가끔 생깁니다. 어둡고 바람 부는 산속에서 랜턴 하나에 의지해 혼자 걷는데, 어찌 낮과 같은 기분으로 평온히 걸을 수 있을까요? 저 같은 경우는 자애의 마음을 주변으로 방출하며 평온함을 찾습니다. 연습으로 익숙해져 자애가 잘 일어나면, 밤에 숲속을 혼자 걸어도 마음이 적당히 평온해집니다. 능선에 올라 하늘의 밝은 달과 달빛 반사된 은빛 구름을 보면 멋진 광경에 감탄사가 나오며 즐기게 됩니다.

 등산 시작할 때 인사하듯 산속 존재들에게 자애를 보내주고, 걷다가 생각날 때마다 계속 보내줍니다. 산을 거의 다 내려와서는 무사히 등산을 마친 것에 감사하며 자애를 보내줍니다. 이렇게 산에서 자애가 습관처럼 나오면 좋습니다.

 불교 경전에 따르면, 자애를 품고 있는 사람에게는 모든 존재가 호감을 느끼고 보호해 준다고 합니다. 비록 악하거나 거친 존재라고 해도, 자애를 품는 사람에게는 그 태도가 변한다고 합니다.

 ' 자애는 자신과 남을 보호하는, 그러한 힘을 갖습니다. '

마음으로 온 세상을 둘러보아도
자신보다 사랑스러운 이를 찾지 못하듯
누구보다 자신이 가장 사랑스럽나니
자신을 사랑하는 이는 남을 해치지 않는다.

- 말리까 경, 쌍윳따 니까야 -

| 신불재에서 |

2-9. 마음에서 일어나는 번뇌를
   알아차리고 놓아버리기.

이전 글에서 명상을 등산에 어떻게 활용하는지 이야기했습니다. 실제로 저는 그렇게 등산합니다. 그런데 항상 잘 될까요? 들머리에서 시작할 때부터 정상을 찍고 내려올 때까지, 수월하게 등산이 명상으로 변할 수 있을까요?

그렇지는 않습니다. 알아차림의 이득을 경험으로 알게 되어 일상에서 약처럼 활용하고 익숙해지면 조금 더 잘 되겠지만, 처음 배울 때는 당연히 잘 안될 겁니다. 저는 20년 넘게 매일 명상하고 있습니다. 삶의 환경에 스트레스 요소가 많아 명상하지 않으면 생활이 힘듭니다. 그래서 마치 진통제나 영양제를 먹듯이, 잠에서 깨면 좌선하고 낮 동안도 틈틈이 알아차리며 지내다가 잠자리에 들기 전 좌선하고 침대에 눕습니다. 인내하는 의무감으로 하는 것이 아니라, 삶에 큰 효과를 보고 있으니 좋아서 하게 됩니다.

그렇게 사는 저도 걷다 보면 어느 순간 잡생각에 빠져있고, 또는 일상에서 받은 스트레스 때문에 성냄 같은 번뇌가 일어나 불편하기도 합니다. 잡생각이나 번뇌가 일어나면 나쁜 것인가요? 등산을 명상으로 활용하는 근기가 부족한 것인가요? 전혀 그렇지 않습니다. 생각과 번뇌는 일어날 만하면 일어났다가, 사라질 만하면 사라지는 것이 그 성품입니다.

이 세상 누구도 생각과 번뇌를 마음대로 다룰 수 없습니다. 생각과 번뇌가 일어나고 사라지는 것은 내 의지로 되는 게 아니라, 단지 조건(원인)에 의한 결과입니다.

조건(원인)이란 쉽게 말해서, 정말 사랑하는 사람과 함께 있으면 그 시간이 행복해서 다른 생각이 나지 않을 것입니다. 하지만 싫어하는 사람과 함께 있으면 불편해서 빨리 헤어지고 싶을 것입니다. 그 좋고 싫은 마음은 내가 원하는 대로 조절할 수 있는 것이 아니라, '누구와 함께 있는가'하는 조건(원인)에 따라 일어납니다.

이처럼 등산 중에 일어나는 생각과 번뇌는 조건(원인)의 영향력에 의해 일어난 것이라서, 내 의지로 어찌할 수 없습니다. 사라질 만한 조건(원인)이 되면 그때 저절로 사라집니다. 붙들어 두려고 해도 붙들지 못합니다. 단지 우리가 할 수 있는 것은 잡념과 번뇌를 억누르거나 떨쳐 내려는 괴로운 노력이 아니라, 그것들이 사라질 만한 새로운 조건(원인)을 형성해 주는 것이 전부입니다. 일어날 조건(원인)이 형성되어 일어난 결과는 자연의 법칙입니다. 원인이 있어 일어난 결과물을 없애거나 다루려고 하는 것은, 자연의 법칙에 억헹히는 불가능한 시도입니다.

하지만 새로운 조건(원인)을 만드는 의도는 자유의지로 허용된 선택입니다. 지금, 현재 순간에서는 이미 일어난 결과를 다루는 것이 아닌, 앞으로 일어날 것의 새로운 조건(원인)을 만드는 것만 할 수 있습니다.

그러면 사라지게 하는 조건(원인)은 무엇일까요? 생각과 번뇌가 일어나면 '일어났구나'하고 알아차립니다. 그 생각으로 마음에 어떤 느낌(좋은 느낌, 무덤덤한 느낌, 싫은 느낌)이 생겼는지 살펴봅니다. '좋은 느낌'이라고 집착하며 움켜쥐지 말고 '싫은 느낌'이라고 부정하거나 밀쳐내지도 말며, 단지 어떤 느낌이 일어나든 인정하고 허용하며 알아차립니다. 이렇게 '생각과 번뇌, 마음의 느낌'을 알아차린 후, 다시 걸으면서 생기는 몸의 움직임과 느낌에 관심을 돌려 기울이면 됩니다. 마음은 한순간에 하나의 대상 밖에 관심 기울이지 못하기 때문에, 몸을 알아차리면 자연스럽게 생각과 번뇌의 영향력이 줄어듭니다. 그리고 어느 순간 놓아지게 됩니다. 발걸음에 관심을 돌려 알아차림 하는 것이 새로운 조건(원인)을 만드는 것입니다.

조금 더 상세하게 설명하자면, 생각과 번뇌는 일어난 후 필연적으로 마음에 '좋은 느낌, 싫은 느낌, 무덤덤한 느낌'을 남깁니다. 일어남이 느낌을 남기는 과정은 서로 연결된 자연의 법칙이라서 피할 수 없습니다. 하지만 '아 생각이 일어났네. 이 생각 때문에 마음이 괴롭네.' 하고 알아차릴 수 있으면, 그다음 단계로 진행되는 것을 막을 수 있습니다.

그다음 단계는 '아! 이 생각 때문에 괴로워 죽겠네.'입니다. 이 '죽겠네'는 좋고 싫은 느낌을 넘어 '집착의 단계'로 진행된 것입니다. 집착의 단계로 넘어가면 이미 가속도가 붙고 관성력이 생긴 것입니다. 그 뒤로는 걷잡을 수 없습니다. 열심히 좋아하고 괴로워하며 여러 가지 다른 망상까지 끌어다 붙입니다.

'생각과 생각이 남긴 느낌'에서 바로 알아차리는 것은, '죽겠네'의 집착으로 넘어가는 것을 막아줍니다. '죽겠네'로 넘어가 버리면 알아차림이 생겨나기 전에는 다시 돌아오기가 힘듭니다. 이미 집착에 푹 빠져 그러고 있는 줄도 모르고 그냥 힘들기 때문입니다. 하지만 늦게라도 그러고 있는 줄 알았다면, 다시 몸의 움직임과 느낌에 가볍게 관심을 기울이고 알아차리면 됩니다.

'등산 중에 번뇌가 일어나면 바로 알아차리고 놓아버립니다.
다시 지금 여기 발걸음에 마음을 기울입니다.'

| 설악산 오색코스에서 |

2-10. 정상의 멋진 경치보다
　　　　만족스러운 고요함.

　계속해서 알아차림에 관해 이야기하고 있습니다. 알아차린다는 것은 생각과 번뇌로 향하는 마음을 알아차릴 대상으로 돌려주는 것입니다. 몸의 움직임과 느낌을 알아차릴 때, 생각과 번뇌가 놓아져 고요해진다는 것은 앞에서 설명했습니다. 그런데 이렇게 생각할 수도 있습니다. '등산은 단지 생각과 번뇌를 놓아버리고 고요해지기 위해서 가는 것인가요? 그럴 것 같으면 그냥 명상센터에서 명상하지 왜 굳이 먼 거리의 산으로 갈까요?'

　이렇게 이야기 해 봅니다. 도심과 분리된 자연 속, 산 정상에서 보았던 경치를 한 번 상상해 보세요. 누구나 한번은 산 정상에 올라 봤을 것입니다. 높은 산 정상의 탁 트인 경치와 시원한 바람, 마음 넓어지는 느낌이 어떠했나요? 행복하고 기분 좋은 경험이었을 겁니다. 그 경험을 위해 충분히 산에 갈만한가요? 등산을 특별히 싫어하지 않는다면 가끔 갈만하다고 여길 것입니다. 실제 그 이유로 많은 사람이 등산합니다.

알아차림으로 생각과 번뇌가 비워진 고요함은 정상의 멋진 경치보다 더 만족스럽습니다. 그 고요함은 정상이 아닌 걷는 순간에 일어납니다. 오히려 조망 없는 청량한 숲길에서 더 잘 일어납니다. 눈으로 들어오는 멋진 경치가 없으니 몸의 움직임과 느낌에 관심 기울이기 더 좋은 조건입니다. 눈으로 들어오는 숲길을 보며 귀로 들리는 자연 소리에 마음을 열고, 가볍게 '몸의 움직임과 느낌, 마음 상태'를 알아차리면 생각과 번뇌가 놓아집니다. 놓아버린 만큼 고요함이 찾아옵니다. 호흡과 심박수에 상관없이 움직이면서도 고요합니다. 그때 그 고요함의 맛은, 정상의 멋진 경치와는 또 다른 행복감입니다.

그러면 정상의 경치와 깊게 스며든 고요함 중에 뭐가 더 만족스러울까요? 사실 제가 가본 산 중에 설악산 정상의 경치와 비견될 만한 산은 없었습니다. 하지만 그 설악산 정상도 다섯 번째 가는 순간 조금씩 무덤덤해지기 시작했습니다. 멋진 운무(雲舞) 같은 자연의 특별한 연출이 더해지면, 그 순간만의 특별한 멋이 있기에 또다시 매료됩니다. 하지만 단지 정상의 풍경 그 자체로는 갈 때마다 더 익숙해지기 마련입니다. 하물며 산에 자주 가는 사람이라면, 어떤 산에 오르든지 처음 등산하며 경험했던 느낌을 그대로 간직할 수 있을까요? 어떤 특별함을 찾지 않는다면 꾸준히 등산하기란 어려운 일입니다.

하지만 알아차림의 고요함은 질리지 않습니다. 매번 만족스럽고 행복합니다. 정상의 경치가 단지 보는 즐거움이라면, 알아차림의 고요함은 그 자체로도 만족스럽지만 때로는 내면에 정체되어 있던 번뇌가 놓아지는 행복감을 주기도 합니다.

그래서 정상의 멋진 경치보다 만족스러운 것이 고요함입니다. 하지만 둘 다 버릴 수 없습니다. 정상에서는 보는 즐거움을 만끽하고 걸을 때는 고요함을 즐길 수 있다면, 등산에서 얻을 수 있는 것은 모두 다 얻는 것 아닐까요? 둘 다 즐기는 만족이 있기에 등산을 갑니다.

| 신불산에서 |

마음에 번뇌를 비우기 위해 산에 간다.
산길을 걸으며 깨닫게 된다.

산행에서 얻는 만족은…

'어떤 산을 오르는가?'보다는
'어떤 마음으로 오르는가?'에 달렸다.

어떤 명산(名山)을 오르더라도…

마음에 일어난 번뇌를 지혜롭게 다스리지 못하고
복잡하고 탁한 마음으로 산행한다면
아무리 멋진 광경도 내 마음에 감흥을 주지 못한다.

가깝고 평범한 산을 오르더라도…

마음을 맑고 청정하게 유지할 수 있다면
그 순간 경험하는 모든 것들이 새롭게 느껴진다.

그런 산행은 행복하며 만족스럽다.

산은 단지 배경일 뿐…

산행에서 경험하는 느낌과 유익함은
번뇌를 대하는 '나의 마음가짐'에 달렸다.

2-11. 생각이 사라진
　　　　깨어있는 고요함의 중독.

　앞에서 고요함의 만족감에 관해 이야기했습니다. 그러면 그 고요함이란 어떤 것일까요? 고요함을 한번 떠올려 보십시오. 어떤 상태라고 상상됩니까? 번잡한 소리가 들리지 않는 조용한 상태? 누군가에게 방해받지 않는 상태? 아무것도 해야 할 일이 없는 마음 편한 상태?

　물론 그런 것들도 고요함입니다. 하지만 등산에서 얻는 고요함은 지금까지 알던 고요함과는 다릅니다. 단지 감각기관에 자극이 없고 뭔가 해야 할 일이 없어서 생기는 그런 고요함이 아니라, 방황하는 마음이 휴식하여 생기는 고요함입니다.

　그러면 마음이 휴식한다는 것은 어떤 의미일까요? 단지 마음이 아무것도 안 하는 상태를 말할까요? 마음이 아무것도 안 하기란 불가능합니다. 마음은 죽을 때까지 멈추지 못합니다. 마음은 매 순간 존재합니다. 들을 때는 듣는 마음이 있고 볼 때는 보는 마음이 있고, 생각할 때는 생각하는 마음이 있습니다.

이 마음에 관심 기울여 알아차리지 않고 그냥 내버려두면, 마치 미친 원숭이가 날뛰듯 합니다. 마음은 과거로 갔다가 미래로 갔다가, 이런 상상에 저런 공상을 만들어 내며 잠시도 쉬지 않습니다.

마음이 이처럼 분주하게 방황할 때 지치고 에너지가 고갈됩니다. 지친 마음으로는 뭘 해도 힘들게 느껴지고 잘되지 않습니다. 스트레스에도 취약합니다. 마음에게 꼭 하지 않아도 될 불필요한 일들을 멈춰주고 적합한 일만 하게 하면, 마음을 쉬게 하는 것입니다. 마음을 쉬게 하는 것이 고요함에 이르는 방법입니다.

직장에서 일한다고 생각해 봅시다. 전화 응대, 복사, 문서작성, 업무 보고, 출장 등을 계속 번갈아 하게 되면 정신이 없습니다. 그 많은 일 중에 스트레스 없는 한 가지만 하라고 하면 누구나 좋아할 것입니다. 한 가지를 하고 있지만 힘들지 않고 적당한 것이라면, 쉬는 것이 됩니다.

그처럼 마음이 하면 좋은 적합한 한 가지 일, 알아차림만 시키는 것이 바로 쉬는 것입니다. "마음아. 알아지는 몸과 마음의 대상들을 알기만 해라. 잘 알려고 부담 가지거나 힘들게 애쓰지 말고, 알아지는 만큼 가볍게 관심 기울이고 알기만 해라. 생각이 일어나거나 번뇌가 일어나도 난시 알아차릴 뿐, 크게 상관 말고 없애려고 노력하지도 말아라. 그것들은 제 할 일 하게 내버려두고, 마음 너는 알아차림만 우선순위로 두어라. '알아차림 55 : 잡생각 45'도 좋다. 알아차림에 우선순위가 있다면 그걸로 됐다. 완벽할 필요도 없으니 그렇게 편하게 알아차림만 해라."

이렇게 하면 마음이 한 가지 일만 하며 다른 분주한 방황을 멈춥니다. 그때 점차 생각이 사라지고 알아차림이라는 유익한 정신 작용이 지속됩니다. 알아차림이 지속되면 더 맑게 깨어난 마음에, 지금까지 경험해 보지 못했던 행복한 고요함이 일어납니다. 몸을 움직이면서도 고요합니다. 눈으로 보고 있으면서도 고요합니다. 단지 무념무상의 상태로 걸어가고 있지만, 마음에 움켜쥔 것이 없어 너무나 가볍습니다. 긴 거리를 걸어서 몸이 피곤해도 고요함은 여전히 만족스럽습니다.

하지만 등산의 처음부터 끝까지 이 고요함을 유지할 수는 없습니다. 번뇌와 잡념 그리고 알아차림의 고요함이, 마음의 조건(원인)에 맞게 생겨났다 사라짐을 반복할 것입니다. 하지만 짧은 순간이라도 이 고요함을 깊게 또는 가볍게 반복 경험하며 걷는 것이, 바로 산에서 하는 깨어있는 산책입니다.

' 깨어있는 고요함을 알게 되면 단지 산은 배경일 뿐입니다.
어느 산이든 좋습니다. 고요함을 즐기기 위해 산에 갑니다. '

| 설악산 끝청에서 |

2-12. 평범한 산길이
     예술 작품으로 변하다.

큰 명상 스승이신 아잔 브람 스님께서 법문 중에 이런 말씀을 하십니다. 어느 날 알아차림 명상이 아주 깊어진 상태에서, 갑자기 화장실에 가게 되었다고 합니다. 변기에서 일어나 물을 내리려 하는 순간, 변기 안에 떠 있는 내용물들이 너무도 아름답게 보였다고 합니다. 어느 정도로 아름다웠나 하면 혼자 보기 아까워서, 그 내용물 한 덩이를 떠서 친구에게 보여줘야 할까? 고민될 정도였다고 합니다.

또 걷기 명상하다가 알아차림으로 마음이 고요해지면, 걷는 길바닥의 콘크리트 균열이 갑자기 아주 근사한 예술 작품으로 변한다고 합니다. '대충 만든 콘크리트 바닥인데 균열이 생겨도 어찌 이렇게 멋지게 금이 갔을까' 하는 생각에, 마치 예술 작품 위를 걸으며 명상하는 기분이라고 합니다.

이처럼 알아차림은 생각과 번뇌를 놓아버리고 고요함을 일으키기도 하지만, 알아차림이 깊어지면 일상의 평범한 것들이 경이롭게 느껴지는 신기한 현상이 일어납니다. 그 이유는 알아차림으로 마음이 휴식하여 에너지가 충만해지면, 그 마음으로 경험하는 모든 것들이 아름답게 느껴지기 때문입니다.

등산할 때도 같은 현상이 일어납니다. 조망 없는 평범한 등산로를 알아차림 하며 걷다 보면, 어느 순간 길이 그렇게도 아름다울 수 없습니다. 평범한 등산로에 놓여있는 디딤돌을 어떤 예술가가 의도적으로 놓은 것도 아닌데, 어찌 저렇게 잘 어울리는 위치에 있을까요? 돌이며 흙이며 길의 폭이며 주변에 이름 없는 풀과 나무들이며, 어찌 이렇게 균형 있는 조합으로 아름답게 놓여있을까요? 나뭇잎 사이로 비치는 저 햇살은 신성하기까지 합니다.

이처럼 알아차림이 없을 때는 조망도 없는 평범한 산길인데, 알아차림이 깊어지면 갑자기 경이로울 정도로 아름답게 변할 때가 있습니다. 아름답게 변한 길을 고요함 속에 걷는 것은 행복합니다. 정상의 멋진 경치를 보는 것과는 다른 차원의 만족입니다.

그래서 때로는 정상보다 평범한 숲길을 걷는 것이 더 좋을 때도 있습니다. 평범한 숲길에서 행복할 수 있어야, 산을 걸을 줄 아는 사람입니다.

'알아차림으로 깨어나 고요해진 마음은,
일상의 사소한 것들에서도 경이로움을 느끼게 합니다.'

2-13. 정상으로 달아난 마음을 돌려 '지금 여기'에 만족.

들머리에서 가볍게 마음가짐하고 알아차리며 오르다 보면, 어느덧 마음에 활력이 생기고 밤새 자며 찌뿌둥했던 몸은 풀려 가볍게 느껴집니다. 알아차림이 순일하면 만족스러운 고요함이 찾아오기도 하고, 등산로가 아름답게 변하기도 합니다. 정상을 바라지 않고 그 상태로 걷는 것으로 충분히 만족스럽습니다.

그러다 어느덧 잡생각과 번뇌가 일어나기도 합니다. 일어나는 순간 바로 알아차린다면 쉽게 놓아지지만, 알아차리지 못하면 한동안 빠져있기도 합니다. 생각과 번뇌에 빠져 잠시 허우적대다가 그러고 있었음을 알게 되면, 다시 몸의 움직임과 느낌에 알아차림 두며 '지금 여기' 이 순간을 걷는 것으로 돌아옵니다.

걷다 보면 지루해지기도 합니다. 그때는 나도 모르게 정상을 향한 욕망이 일어나, 마음이 '지금 여기'에 머물지 못합니다. 욕망에 빠지면 마음과 몸은 균형을 잃어버립니다. 욕망은 점점 더 마음을 조급하게 만들지만, 몸은 마음에 맞춰 빠르게 따라가 주지 못하여 불만족에 빠집니다. 아무리 정상에 대한 욕망이 커져도 걸어야 할 걸음 수는 정해져 있습니다.

결국 정상을 바라는 욕망은 불만족을 일으켜 괴로움만 키웁니다. 이럴 때는 어떻게 해야 할까요? 정상으로 달아난 마음을 돌려, '지금 여기'에 만족하는 것이 가장 좋은 방법입니다.

지루하면 지루한 대로 약간 피곤하면 피곤한 대로 그것이 당연하고 정상 임을 받아들이고, '지금 여기' 한 걸음 한 걸음을 겸손하게 만족하며 알아차리면, 그 만족과 알아차림이 새로운 조건(원인)이 되어 그 결과로써 욕망이 놓아지고 다시 고요함이 찾아옵니다.

'만족'은 번뇌를 놓아버리게 하는 중요한 열쇠가 됩니다. 만족하는 순간 번뇌가 사라져 더 나은 상태가 됩니다. 순수하게 만족하면 그렇게 될 수 있습니다.

| 선자령에서 |

2-14. 깨진 고요함은 무상無常의 이치, 또다시 일어나는 번뇌.

계속 알아차림을 이용하여 '생각과 번뇌가 놓아진 고요함을 즐기는 등산'에 관해 이야기하고 있습니다. 그래서 어쩌면 이 책에서 말하는 방법대로 '등산을 명상으로 활용하기 위해, 고요함은 반드시 갖춰야 할 필수적인 요소'라고 여길지 모릅니다. 하지만 그렇게 생각하는 순간, 이미 아무것도 얻을 수 없다는 것이 확정됩니다.

알아차림이라는 테크닉으로 고요함을 얻어 행복하게 걷는 것을 목표로 삼는 순간, 이미 그것으로 아주 큰 욕망이라는 번뇌가 생긴 것입니다. 스스로 욕망을 일으켜 집착하게 됩니다. 하지만 욕망을 의지로 실현하여 고요함에 이를 수도 있습니다. 다만, 그 고요함의 종류가 다릅니다. 억지로 애써 알아차림 하며 몸의 움직임과 느낌에 강제 집중해도, 어떤 종류의 고요함이 생겨나기는 합니다. 이런 고요함도 등산 중에 일어나는 번뇌를 일시적으로 억누를 수는 있습니다. 필요할 때는 사용하기도 합니다.

원하는 마음 없이 가볍게 알아차리면서 얻은 고요함이든, 힘쓰는 알아차림으로 강제 집중해서 얻은 고요함이든 등산 내내 지속되지는 않습니다. 어떤 외부 상황에 의해서든, 에너지가 부족하거나 피곤한 몸의 상태 때문이든, 또는 알아차림을 놓쳐 생각과 번뇌에 빠지게 되든, 고요함은 지속되지 않는 무상(無常)한 것입니다. 반대로 걷다가 지치고 힘들어도 그 역시 무상(無常)합니다. 알아차림으로 마음의 조건(원인)이 바뀌고, 에너지를 보충해서 몸의 조건(원인)이 바뀌면 지치고 힘든 것 역시 사라집니다.

그래서 고요함이 깨지고 번뇌가 일어나는 것은 잘못된 것이 아니라, 자연스러운 일이라고 여겨야 합니다. 무상(無常)한 자연의 이치로 받아들여야, 깨진 고요함이 불만족이라는 성냄으로 작용하지 않습니다.

어떤 등산에서는 알아차림이 쉽고 고요함이 길게 유지되고, 또 어떤 등산에서는 알아차림이 쉽지 않고 마음을 계속 조절해야 할 경우도 있습니다.

이전에 잘 됐다고 계속 그대로 이어지는 것도 아니고, 이전에 잘 안됐어도 다음에는 잘 되는 경우가 있습니다. 모든 것은 그렇게 무상(無常)합니다. 무상(無常)한 자연의 이치를 받아들이면, 알아차림이 잘 되어 쉽게 고요해져도 좋아하거나 자만하지 않고, 잘 안된다 해도 실망하거나 포기하지 않습니다.

' 무상(無常)한 이치를 자연스럽게 여기면,
불만족이라는 번뇌가 사라져서 더 잘 됩니다. '

2-15. 받아들이기
      그리고 다시 알아차림의 반복.

'일어남 그리고 사라짐' 역시 자연의 법칙입니다. 사람들은 좋은 생각이나 좋은 느낌이 일어나면 움켜쥐고 당연한 것으로 여깁니다. 나쁜 생각이나 나쁜 느낌이 일어나면 그것은 뭔가 잘못된 것이며 버려야 할 것으로 여깁니다. 하지만 좋다 나쁘다는 사람의 견해일 뿐, 자연의 법칙으로 보자면 조건(원인) 없이 일어나는 것은 아무것도 없습니다. 마땅히 일어날 만한 조건(원인)이 형성되어 있었기에, 생각이나 느낌 또는 무엇이든 일어나는 것입니다. 형성된 조건(원인)이 자신의 책임이라는 뜻은 아닙니다. 자신은 원치 않게, 외부의 영향으로 만들어졌을 수도 있습니다. 단지 어떤 사유로든 일어날 조건(원인)이 형성되어 있었기에, 현상이 일어났다는 것입니다.

일어난 것이 사라지는 것도 같은 이치입니다. 사라질 조건(원인)이 형성되니 사라지는 것입니다. 이미 일어날 조건(원인)이 형성되어 일어나는 것을 싫다고 해서 막을 수 없습니다. '조건(원인)과 결과'라는 자연의 법칙 막는 것은 불가능합니다. 마찬가지로 사라질 조건(원인)이 되어 사라지는 것도 막을 수 없습니다.

그렇기에 무엇이든 이미 일어난 시점에서, 그것을 '좋은 것, 나쁜 것'으로 분별하는 함이 무슨 의미가 있을까요? 어쩌면 이미 지나간 과거의 조건(원인)에 의미 없는 후회이며, 필연적으로 일어난 피할 수 없는 결과물을 받아들이지 못하는 것은 성숙하지 못한 부정입니다.

일어난 것은 반드시 변하고 사라지기에 영원하지 않고 '순간적인 것'입니다. 어떤 부정적인 생각과 마음이 일어났어도, 과거의 조건(원인)으로 일어난 '순간의 마음'입니다. 영원히 고정불변으로 지속되는 마음이 아닙니다. 그것은 '나'라고 규정지을 수 있는 '내 생각, 내 마음'이 아니라, '그 순간의 생각, 순간의 마음'입니다. '사라질 생각, 사라질 마음'이 사라지고 난 다음에도, 그것을 '나, 내 것'이라고 붙들고 있을까요? 그렇지 않습니다. 싫었던 것이 사라지면 다시 기억에 떠올리고 싶지도 않습니다. '순간의 마음'이 존재할 동안은 그것을 나와 동일시 하며 괴로워하지만, 잊힌 후 동일시 하던 마음에서 벗어나면 오히려 내게 그런 생각이 일어났던 것을 부정하고 싶어질 것입니다.

그래서 알아차리며 걷다가 어떠한 생각과 마음이 일어나더라도 좋아하거나 싫어하지 말고, 단지 조건(원인)이 있어 일어날 것이 일어났다고 받아들여야 합니다. '그 순간의 생각과 마음'을 '내 생각, 내 마음'이라고 동일시 하면, 좋아하고 싫어하게 되며 붙들고 집착하게 됩니다. 좋아하고 싫어하는 분별과 놓지 못하는 집착이 영양분으로 작용해서, 생각과 마음은 더 힘을 얻어 커질 것입니다.

등산은 명상을 하기 위한 산책

'자연스러운 일어남이고 또한 사라질 것'이라는 받아들임이, 놓아버릴 수 있게 하고 다시 알아차림을 하게 합니다. 걷다가 무엇이 일어나든, 받아들이고 놓아버린 후 다시 알아차림 하면 됩니다.

'일어나고 사라지는 것은 실체가 없는 것임'을 이해하는 지혜가 일어나면, 세상사 많은 집착이 놓아지고 편해질 것입니다. 그것이 걸림 없는 자유입니다.

' 한 가지 비밀을 알려드리자면,
걸림 없는 자유를 얻는 지혜는 알아차림에서 시작합니다. '

| 소백산 비로봉에서 |

무상(無常), 무아(無我)

언제 그랬냐는 듯 더운 날씨가
아침 저녁으로 선선해졌다.

자연이든 사람이든 마음이든...

그 순간은 영원할 것처럼 느껴지지만
모든 것은 변하고 사라지기 마련이다.

그 순간은 그것만이 진실이며
영원할 것 같지만

마치 색안경을 벗으면
전혀 다른 세상이 보이는 것처럼

무상(無常)하여 지나가고 나면...

그 당시 '나'라고 여기며
움켜쥐고 집착했던 것들이...

단지 그 순간의 물질과 정신
현상이었음을 알게 된다.

그것은 영원한 것도, '나'인 것도 아니었다.

깨어있어 무상(無常), 무아(無我)를
거듭하여 통찰할 때...

'나'라고 여기며 민감하게 움켜쥐던 집착들이
단지 물질과 정신 현상임을 알아 놓게 된다.

2-16. 마음의 균형을 조절하는 능숙함.

어떤 운동이든 하다 보면 다치는 경우가 있습니다. 다치는 경우의 대부분은 몸의 균형이 맞지 않아서 그렇습니다. 몸을 빠르고 격렬하게 움직이는 운동에서 다친다면, 움직이기 전에 뼈와 관절이 균형 맞춰 정렬되어 있어야 하는데 그렇지 못한 상태에서 움직여 그렇습니다. 웨이트 트레이닝처럼 근육을 쓰는 운동에서 다치는 경우는, '주동근과 보조근, 협응근'의 부조화 때문인 경우가 많습니다. 주도적으로 힘을 써야 하는 주동근이 제 역할을 못 하니, 돕는 기능을 하는 보조근과 협응근에 과부하가 걸립니다. 또한 척추를 바르게 정렬해 중립으로 유지하지 않았기 때문에, 어느 특정 구간에 과부하가 걸려 다칩니다. 이 모두가 자세와 기능의 균형 문제입니다.

제 경험상으로 볼 때 등산에서 다치는 경우도 균형 문제입니다. 등산하며 무릎을 다치는 경우는, 주동근을 바르게 쓰지 못하는 것과 몸의 정렬이 무너진 상태에서 움직여서 그렇습니다. 즉, 균형을 조절하지 못했다는 뜻입니다.

그런데 마음을 이용하는 명상에서도 균형 조절이 핵심입니다. 간단하게 균형을 '세 가지 요소'로 설명하자면, 새의 머리와 두 날개로 비유됩니다. 새의 머리는 알아차림이라고 할 수 있습니다. 새가 날 때 방향을 잡아주고 바르게 날아가는지 판단하는 것은 머리입니다. 그다음에 한쪽 날개는 노력으로 비유할 수 있습니다. 적절한 노력을 일으켜야 마음에 활력이 생깁니다. 다른 쪽 날개는 고요함으로 비유할 수 있습니다. 고요함이 있어야 마음이 안정됩니다. 노력만 너무 과하면 마음이 들뜨고 산만해집니다. 반면에 너무 고요하기만 하면 마치 잠자는 듯 마음에 활력이 없습니다. 그래서 새가 앞으로 바르게 날아가려면 머리와 양 날개가 균형의 조화를 이뤄야 하듯, 마음도 최상의 상태가 되려면 '알아차림과 노력, 고요함의 균형'이 필요합니다.

등산은 몸을 움직이는 활동이지만 마음의 명상으로 활용하는 이야기 중이니, 명상에서 말하는 균형으로 접근해 보겠습니다. 계속해서 알아차림으로 생각과 번뇌를 놓아버리고, 고요함에 이르는 과정을 말하고 있습니다. 그런데 알아차림이 잘 되려면 '노력과 고요함의 균형'이 필요합니다. 명상을 예로 들어 보겠습니다. 좌선의 자세로 호흡을 알아차리며 명상할 때, 몸이 너무 피곤하면 마음에 활력이 떨어져 호흡을 알아차리며 머물지 못합니다. 계속 졸음이 쏟아집니다. 이럴 때는 의도적으로 노력을 더 키워 균형을 맞춥니다. 호흡이 들어오고 나갈 때마다, '들숨, 날숨' 하며 명칭을 붙이거나 호흡에 숫자를 붙여 알아차립니다. 이렇게 하면 자연스러움은 줄어들지만, 명칭을 붙이는 노력이 호흡에 집중하게 만들어 알아차림을 유지합니다.

마찬가지로 등산하며 몸의 느낌과 움직임에 관심 기울여 알아차리려 해도, 마음이 번뇌에 시달려 피로하거나 몸이 지쳐있으면 알아차림이 힘겨울 수 있습니다. 걷고 있으니 졸음에 떨어질 일은 없지만, 어느 순간 마음이 번뇌에 빠지거나 제멋대로 방황할 수 있습니다. 또는 고요한 상태에 쉽게 이르러 행복하게 걷다가도, 자신도 모르게 서서히 마음에 활력이 떨어질 수 있습니다. 그러면 잡생각과 번뇌가 없어도 뭔가 이상하게 마음이 처지고 지루하며 힘듭니다. 이런 상태는 깨어있는 고요함이 아니라 마음의 균형이 깨진 것입니다. 행복하고 고요한 상태에 빠져서, 알아차리려는 마음의 노력이 서서히 떨어져서 그렇습니다.

두 경우 모두 의도적으로 노력을 더 일으켜 알아차림 하며 균형 맞춥니다. 방법은 발걸음에 명칭을 붙이며 마음을 깨우거나 또는 조금 더 빠르게 걷거나, 몸에 에너지를 보충해서 강제로 활력을 만들 수도 있습니다. (노력을 일으키는 방법은 제3장에서 조금 더 상세히 설명할 것입니다.)

반면에 노력이 아닌 고요함을 키워야 하는 경우도 있습니다. 마음이 '지금 여기'에 머물지 못하고 정상을 향해 내 달리게 되면, 욕망 때문에 들뜨고 지나친 노력이 일어납니다. 노력이 지나치면, 마음의 균형이 깨져 알아차림이 안되고 고요함이 생기지 않습니다. 또한 욕망을 좇아 노력하지만, 따라가지 못하는 몸 때문에 불만족이 일어나 더 괴롭게 됩니다. 이런 경우는 욕망을 놓아버리고, '지금, 이 순간'에 만족하며 알아차림으로 고요함을 키워야 합니다.

마음에 균형을 맞추는 능숙함이 없으면, 고요하게 깨어있는 행복한 등산은 할 수 없습니다. 마음이 너무 고요해져 지루하면, 그 반작용으로 정상을 향한 욕망을 일으켜 내달리며 들뜨게 되고, 들떠있던 마음을 쫓다가 시달려 힘이 빠지면 다시 의욕을 상실합니다. 이렇게 마음의 균형을 조절하지 못하면, 지나친 욕망으로 들떴다가 그 욕망에 시달려서 의욕을 상실하는 양극단으로 치닫는 경우가 생깁니다. 균형을 조절해 주는 것은 나는 새의 머리 역할 같은 알아차림입니다. 지금 내 마음이 어떤 상태인지 알아차리고, '노력과 고요함의 균형'을 잘 맞춰야 합니다.

 어쩌면 참 어렵고 난해한 이야기일 수 있습니다. 간단하게 말해서 한 가지만 기억하면 됩니다. 등산하며 내 몸과 마음 상태를 알아차리십시오. 마음 상태가 평온하지 못하면 그 원인을 조사해 보십시오. 스스로 '몸과 마음의 균형'을 조절하는 방법을 깨칠 것입니다.

2-17. 행복이 있으면 괴로움도 있는 법.

'혼자 여행을 가본 경험이 있습니까?' 저는 혼자 여행하는 것을 좋아합니다. 무슨 재미로 혼자 여행 가냐고 이상하게 생각될지도 모릅니다. 혼자 하는 여행의 가치를 알고 있지만 그 생각에도 동의합니다. 왜냐하면 외로움은 사실이니까요. 저는 혼자 여행해 보면 이렇습니다. 기대감에 즐겁게 출발했는데 어느 순간 심심했다가 또 사무치게 외로웠다가, 마치 나 자신과 아주 친한 친구가 된 듯 외로움을 극복하고, 채워진 듯 바라는 것 없이 있는 그대로에 만족스럽습니다. 시간이 지나며 또다시 여러 가지 마음을 경험하게 됩니다.

여행 중에 일어나는 이런 감정의 변화를 경험하며, 나를 성찰할 수 있는 시간을 보내고 더 성숙해짐을 느낍니다. 여행 중에 일어나는 마음의 변화를 경험해 보면 혼자 하는 여행의 가치를 알게 됩니다. 그 외 혼자라서 편한 홀가분함도 있습니다.

혼자 여행하며 남이 아닌 나의 내면과 마주하다가 집으로 돌아오면, 짧은 시간에 하기 어려운 값진 경험을 한 듯 느껴집니다. 남는 것이 있습니다. 내면의 성숙이라고 할까요? 이것을 경험해 본 사람들은 혼자 하는 여행을 추천합니다. 하지만 함께하는 여행도 당연히 행복합니다. 함께할 때만 얻을 수 있는 좋은 것들이 있습니다.

등산도 여행과 같습니다. 아무리 산을 좋아하는 사람도 등산 내내 행복하지만은 않습니다. 청량한 산길을 고요히 걷는 행복감뿐만 아니라, 지루하고 힘든 괴로운 순간도 분명히 존재합니다. 혼자 하는 여행처럼, 등산도 즐거움과 괴로움 등 여러 가지 감정들을 함께 겪고 하산하면, 커다란 만족감이 일어나고 그 가치를 알아 다시 오고 싶어집니다.

혼자 여행을 여러 번 해보면, 외로움이 찾아와도 여행의 한 부분으로 여기고 담담히 받아들이게 됩니다. 외로움을 단지 한순간의 과정으로 받아들이게 되면 얻는 것이 생깁니다. 등산에서도 마찬가지입니다. 등산 중에 괴로움이 느껴져도, 지나가는 과정으로 알기에 담담하게 받아들입니다. 그러면 괴로움 속에서도 배울 것이 생깁니다.

마치 인생 전체를 한번 경험해 보고 다시 살게 되면, 괴로운 시절이 찾아와도 그게 영원하지 않다는 것을 알아 초연할 수 있을지도 모릅니다. 등산도 여러 번 경험해 보면, 어떤 순간도 영원하지 않다는 것을 알기에 단지 과정 중에 하나라고 초연히 받아들일 수 있습니다.

' 오르막이 있으면 내리막도 있습니다.
　어떤 것도 영원하지 않습니다. '

2-18. 정상을 향한 욕망의 괴로움.

　제가 지금까지 등산하며 느꼈던 가장 괴로운 상황은 두 가지였습니다. 한 해를 마무리하며 특별한 일이 없으면, 신년 일출을 산 정상에서 보기 위해 12월 마지막 날 국립공원 대피소에서 숙박합니다. 날씨를 검색해 보고 일출을 볼 수 있는 높은 산으로 정합니다. 1순위는 설악산, 2순위는 지리산 이렇게 경치가 좋은 순으로 정합니다. 자기 전에 일출 시각을 미리 확인하고, 대피소에서 정상까지 도달하는 시간을 계산해 핸드폰 알람을 맞춰 놓습니다. 그런데 한겨울이고 사람들이 많아 생각했던 것보다 조금 지체될 때가 있습니다. 그러면 풀리지 않은 몸으로 숨을 몰아쉬며 급하게 정상으로 오릅니다. 정상에 도달하기 전에 해가 뜨려고 하면 마음이 아주 조급해집니다. 얼른 정상에 도착해야 하는데 몸은 따라주지 않으니, 마음이 조급함에 들떠 힘들고 괴롭습니다.

　일출 산행이 아니라도, 설악산 지리산 또는 한라산처럼 높고 코스가 긴 산을 갈 때는 이른 시간에 오르기 시작합니다. 오르다가 조망이 터질 즘에 정상이 어떤 풍경일지 알거나 상상되는 경우가 있습니다. 맑은 하늘 아래 운해가 장관이거나, 또는 약간의 비가 내리다가 그친 후라서 엄청난 운무(雲舞)가 펼쳐지고 있다는 확신이 들 때가 있습니다. 겨울 같으면 파란 하늘과 하얀 상고대의 아름다운 조합이라든지……

운해는 해가 뜨면 오전 중에 모두 흩어져 버리고, 맑고 파란 하늘을 배경으로 한 상고대 역시 햇살을 받으면 녹아 변하게 됩니다. 그래서 멋진 장면을 놓치기 싫어 정상에 시간 맞춰 도착하려는 조바심이 일어납니다. 정상을 향한 욕망에 마음은 들뜨고 급한데, 몸은 마음만큼 따라주지 못하니 숨차고 괴로워집니다.

이렇게 제가 경험한 바로는, 멋진 광경을 놓치고 싶지 않은 욕망이 일으킨 조급한 들뜸이 가장 괴로운 번뇌입니다. 괴로움의 근본은 욕망입니다. 그 외에는 어떤 경우도 크게 힘들지 않습니다.

그런데 욕망이 일으킨 괴로움을 여러 번 겪어 보면 또 깨닫게 됩니다. 정상까지 정해진 걸음 수가 있고 시간을 멈출 수도 없으며, 체력은 한계가 있다는 것을 인정하게 됩니다. 즉 그러한 것들이 모두 정상을 원하는 시간에 도달할 수 있는지 결정하는 조건(원인)으로 작용합니다. 바꿀 수 없는 이미 정해진 조건(원인)들이 있는데, 아무리 마음을 조급하게 가져도 조건(원인)을 벗어난 결과는 일어나지 않습니다.

이 순리를 이해하게 되면, 담담히 내가 처한 조건(원인)을 받아들이고 욕망을 놓게 됩니다. 내가 처한 이 조건(원인)에서 맞이하는 정상에 만족하게 됩니다.

등산은 명상을 하기 위한 산책

2-19. 평온한 마음으로 맞이하는 정상.

앞에서 등산 중에 일어나는 가장 괴로운 번뇌에 관해 이야기했습니다. 정상을 바라는 욕망이 가져온 조급한 들뜸이라는 번뇌가 가장 큰 괴로움입니다. 내게 주어진 남은 거리와 시간, 체력이라는 조건(원인)을 인정하고 받아들이면, 불가능한 욕망에 집착하지 않아서 고요한 평정심을 유지할 수 있습니다. 욕망 없는 평온한 마음으로 '지금, 이 순간'을 걷다 보면, 정상에 도착할 조건(원인)이 충족되었을 때 도착해있습니다. 단지 '지금, 이 순간'을 알아차리며 고요하게 걷는 과정에서 배경이 정상으로 바뀌었을 뿐입니다.

평정심으로 고요하게 걷다가 맞이하는 정상은 특별함이 있습니다. 욕망으로 힘들게 분투하며 올라와 정상에 도착했을 때는, 해냈다는 성취감에 환호할 수 있습니다. 하지만 평온한 마음으로 맞이하는 정상은 오히려 더 큰 느낌을 줍니다. 좀 역설적입니다. '마음은 평온한데 느낌은 더 강하다.' 아마도 이렇게 비유하면 비슷할까요? 저녁마다 반주로 맥주 한 잔씩 하던 사람이 주말에 여행 가서 맥주를 마시는 경우와, 일상에서 특별한 일 없으면 금주하던 사람이 어떤 이벤트가 있을 때 맥주를 마시는 경우의 차이랄까요? 어느 경우에 맥주 맛이 더 진하게 느껴질까요?

한 걸음 한 걸음을 알아차림 하며 평온하게 걷다가 맞이하는 정상은, 느낌이 더 명확하게 마음에 와닿습니다. 마치 정상의 멋진 광경을 더 잘 느낄 수 있도록 마음을 맑게 준비해 놓은 듯한 효과가 있습니다.

이런 비유는 또 어떨까요? 맥주를 몇 잔 마시다가 취하면 혀에서 느껴지는 맥주 맛이 옅어집니다. 더 많이 취하면 술인지 물인지 구분이 안 될 수도 있습니다. 그런데 감관이 예민하거나 잘 취하지 않는 사람은, 혀에서 느껴지는 맥주 맛을 좀 더 오래 유지할 수 있을지도 모릅니다.

알아차림으로 고요하고 평온하게 정상에 이르면 멋진 광경을 더 잘 느끼기도 하지만, 한편으로는 느낌이 더 오래 유지되기도 합니다. 앞에서 설명했던, 알아차림이 깊어지면 평범한 등산로가 멋진 예술 작품으로 변한다는 원리와 같습니다. 정상에서도 적용이 됩니다.

외부 자극과 욕망으로부터 마음을 평온하게 잘 유지했을 때, 오히려 정상에서 더 큰 감흥을 느낄 수 있습니다.

2-20. 정상에서 나를 더 크게 만드는 평정심.

군 복무를 마치고, 처음으로 문장대 정상에 올랐을 때가 기억납니다. 강한 체력으로 힘들지 않고 평온하게 정상에 올라왔지만, 성취감과 멋진 경치는 마음을 흥분시켰습니다. 등산을 쭉 하면서 알게 된 것인데, 처음이나 아주 드물게 등산하는 사람이 정상에 오르면 '야호'를 부르지는 않지만, 대부분 가족이나 연인에게 전화한다는 것입니다. 아마도 정상에 오른 그 느낌을 가장 가까운 사람과 나누고 싶어 하는 것 같습니다. 나 역시도 처음 문장대에 올랐을 때 누군가에게 전화했습니다.

정상에서 내리는 눈을 처음 맞이할 때도 비슷한 현상이 일어납니다. 중년의 어른들도 핸드폰으로 영상 찍으며 아이들같이 좋아합니다. 이렇게 처음 맞이하는 정상의 기분은 들뜨고 환희심 가득합니다.

등산을 자주 즐겨도, 정상에 이르면 매번 성취감을 느끼며 마음이 즐겁고 행복합니다. 또한 탁 트인 풍경을 보고 있으면, 마음이 열리며 가벼워지는 느낌에 만족감이 일어납니다. 모두가 정상에서 느끼는 마음을 최대한 오래 유지하고 싶어 합니다.

그런데 앞서 말한 것처럼 알아차림으로 고요히 걷다가, 평정심으로 정상을 맞이하면 다른 경험을 하게 됩니다. 마음을 흔드는 기쁨과 성취감에 환호하는 것이 아니라, 오를 때와 같은 고요하고 평정된 마음으로 경치를 담담하게 바라보게 됩니다. 환희를 느끼는 것과 다르게 평정심으로 정상을 느끼는 것에는 특별함이 있습니다.

자연의 거대함을 평정심으로 바라보는 내 마음이 크게 느껴집니다. 거대한 산을 보고 압도되어 감탄하는 것이 아니라, 내 마음이 산을 담아내는 듯한 느낌입니다. 내가 커진 듯한 자존감 높은 느낌입니다.

이처럼 평정심은 정상에서 나를 더 크게 만듭니다. 거대한 자연을 평정심으로 담을 수 있는 내 마음을 느낄 때, 자존감이 높아집니다.

| 설악산에서 |

2-21. 번뇌가 사라진 나에게 느끼는 자존감.

정상의 멋진 경치를 즐기고 하산하려 돌아서는 순간, 그때의 마음을 떠올려 봅니다. 목적지였던 정상을 성취한 후 하산길로 접어드는 마음은 가볍습니다. 이제 서서히 내려가면 됩니다.

이때만큼 가벼운 마음이 없습니다. 정상을 바라던 욕망은 성취되었고 멋진 풍경을 즐기며 잠시나마 모든 것을 홀가분히 놓아버립니다. 정상에서 충분히 즐기며 쉬었고 몸과 마음의 에너지도 충전했습니다. 등산하며 느낄 수 있는 가장 가벼운 마음 상태는, 바로 하산을 시작하려는 순간일 수도 있습니다.

'나'라는 존재는 누구일까요? 무엇을 '나'라고 할만할까요? 바로 지금 내가 느끼는 마음 상태를 '나'라고 할 수 있을 겁니다. 그래서 하산을 시작할 때 번뇌 없는 자신에게 자존감을 느낍니다. 물론 이 상태 역시 영원하지 않습니다. 내려가다 지루하거나 잡념이 일어나 사라져도 좋습니다. 중요한 것은 번뇌 없는 나를 경험해 보고, 기억할 수 있다는 것입니다.

번잡한 일상에서 힘들 때, 산에서 느꼈던 자존감 있는 나를 떠올리면 다시 산을 찾고 싶어집니다. 비록 짧은 순간이지만, 자존감 있고 만족스러웠던 나를 기억하는 것은 삶에 큰 힘이 됩니다. 힘든 순간에 떠올려 되돌아갈 수 있는 기준으로 삼을 수 있습니다. '나를 되찾는다.'라고 표현할 수도 있습니다.

산에서 느낀 자존감 있는 '나'처럼 긍정적인 자아(自我)를 여러 방면으로 늘려갈 때, 힘든 순간에 떠올려 버팀목이 될 '나'가 더 많이 생겨날 것입니다. 산에서 느끼는 자존감 있는 '나'는, 삶에 힘이 되는 멋진 '나' 중의 하나가 될 것입니다.

결국 '나'는 나 자신을 바라보는 시선입니다. 긍정적인 자아(自我)를 공상이 아닌 경험으로 늘려가야 합니다.

| 지리산 바래봉에서 |

2-22. 하산하는 마음가짐.

나 역시도 한때 그러했고, 많은 사람이 정상을 찍고 하산할 때 조급한 마음을 가집니다. 등산의 목표를 정상으로 삼고 성취했기 때문에, 하산에서는 얻을 것이 없다고 생각합니다. 하산은 지루하고 재미없으니 빠르게 내려가고 싶어 합니다.

바로 그 때문에 무릎을 다칩니다. 언젠가 TV에서 산악인 엄홍길 씨가 자신의 모산(母山)에서 하산하는 장면을 보여줬습니다. 세계 최초 히말라야 8천 미터 14좌를 완등한 베테랑 산악인이, 평범한 모산(母山)에서 내려갈 때는 무릎 보호대를 하고 아주 조심스럽게 천천히 내려갔습니다.

하산할 때 무릎이 아픈 이유로 등산을 그만두는 사람이 많습니다. 그런데 오르막에서는 좀처럼 무릎을 다치지 않습니다. 거의 다 하산하며 무릎을 다칩니다. 그 이유는 하산길 걷는 방법을 모를 수도 있겠지만, 그보다는 조급한 마음 때문입니다.

하산하는 마음가짐이 바르지 못하면 무릎만 다치는 것이 아닙니다. 하산하며 얻을 수 있는 가치 있는 것들도 놓치게 됩니다. 하산하며 즐길 수 있는 것은 무엇이 있을까요? 바로 여유로움입니다.

한 시간 더 늦게 내려간다는 생각으로 마음을 여유롭게 가지고, 천천히 바른 자세로 알아차리며 내려가면, 올라갈 때 경험했던 고요함이 다시 생겨납니다. 홀가분함까지 더 해집니다.

먼 곳에서 산을 찾아와 긴 시간 산행하며 정상을 찍고 내려가는 하산 길에서, 길게는 한 시간 짧게는 삼십 분 정도 더 여유를 가지는 것이 그리 어려운 결정은 아닐 것입니다. 오히려 여유를 가지면 안전하게 하산하며 얻는 것도 있기에, 등산 전체가 알차게 완성될 것입니다.

등산은 시간을 측정하는 훈련이 아닙니다. 마음을 쉬러 산에 왔습니다. 하산하며 한 시간만 더 여유를 가지면, 얻을 수 있는 가치 있는 것들이 있습니다.

| 설악산 천불동 계곡에서 |

2-23. 무릎 부상을 예방하는 알아차림.

하산할 때의 바른 마음가짐은 조급함을 버리고 여유를 즐기는 것입니다. 많은 유익한 것들이 생겨나기 때문입니다. 그런데 사실 조급함을 버리고 여유를 가지는 것은 어찌 보면 선택의 문제가 아닙니다. 왜냐하면 다칠 때는 거의 다 서두르는 부주의한 마음 때문에 다치기 때문입니다.

어느 유명한 트레일 러닝 유튜버가 이런 말을 했습니다. 자신이 다친 모든 경우를 돌이켜보면, 달리는 것에 집중하지 않고 잠깐 딴생각했을 때라고 합니다. 아팠던 무릎을 고치고 이제는 크게 걱정 없이 다니는 저도 그 말에 동감합니다. 뒤에서 다루겠지만, 다치는 원인의 핵심은 알아차림(깨어있음) 없이 정신 놓고 움직이기 때문입니다.

이렇게 본다면, 하산길에서 여유를 가지고 알아차리며 걷는 것은 선택의 문제가 아닙니다. 등산을 부상 없이 즐기기 위해서뿐만 아니라, 지금 당장 하산길에서 무릎 통증에 시달리지 않고 내려가려면 다른 방법이 없습니다. 여유를 가지고 알아차리며 내려가야 합니다. 오랜 기간 등산해 온 경험으로 비추어 볼 때, 그 외에 다른 방법이 없습니다. 저는 그렇게 단언합니다.

어쩌면 '등산은 훈련이 아니니, 좀 더 여유를 가지고 즐기자.'라고 권하는 것보다, '다치기 싫으면, 마음에 여유를 가지고 알아차리며 걸어라.'가 맞을지도 모릅니다.

| 지리산 바래봉에서 |

트레일러닝
산이나 초원 등의 자연 속에서 달리는 운동으로 산악 마라톤과 비슷한 개념이다.

2-24. 볼 것 없는 하산이 행복해야 힐링이다.

 등산을 가보면 만족스러운 힐링이 될 때가 있고, 또 많이 아쉬운 때가 있기도 합니다. 만족스러운 힐링과 아쉬움은 어떤 산을 가는가에 따라 결정되지 않습니다. 산과는 상관없이 어떤 마음으로 등산하였나에 따라 결정됩니다.

 아무리 멋진 산이라도 정상의 욕망에 집착해 괴롭게 오르거나, 하산길이 지루하게 느껴져 조급한 마음에 빠르게 내려간다면 그 등산은 얻을 것 없는 등산입니다. 반면에 오를 때도 알아차림에 고요한 행복으로 걷고, 하산할 때도 여유로운 마음으로 알아차리며 고요하게 걷는다면 그 등산은 만족스러운 힐링입니다.

 이렇게 등산은 내 마음 상태가 결정하는 것입니다. 산은 단지 배경일 뿐입니다. 그러면 마음은 어떤 환경에서 가장 잘 반영될까요? 멋진 조망이 터지는 구간? 아니면 조용하고 한적한 숲길? 볼 것 없는 하산길에서 행복할 수 있어야 힐링하는 등산입니다. 왜냐하면 평범한 숲길에서 마음이 행복하다는 것은, 알아차림을 잘 유지하며 고요하게 걷는다는 뜻입니다.

가끔 설악산을 갑니다. 조망 없고 가파른 오르막길만 이어지는 오색 코스에서 오르면, 대청봉을 찍은 후 멋진 풍경이 펼쳐지는 서북 능선을 따라 한계령으로 하산합니다. 또는 한계령으로 올라서 서북 능선의 멋진 풍경을 보며 걷다가, 대청봉을 찍은 후 오색으로 하산합니다.

그런데 멋진 풍경이 펼쳐지는 서북 능선보다, 오히려 아무것도 볼 것 없는 오색 코스 하산 길에서 더 만족할 때가 있습니다. 눈에 보이는 설악산의 멋진 풍경보다, 내 마음에서 느껴지는 고요한 행복이 더 좋습니다. 고요한 행복을 느낄 때면 신기하기도 합니다. 한계령에서 올라 8km 이상 걸어 대청봉을 찍고 피곤한 몸으로 볼 것 없는 오색 코스로 내려가는 중인데, 이 순간이 가장 행복합니다. 이런 경험을 하고 있으면 '이게 바로 힐링이지!'라는 생각이 듭니다. 등산이란 '산에서 하는 명상'이라는 견해에 확신이 듭니다.

하산 길은 결코 지루하고 재미없는 과정이 아닙니다. 하산 길의 마음가짐에서 등산 수준이 드러납니다.

2-25. 쉴 줄 아는 여유는 마음 수준의 척도.

　명상을 배우는 사람들은 가끔 자신이 어느 단계에 와있는지 궁금해합니다. 명상으로 마음의 수준이 높아졌는지 또는 명상이 과연 효과는 있는지 궁금해합니다. 명상을 지도 하시는 스님께서 이렇게 말씀하십니다. '마음의 수준을 아는 척도는 평정심입니다.'

　명상하기 전과 배운 후의 평정심을 비교해 보면 됩니다. 살며 겪는 여러 상황에서, 내 마음이 얼마나 더 평정심을 유지하는지 확인해 보면 알 수 있습니다.

　그러면 등산에서는 어떤 척도로 내 마음 수준을 가늠해 볼 수 있을까요? 바로 하산길에서 쉴 줄 아는 여유가 마음 수준의 척도입니다. 하산길에 접어들면 볼 것 없고 지루해서 마음이 집으로 내 달립니다. 어쩌면 오를 때 정상을 향해 내 달리는 것보다 더 심하기도 합니다.

　'빨리 내려가서 뭘 해야 하는데 또는 집에 가서 샤워하고 뭘 먹고 싶은데.' 하는 등의 생각이 일어납니다. 열심히 오르며 정상이라는 목표를 달성하였기에, 그 보상으로 하산 후 원하는 것들에 욕망이 일어납니다. 어쩌면 자신에게 주고 싶은 보상은 정상을 바라던 욕망보다 더 강렬합니다. 지루함이 일어나면 마음은 더 욕망을 갈구합니다. 그 때문에 속도를 높이다가 무릎을 다치게 됩니다.

이런 욕망을 모두 내려놓고, 쉬며 여유를 즐길 줄 아는 것이 마음 수준의 척도입니다. 진짜 등산 고수는, 예기치 못한 상황으로 날이 저물어 어둠 속에 혼자 하산해도 평소처럼 내려갈 수 있는 사람입니다. 또는 가져간 식사에 문제가 생겨 정상에서 굶고 내려오는 중이라고 해도, 배고픔에 허둥지둥 속도를 내는 것이 아니라 차분하게 내려올 수 있는 사람입니다.

남보다 빠르게 하산하는 것이 아닌, 어떤 상황에서도 차분하고 여유있게 내려올 수 있는 사람이 등산 고수입니다.

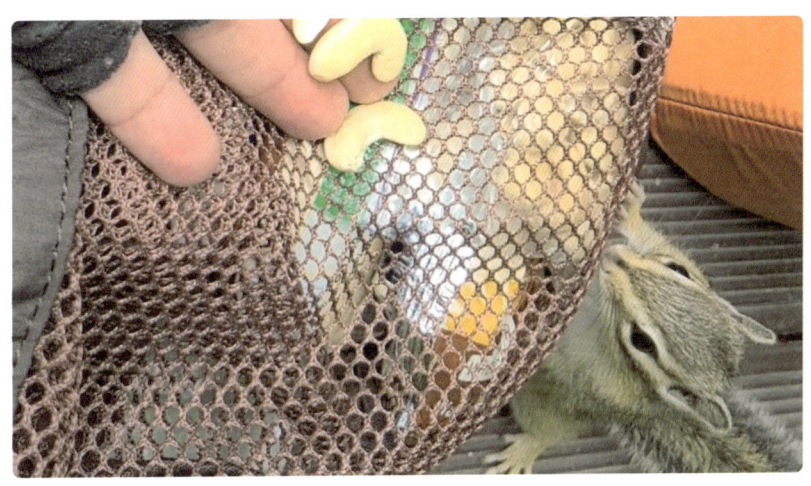

| 설악산 오색코스에서 |

2-26. 다시 일어난 경이로움과
　　　무상無常의 진리.

정상을 즐기며 휴식한 후 기분 좋게 내려오기 시작합니다. 하지만 하산을 시작하면 주의해야 할 것이 있습니다. 그 홀가분한 마음에 걷는 속도가 빨라지면 갑자기 무릎이 아플 수 있습니다. 그래서 저는 하산을 시작하면, 한동안 의식적으로 천천히 걸으며 좀 더 몸의 움직임에 주의 기울입니다.

' 천천히 한발 한발 알아차리면서 몸에 균형을 잡고
조급하지 않게…… ' 걸음에 주의 깊음을 새겨 놓습니다.

오를 때보다 좀 더 주의 깊게 내려가다 보면, 하지만 마음은 홀가분하고 더 가볍게 내려가다 보면 또다시 마술 같은 일이 일어납니다. 올라올 때 지났던 그 길인데, 어떻게 이토록 새롭고 완벽한 예술 작품처럼 보일까요? 알아차림으로 고요해진 마음은 또다시 평범한 것들을 경이롭게 만듭니다. 그 순간 느끼는 기쁨은, 아침부터 지금까지 걸어온 이 산에서의 모든 시간을 충분히 보상해 주고도 남는 만족감입니다. 어떻게 표현해야 할까요? '충분함? 더 이상 아무것도 필요하지 않음? 이대로 좋음?'

이 순간 일어나는 또 다른 경이로운 현상이 있습니다. '버림, 놓아버림, 벗어남, 집착 없음.' 일상에서 겪는 일과 인간관계 등 뭐가 됐든, 집착이 놓아진다는 것입니다. 만약 애태우며 사랑하는 사람이 있더라도 놓아질 겁니다. 또는 내게 큰 피해를 줘서 화를 품고 있던 대상이 있더라도, 용서가 아닌 놓아버림으로 관심에 둘 가치가 없어집니다.

긴 시간 알아차림 하며 마음을 청정하게 유지한 조건(원인)으로, 일상의 어려웠던 문제들이 쉽게 정리되고 가장 현명한 결정을 내릴 수 있는 마음 상태가 될 것입니다. 제 경험상 이 순간 내리는 결정은 항상 최선이었습니다. 이것이 바로, 산이 내 삶에 주는 약(藥)이 아니고 무엇일까요? 이 때문에 저는 '산은 번뇌를 버리러 가는 곳'이라 말합니다.

하지만 이 상태 역시 영원하지 않습니다. 몸이 지치거나 마음에 활력이 떨어지면 다른 상태로 변할 수 있습니다. 그때 '모든 것은 영원하지 않은 무상(無常)의 진리구나.'라고 이해하면, 그 깨달음을 기쁨으로 받아들일 수 있습니다. 다시 고요함이 생겨날 마음의 조건(원인)을 만들면 되기에 실망하지 않습니다.

사실 솔직하게 말하면 선택의 여지가 없습니다. 긴 시간 등산하며 피곤한 몸으로 괴롭지 않게 내려가려면, 다시 알아차리며 걸어야 합니다.

2-27. 출근길과 산책도
명상으로 활용할 수 있게 된다.

 미국 빌 클린턴 대통령의 아내이자, 미국 국무부 장관 및 상원의원을 역임했던 힐러리 클린턴은 어느 강연에서 이렇게 말했습니다. 자신이 생각하는 성공 비결 중에 중요한 한 가지는 명상이라고 합니다. 이미 수십 년 전부터 미국이나 유럽에서는, 상류층을 중심으로 '21세기 르네상스'라고 하여 명상 붐이 일어났습니다.

 인생을 살며 마음을 다스리는 수단 한 가지와 몸을 관리하는 수단 한 가지는 꼭 필요합니다. 이미 그 수단으로 어떤 종류의 명상이든 배워 삶에 활용하고 있고, 등산에도 적용하여 활용할 수 있다면 가장 좋습니다. 몸을 건강하게 하는 취미조차도 명상으로 활용할 수 있으니, 깨어있는 삶이 여러 방면으로 더 확장되는 것입니다.

 그런데 아직 명상을 배우지 않은 사람이 등산을 통해 알아차림을 경험하게 되고, 고요함이 어떻게 일어나는지 경험하게 되고, 그 방법으로 괴롭지 않게 등산을 즐길 수 있게 되며, 등산 후 마법의 거울 속 번뇌 없는 얼굴을 보게 된다면, 그는 누가 권하지 않아도 일상에서 명상을 찾게 됩니다.

번잡한 출근길에서 바쁘게 걸어가던 습관을 버리고, 발의 움직임과 발바닥 느낌에 마음을 기울여 알아차릴지도 모릅니다. 직장 휴식 시간에 다른 직원들과 대화하며 시간 보내는 것이 아니라, 잠시 건물 밖 조용한 곳에 가서 알아차리며 걷다가 들어올 수도 있습니다. 산에서 경험한 알아차림의 효과를 알기 때문에 일상에서도 스스로 원해서 하게 될 것입니다. 단지 배경이 산에서 일상으로 바뀌었을 뿐입니다.

알아차림을 경험하기 전까지는, 몸과 마음에 관심 기울여 어떤 상태인지 본다는 개념조차 없었을지 모릅니다. 그런데 알아차림을 연습하고 나서는, 마음을 본다는 것이 무엇인지 또 몸을 본다는 것이 무엇인지 알게 됩니다. 이것은 삶에 혁신 같은 일입니다.

알아차림을 알게 된 순간부터 이제 마음을 개발할 수 있습니다. 일상에서 잠시 시간 내어 몸과 마음을 알아차려 고요하게 만들면, 사소한 것에서도 경이로움을 느낄 수 있습니다. 알아차림에 익숙해지면 직장에서 잠시 휴식하며 걷는 중에도, 마음의 고요함과 예술 작품으로 변한 세상을 경험할 수 있습니다. 일상에서 알아차림에 익숙해지면 등산에서는 더 쉽게 되고 얻는 것도 많아질 것입니다.

약으로 활용

지리산 등산 미리보기

3 장
지리산 등산 미리보기

『 약으로 활용 』

3. 지리산 등산 미리보기.

_2021년 8월 22일_ 천왕봉 중산리 코스

  이 글은 등산하며 마음에 떠오르는 대로 자유롭게 녹음한 것입니다. 등산의 전 과정에서 일어나는 몸과 마음의 현상과 부연 설명을 글로 옮기면, 등산을 배우는 분들에게 큰 도움이 될 것 같아 시도해 보았습니다. 등산하며 실시간으로 녹음한 것이라서, 한편의 완성된 글처럼 부드럽게 이어지지는 않습니다. 오히려 녹음 파일마다 번호를 붙여, 옮겨 적는 것이 좋을 것 같았습니다. 읽기 편하고 의미가 잘 전달될 수 있도록 표현만 적절하게 수정했습니다.

  이 당시 직장에서 과로하여 몸을 돌보기 위해 휴직하던 시기라서, 한동안 등산하지 못하였습니다. 어느 정도 회복한 후 체력 테스트 삼아 갔던 때라서, 평소보다 몸과 마음의 변화가 심했습니다. 하지만 오히려 그런 조건이 등산 중에 일어나는 몸과 마음의 변화를 설명하기에는 더 효과적이었던 것 같습니다. 만약 건강하고 평안히 생활하던 중에 등산했다면, 이처럼 자세하게 표현하지 못했을 것입니다.

  최근에 설악산 오색 코스를 대상으로 한번 녹음해 보려고 했었는데, 올라가는 내내 고요해서 뭘 이야기할 것이 없었습니다. 이 등산 후기는 적절한 때에 잘 녹음했던 좋은 기록 같습니다. 부디 등산을 배우시는 분들에게 도움 되길 바랍니다.

Recording 1

어젯밤 두 시간 넘게 운전해서 경남 산청군 시천면에 있는 지리산 중산리탐방안내소 인근에 도착했습니다. 탐방안내소에서 30분 정도 거리의 적당한 곳에서 차박으로 밤을 보냈습니다. 혼자 등산 가거나 여행할 때는 숙박시설보다는 차박을 좋아합니다. 재미도 있고 낯선 숙박시설보다는 친근한 내 차에서 잠이 더 잘 옵니다.

새벽 4시 30분경에 일어나 근처 사우나에서 샤워한 후, 등산복으로 갈아입고 아침을 먹었습니다. 산을 오르면 금방 땀으로 젖기는 하지만, 그래도 씻은 후 상쾌하게 출발해야 기분 좋습니다.

중산리 탐방안내소 주차장에 주차하고 등산로 입구까지 걸어가고 있습니다. 지금 시간은 오전 7시 20분입니다. 출발하기에 늦은 시간이 아니라서 마음이 여유롭습니다. 이제 막 출발했는데 벌써 몸이 무겁고 힘듭니다. 무거운 느낌 때문에 '이 컨디션으로 등산해도 괜찮을까? 왕복 15km 이상의 난도 높은 천왕봉 코스인데.' 이런 생각이 일어납니다.

설악산을 가든 지리산을 가든 난도가 좀 있는 등산 코스를 시작할 때, 가끔 일어나는 생각입니다. 어제 먼 거리를 운전해 와서 조금 불편하게 자고, 평소보다 일찍 일어나 준비한 후 산에 오르는데, 몸과 마음의 당연한 반응입니다. 어떤 때는 살짝 걱정스러울 정도로 몸이 무거울 때도 있습니다.

지리산 등산 미리보기

하지만 쉽게 오지 못하는 산에 이미 왔다면 투자한 시간이 아까워서 그냥 올라가게 됩니다. 이 산에 오르려고 한동안 날씨를 검색하며 계획하고 시간과 돈을 썼는데, 단지 이 한순간의 기분에 망설여 발걸음을 돌린다면, 그 후회와 자책이 나를 괴롭게 할 것임을 알기 때문입니다. 등산을 포기한 후 떨어진 자존감의 여운은 삶의 다른 부분에도 영향 줄 것입니다.

몸과 마음 컨디션에 무덤덤할 수 있는 가장 큰 이유는, 이 상태는 단지 '조건(원인)에 따른 결과'라는 것을 많은 경험으로 알기 때문입니다. 산을 오르기 시작한 후 시간이 좀 지나 몸이 풀리면, 그 조건(원인)에 맞는 다른 몸과 마음 상태가 될 것입니다.

그래서 걱정을 놓아버리고, 이 순간의 발걸음을 알아차리면서 걷고 있습니다. 이 기분이 영원하지 않을 줄 알기 때문입니다.

산은 약이다

...... Recording 2

밤새 자던 몸을 일찍 깨워 등산을 시작하면 몸은 아직 자던 상태에 익숙해 있습니다. 이 상태에서 억지로 힘차게 올라가는 것은 몸도 마음도 힘들게 합니다. 그 자체가 큰 스트레스입니다. 그래서 등산은 항상 천천히 몸과 마음을 깨우는 것부터 시작해야 합니다. 급할 것 없습니다.

등산로 입구를 지나며 마음은 자연스럽게 정상을 향해 가 있습니다. 빨리 정상에 올라 멋진 풍경을 보고 싶은 기대가 일어납니다. 그런 기대가 원동력이 되어 힘차고 빠르게 올라가려는 의욕이 일어나지만, 한편으로는 먼 거리와 가파른 경사 때문에 부담도 함께 일어납니다. '지금, 이 순간'을 벗어난, 정상(미래)에 대한 기대는 마음을 무겁게 만듭니다.

시작부터 정상에 대한 욕망을 품고 걷는다면, 정상까지 5km가 넘는 긴 거리를 평온한 마음으로 걸을 수 있을까요? 불가능한 일입니다. 중간에 힘들 때마다 계속 정상이라는 목표가 생각나고, 몸은 마음만큼 따라주지 못해 힘들게 됩니다. 목표 달성을 위해 계속 투쟁하며 이겨내거나, 또는 지치고 의지 꺾인 상태로 의욕 없이 걷게 될 것입니다. 이런 등산은 재미없습니다.

그래서 저는 등산을 시작하면 목표에 대한 의욕을 일으켜 빠르게 오르기보다는, 오히려 천천히 걸으며 마음가짐을 바르게 하는 데 신경 씁니다. 걷기 시작하며 마음속으로 말합니다. '나는 단지 걸으러 왔다. 걷는 그 자체에 만족한다.' 정상에 대한 욕망을 내려놓으려 해도 잘되지 않을 수 있습니다. 머리에서 뭔가 합당한 이유를 원할지도 모릅니다. 단지 '지금, 이 순간'에 온전히 머물며 걷는 것이 좋아서 산에 왔다면, 정상의 욕망을 내려놓을 합당한 이유가 됩니다. 깨어있는 마음으로 '지금, 이 순간'을 온전히 걷는 것이 가장 가치 있는 것이라고 알게 된다면, 한걸음 한걸음에 만족하게 됩니다. 저절로 정상에 대한 욕망이 놓아집니다.

등산이 시작되면 이처럼 단지 걷는 것에 만족하는 마음으로 욕망을 내려놓고, 천천히 몸과 마음을 알아차리며 걷습니다. 정상의 생각은 지워 버리고, '지금, 이 순간'의 몸과 마음에 머물려고 노력합니다.

이 순간의 한 걸음으로 만족하는 마음을 가질 수 있다면 욕망이 놓아져 가볍습니다. 집착이나 불만족이 없는 상태입니다. 그때 번뇌 없이 마음이 맑아져 알아차림이 자연스럽게 일어납니다. 만약 알아차림 하는 것이 자연스럽지 않고 억지로 만들어 붙들어야 하는 것처럼 힘들고 어렵다면, 지금 이대로 만족하는 마음이 없어서 그렇습니다. 만족은 마음의 만병통치약이자, 청정함의 전제조건입니다.

정상(미래)을 향한 욕망을 내려놓고, 넓지 않은 보폭으로 천천히 한 걸음 한 걸음 깨어있는 마음으로 알아차리며 걷습니다. 눈에 보이는 것, 귀에 들리는 것, 피부에 느껴지는 바람, 배낭과 몸의 무게감, 움직이는 팔과 다리, 발이 땅에 닿는 느낌 등에 가볍게 마음 열고 '알아지는 대로, 알아지는 만큼' 만족하며 알아차립니다. 달라지는 것이 없는 것처럼 느껴져도 좋습니다. 결과를 바라는 원하는 마음 없이, 단지 알아차리며 걷습니다.

알아차리며 걷다 보면 마음은 점점 더 열리고 깨어납니다. 생각(과거와 미래)으로 향하던 마음은, 지금 알아차려지는 것(현재)으로 돌아와 머뭅니다. 마음이 깨어나고 가벼워지면, 몸과 마음에서 알아차려지는 것 중에 가장 뚜렷한 대상 하나가 있음을 알게 됩니다. 깨어난 마음이 자연스럽게 좀 더 뚜렷한 대상에 관심 기울이며 알아차리고 있다는 뜻입니다. 그 대상은 발의 움직임과 발바닥이 땅에 닿는 느낌입니다. 당연합니다. 지금 걷고 있어서 그렇습니다. 그러면 이제, 발걸음에 조금 더 알아차림을 두면서 걷습니다. 물론 여전히 보이는 것, 들리는 것, 느껴지는 것들이 함께 있을 수밖에 없습니다. 다만, 가장 뚜렷한 대상인 발걸음에 가벼운 관심을 기울이면서 걷습니다.

걸음을 알아차리는 것이 마음을 '지금 여기'에 머물게 하지만, 정상(미래)을 잊기 위한 수단(꼼수)으로 하면 그 수단이 또 다른 욕망으로 작용할 수 있습니다. 그래서 원하는 마음 없이 가볍게 알아차려야 합니다. 알아차림을 욕망으로 하게 되면, 마음에 힘이 들어가 자연스럽지 못하고 무겁습니다. 또한 알아차려서 얻어지는 이득에 집착하게 됩니다. 결국 등산에 아무 도움 안 되는 일을 하는 것입니다.

마음에 욕망이 있다면, 그 욕망대로 되지 않을 때 반드시 불만족이 생겨납니다. 이것은 마음의 법칙입니다. 그래서 좋은 상태를 원하는 욕망으로 알아차리면 불만족의 원인이 됩니다. 불만족은 괴로움을 일으킵니다. 또는 '지금, 이 순간'을 알아차림 하며 걷다가, 다시 마음이 정상(미래)을 향해 내 달릴 수도 있습니다. 괜찮습니다. 그때는 정상으로 내달린 마음이 어떤 상태인가 보면 됩니다. 마음이 미래나 과거로 떠돌아도, 그러고 있는 마음을 알아차리면 현재에 머무는 것입니다. 정상으로 내달리는 마음은 아마도 들뜨고 무거울 것입니다. 그렇게 마음의 상태를 확인하고 나서, 다시 '지금 여기(몸과 마음)'로 돌아와 가볍게 관심을 기울이면 됩니다. 그것이 알아차림을 이어가는 것입니다.

열린 마음으로 편하게 알아차리며 걷다 보면, 발걸음에 둔 알아차림이 더 명료해질 것입니다. 이제는 주변을 두리번거리지 않게 됩니다. 몇 발짝 앞을 보며 고요하게 걷게 됩니다. '산에 와서, 땅만 보며 걸어도 되나?' 이런 생각이 들 수도 있습니다. 땅만 보며 걸어도 됩니다. 절대로 손해 보지 않는 신기한 현상이 일어날 것입니다.

하지만 알아차림이 어려워서 오히려 머리만 복잡해지거나, 또는 일상에서 받은 스트레스 때문에 알아차림을 하기 힘들다면, 단지 '지금, 이 순간' 한 걸음 한 걸음 걷는 것으로 만족해도 좋습니다. 그렇게만 해도 등산이 훨씬 행복하고 쉬워질 것입니다. 알아차림은 천천히 배워서 적용하면 됩니다.

·····Recording 3

한 시간 정도 걸으며 전혀 다른 상태가 되었습니다. 몸이 가볍고 개운해져 기분 좋습니다. 약간 불편하게 자고 일찍 일어난 조건(원인)의 결과로, 피곤했던 몸과 마음이 상쾌해졌습니다. 알아차림 하며 깨어난 마음이 새로운 조건(원인)으로 작용하여, 지금의 상태를 결과물로 만들어 냈습니다. 이렇게 조건(원인)이 달라지면 결과물도 달라집니다.

·····Recording 4

천천히 걷는 한 시간 동안 많은 사람이 나를 추월해 갔습니다. 심지어는 60대 가까이 되어 보이는 남자분들도 나를 추월해 갔습니다. 정상을 향해 내 달리는 욕망은 시작부터 저렇게 발걸음을 빠르게 만듭니다. 그러나 남을 의식하지 않고 고요하게 알아차림 하며 걷습니다. 보통의 경우 같은 속도로 묵묵히 걷다 보면, 얼마 가지 않아 힘들 얼굴로 쉬고 있는 그들을 만납니다. 나는 평온한 얼굴로 그들 사이를 지나갑니다.

조금 지나면 휴식을 마친 그들이 또 나를 추월해 갑니다. 잠시 후 힘든 얼굴로 쉬는 그들을 다시 만납니다. 대부분 저렇게 등산하는 사람들은, 어느 순간 속도가 뚝 떨어져 보이지 않습니다. 천천히 묵묵히 걷는 내가 정상에 더 빨리 오릅니다.

Recording 5

아니나 다를까, 좀 전에 나를 추월해 갔던 분들이 장터목 대피소와 법계사의 갈림길에서 벌써 지친 모습으로 쉬고 있습니다.

· · · · · Recording 6

빠르게 오르다가 지쳐 쉬는 것을 반복하면 등산이 힘들고 피곤해집니다. 빠르다고 좋은 것이 아닙니다. 힘들지 않게 차분하고 꾸준히 올라가는 것이 등산을 쉽게 하는 방법입니다.

..... Recording 7

첫 깔딱고개가 나왔습니다. 깔딱고개가 나오면 걱정하지 말고 평지를 걷는 것과 똑같이 생각하면 좋습니다. 깔딱고개 전체를 보면 가파른 긴 오르막이지만, 지금 나는 '단지, 이 한 걸음'을 걷고 있을 뿐입니다. 힘을 배분하며 천천히 여유 있게 걷는 한 걸음은 그리 힘들지 않습니다. 마음이 현재에 머물지 못하고 미래로 향하기에, 깔딱고개가 부담스러운 것입니다. 마음이 깔딱고개 전체로 향하면 걱정에 들뜨게 됩니다. 현재에 머물며 '지금 여기' 한 걸음을 알아차리며 걷다 보면, 어느 순간 깔딱고개는 끝나 있을 것입니다.

······ Recording 8

 그래서 저는 오르막을 걷는 중에 자주 고개 들어 얼마나 남았는지 확인하지 않습니다. 만약 그러고 있다면, 마음이 어떠하기에 자꾸 고개를 드는지 알아차립니다. 그리고 현재에 머물지 못하는 그 마음을, 다시 발걸음으로 가져와 알아차립니다. 오히려 발걸음 앞만 보이게 모자를 눌러쓰면 더 편합니다. 가끔은 일부러 그렇게 하기도 합니다. 빨리 오르막이 끝나기를 바라지도 않습니다. 그런 것들은 모두 '지금 여기'를 벗어난 미래로 향하는 마음입니다. 심지어는 지금 오르막을 오르고 있다는 것조차도 잊으려 합니다. 저는 단지 걸으러 왔습니다. 어떤 길이든 좋습니다. 그냥 단지 이 한 걸음 '지금 여기'를 온전히 걸을 뿐입니다.

 고개 들어 끝을 확인하는 것은 편하고 싶은 욕망 때문입니다. 욕망은 '지금, 이 순간'의 몸과 마음에 머물며 깨어있지 못하게 합니다. '지금, 이 순간'에 깨어있지 못하면, 자신도 모르는 사이에 욕망의 노예가 되어 있을 것입니다. 내가 걷는 게 아니라, 욕망에 질질 끌려갑니다.

 이제 한 시간 정도 걸어왔습니다. 몸을 움직이고 에너지를 썼음에도 불구하고, 오히려 몸과 마음은 더 상쾌해져 갑니다. 걸으며 자연스럽게 오른 심박수가 편안하게 유지되고 있습니다. 몰아쉬는 가쁜 숨이 아니라, 활동량에 맞는 자연스럽고 활기찬 호흡을 하고 있습니다. 깨어있음을 유지하며 힘들지 않게 걷는 것이, 몸과 마음을 상쾌하게 만드는 조건(원인)으로 작용했습니다. 단지 마음을 깨어있게 유지하는 것만으로도 몸과 마음에 활력이 생깁니다. 그 장소가 맑은 청량감을 주는 산속이라면 더욱 효과 좋습니다.

Recording 9

한동안 천천히 걷다 보니, 나를 빠르게 추월해 갔던 한 무리의 등산객들이 또 휴식하고 있습니다. 앉아서 대화하며 쉬는 모습을 보니 충분히 회복한 후 올라갈 것처럼 보입니다. 저렇게 오래 휴식하면 몸이 걷는 것에 다시 적응해야 해서 힘듭니다. 등산을 시작하며 적응할 때보다 더 힘들 수도 있습니다. 짧고 긴 깔딱고개와 평지가 반복되고 있습니다. 평지나 깔딱고개나 별다른 차이가 없다고 생각해야 합니다. 마치 높은 기어 단 수를 가진 자전거로 오르막을 힘들지 않게 오르는 것처럼, 단지 힘의 배분이 달라지고 조금 더 느리게 갈 뿐입니다.

····· Recording 10

　지금 걷고 있는 이 순간, 정상에 관한 생각은 없습니다. 관심도 없습니다. 단지 걷는 것이 좋아서 걷고 있습니다.

　걸어온 거리가 늘어나며 조금씩 지치고 의욕이 떨어지기 시작합니다. 사람 몸은 기계가 아니니 당연한 현상입니다. 이럴 때는 자연스러운 것으로 받아들여야 합니다. 떨어지는 의욕 역시 조건(원인)에 의해서 형성된 것이며, 조건(원인)이 변하면 마음 상태도 변한다는 것을 알아야 합니다. 등산 중에 일어나는 어떤 마음도 영원하지 않음을 알고, 크게 염려하거나 붙들어 매지 말아야 합니다.

　의욕 없는 상태를 벗어나는 방법은, 다시 활력이 일어나도록 조건(원인)을 형성해 주는 것입니다. 마음에 활력이 떨어지면 가볍고 자연스러운 알아차림이 잘 안될 수도 있습니다. 그럴 때는 의도적으로 발걸음에 좀 더 주의를 기울여 알아차리는 방법을 사용하기도 합니다. 걸으며 발이 땅에 닿을 때마다, 마음속으로 '닿음, 닿음' 하며 명칭을 붙여줍니다. 이렇게 몸의 동작에 명칭을 붙이는 것은, 알아차릴 대상에 약간 강제적으로 주의 기울이게 해 줍니다. 명칭을 붙이는 도움으로 마음이 발걸음에서 떠나지 않고 머물다 보면, 다시 알아차림이 활성화되고 마음은 깨어납니다. 마음이 깨어나면 활력이 생깁니다. 이것이 새로운 조건(원인)을 형성해서, 다시 활력을 얻는 과정입니다.

등산을 힘들지 않게 한다는 것은 자연스러움에 역행하는 어떤 신비한 테크닉이 아닙니다. 자연의 이치를 받아들이고, 마음의 원리를 이해하는 것입니다.

······Recording 11

알아차림에 익숙해지면 힘들 때 힘든 마음을 알아차림으로써, 마음과 나를 분리할 수 있습니다. 힘들어하는 마음을 단지 '객관적 대상'으로 한 발 떨어져서 볼 수 있습니다. 간단하게 표현하자면 '아… 내가 힘들다. 힘들어 죽겠다. 어떡하지?'에서 '아… 힘든 마음이 있네. 마음이 힘들어 하네.'로 관점이 바뀌는 것입니다. 그러면 마음을 '나'라고 동일시하지 않고, '나'와 분리된 알아차림 할 '객관적 대상'으로 볼 수 있습니다. 힘든 마음을 '객관적 대상'으로 분리해 볼 수 있으면, 마음 상태에 동요되지 않습니다. 배우고 연습하면, 실제로 그리 어렵지 않게 할 수 있습니다. 알아차림은 마음 본래 기능입니다. 처음에는 드물게 경험하고 신기함에

희열을 느낍니다. 이후 점차 익숙해지며, 알아차림의 유익함을 확신하게 됩니다. 그러면 등산에 알아차림을 사용하는 것처럼, 삶의 여러 분야에서도 적극적으로 활용하게 됩니다.

······ Recording 12

조망이 트이지 않고 계속 오르막길만 이어지니, 마음이 지루하다고 느낍니다. 조금 의욕이 떨어집니다. 등산을 시작할 때 무거웠던 마음은 청량한 숲길을 즐기며 걷는 한 시간 동안, 점차 생기로 가득 차기 시작했습니다. 등산 오길 잘했다는 만족감을 즐기며 걸었습니다. 오래 걷다 보니 살짝 피곤함에 의욕이 떨어져서, 걸음에 명칭을 붙이는 의도적인 알아차림으로 마음을 회복시켜 주었습니다. 그 후로 한동안 힘들지 않게 고요히 걷다가, 지금은 다시 계속되는 오르막길에 의욕이 떨어지고 힘듭니다.

정상을 찍고 하산할 때까지 이렇게 계속 변하는 마음을 보고, 무상(無常)의 진리를 알 수 있습니다. 어떤 마음이든 영원하지 않기에, 무슨 마음이 일어나더라도 '아... 이 순간의 마음이 이렇구나.'라고 알아차리고, 또다시 앞으로 나아갈 수 있습니다. 삶도 그러할 것입니다.

･････ Recording 13

깔딱고개나 긴 계단처럼 가파른 구간을 오르다 힘이 들면, 물을 마시며 잠시 쉬는 것도 좋습니다. 물을 마시고 호흡을 몇 차례 편하게 하면서, 몸과 마음을 점검할 정도로 짧게 쉬는 것이 좋습니다. 앉아서 너무 오래 쉬면 걷던 페이스를 잃어버리고, 출발 후 다시 그 페이스를 만드는 데 힘이 듭니다. 그래서 걷다가 힘이 들어 잠시 쉴 때는 중도의 적정선을 찾아야 합니다. 지금의 페이스를 잃지 않으며 쉬는 것이 중요합니다.

몸과 마음은 서로 연결되어 있습니다. 긴 깔딱고개를 오를 때, 몸이 너무 힘들면 마음의 기능도 떨어져 알아차림이 잘 안될 수 있습니다. 그럴 때도 이전에 했던 것처럼 한발 한발 디딜 때마다, 마음속으로 명칭을 붙여주며 걸으면 좋습니다. 마음의 관심을 힘들다는 생각에서, 발의 움직임과 느낌으로 돌려주는 것입니다. 마치 군대에서 행군하다가 힘들면,

'구령 붙여 가!'하는 것과 비슷합니다. 힘든 구간에서 쓸 수 있는 일종의 테크닉입니다. 긴 오르막에서 힘든 것은, 마음에 생긴 부담 때문에 더 커지는 것입니다. 그래서 생각을 비우고, 단지 몸에만 알아차림을 두며 걸어도 한결 편해집니다.

······ Recording 14

드디어 긴 깔딱고개가 끝나나 싶어 마음이 가벼워졌는데, 조금 있다가 다시 오르막이 시작됩니다. 걸으며 뭐가 나오든 등산의 당연한 일부로 받아들이면, 싫어하는 마음이 일어나지 않습니다.

······ Recording 15

첫 계단이 나왔습니다. 사람들은 보통 계단을 싫어합니다. 계단은 경사가 가파르고 힘들다고 생각하기 때문입니다. 그런데 저는 오히려 계단이 더 편합니다. 걷는 폭과 디디는 높이가 일정해서 알아차림을 두고 걷기에 수월합니다. 발에 알아차림을 두고 마음 붙여서, 무념무상으로 오르기에 딱 좋은 구간입니다. 안전한 계단은 좀 더 상세하게 알아차림 하며 걸을 수 있습니다. 스틱을 찍고, 한쪽 발에 힘을 주어 올라서고, 그때 느껴지는 둔근의 자극과 척추의 정렬, 다시 다른 쪽 발이 디뎌짐과 함께 이어지는 몸의 움직임들을, 상세하게 구분하고 느끼며 알아차릴 수 있습니다. 이렇게 알아차림이 상세해지면, 마음이 조금 더 내 안에 온전히 머뭅니다. 그래서 저는 가팔라도 계단 오르는 것이 좀 더 수월합니다.

······ Recording 16

2시간 정도 지나니 2.4km를 걸어 망바위까지 올라왔습니다. 해발 높이 1,177m로 자주 가는 모산(母山) 속리산 문장대보다 조금 더 높습니다. 출발 전 아침으로 먹었던 탄수화물은 소화 과정을 통해 2시간이 지나서야 에너지로 쓰입니다. 지금까지는 아침으로 먹은 탄수화물을 에너지로 사용하며 걸어왔습니다. 그래서 앞으로 2시간 후에 사용할 에너지를 위해, 다시 탄수화물을 먹어둬야 합니다. 에너지가 고갈되어 힘이 없을 때 먹으면 늦습니다. 그럴 때는 바로 에너지로 쓸 수 있는 포도당 사탕 같은 것을 먹어야 합니다. 지금 2시간 후를 대비해 잠시 쉬며 도넛을 하나 먹을 생각입니다.

······ Recording 17

저는 아무리 높은 산을 가도 물 마시거나 행동식 먹을 때가 아니면, 거의 휴식하지 않습니다. 힘들면 걷는 속도를 조절하고 걸으면서 쉽니다. 망바위 옆에 서서 도넛을 먹으며 잠시 휴식하니, 마음은 다시 활기차게 변합니다. 산의 맑은 공기와 청량감이 너무 좋습니다. 이런 만족을 어디서 느껴볼 수 있을까요? 이 만족을 돈으로 사려면 얼마가 적당할까요?

살 수는 있을까요?

　지금까지 걸어오며 힘든 마음이 일어나면 알아차림이나 에너지 보충 등으로 새로운 조건(원인)을 만들어주었고, 그 결과로 마음은 기분 좋게 변했습니다. 마음은 조건(원인)에 따라 변하는 무상(無常)한 것입니다. 등산을 힘들지 않고 재미나게 하려면, 마음을 일으키는 조건(원인)을 잘 형성해 주면 됩니다. '알아차림도, 잠시 쉬는 것도, 에너지를 보충하는 것도', 모두 마음을 변하게 하는 조건(원인)으로 작용합니다.

······ Recording 18

　에너지를 보충하며 잠시 휴식한 후 다시 걷는 지금이, 아침부터 걷기 시작한 이후로 가장 만족스럽고 고요한 상태입니다. 마음은 비워져서 무념무상(無念無想)이고 걷는 속도는 알아차리는 마음에 맞게 적당합니다. 과거와 미래를 모두 놓아버리고 번뇌가 비워진 맑고 고요한 마음으로, 산속을 배경 삼아 '지금, 이 순간'을 온전히 걷는 자유로움을 만끽하고 있습니다. 이것이 바로 제가 등산에서 가장 추구하는 힐링의 상태입니다. 저는 이 맛에 등산 다닙니다. 지금이 바로 마음을 건강하게 하는 치유의 순간입니다.

Recording 19

지금 느끼는 맑게 깨어있어 고요하고 만족스러운 상태는 어떤 조건(원인)으로 생겨났을까요? 걸으며 적당히 몸이 풀리고 땀 흘린 후 산속 시원한 바람을 맞는 상쾌함 때문일까요? 아니면 휴식하며 영양 보충했기 때문일까요? 또는 걷는 중에 모기가 계속 물어도, 죽이지 않고 손바람으로 날려 보낸 불살생(不殺生)의 공덕 때문일까요? 무엇인지는 정확하게 알 수 없지만 확실한 것은, 이 마음도 일어날 조건(원인)이 형성되었기에 당연한 결과로 일어난 것입니다.

가파른 깔딱고개가 나와 힘들어지거나, 나무 그늘을 벗어나 뜨거운 햇볕을 맞으며 걷거나, 에너지가 떨어져 힘에 부치면, 그런 조건(원인)들이 또 다른 마음을 만들어 낼 것입니다. 어쩌면 지금 만족스러운 마음은 잊어버리고 괜히 왔다는 생각이 들 수도 있습니다. 그렇게 마음은 단지 조건(원인) 따라 일어나서, 조건(원인) 따라 변하고, 조건(원인) 따라 사라지는 것이며, 내가 원하는 대로 다룰 수 없기에 나의 통제를 벗어난 '내 것이 아니라는 지혜'가 일어나면, 어떤 마음에도 동요되거나 집착하지 않고 담담할 수 있습니다. 하지만 그 앎(지혜)이 확고하게 자리 잡히기 전까지는 앎(지혜)과 망각(무지)을 반복하게 됩니다.

이 지혜(앎)를 일으켜 유지하는 것도 잊었을 때 되찾아 주는 것도 바로 알아차림입니다. 잠시 쉬거나 에너지를 보충하거나 또는 발걸음에 명칭을 붙이는 것은, 활기찬 마음이 생겨나는 조건(원인)이 될 수 있습니다. 알아차림이 있으면, '지금, 이 순간'에 어떤 조건(원인)을 만들어줘야 할지 알게 됩니다. 조건(원인)을 형성하는 데 필요한 가장 중요한 요소는 알아차림입니다.

······ Recording 20

무념무상(無念無想)의 힐링 상태에 만족하며 걷다가 드디어 첫 조망이 터졌습니다. 마음은 더 상쾌하고 행복해졌습니다. 예술입니다. 경이롭습니다. 마음이 보이는 것에 반영되어 그렇습니다.

・・・・・・ Recording 21

　더할 나위 없는 행복한 상태를 누리며 특별한 것 없는 완만한 경사길을 한동안 걸었습니다. 비록 좋은 마음 상태라도 변화 없이 지속되니 익숙해졌습니다. 그것이 조건(원인)으로 작용하여, 이전에 만족스러운 마음은 점차 사라지고 지루한 마음이 일어납니다. 지루한 마음은 '정상은 이제 얼마나 남았을까?' 하며 '지금 여기'를 벗어나 미래(정상)로 달아납니다. 이렇게 변해가는 것이 '무상(無常)의 진리'를 벗어나지 못하는 마음의 특성입니다.

　이럴 때는 정상으로 향하는 마음을 다시 발걸음으로 돌려, '지금 여기'의 한 걸음을 깨어있는 마음으로 온전히 걷습니다. 마음에 활력을 되찾는 방법입니다. 마음이 미래나 과거로 떠돌지 않고 현재를 온전히 알아차리며 머물 때 평온해집니다. '나는 산에 걸으러 왔다. 걷는 것이 좋아서 산에 왔다.'라는 생각을 일으키는 것은, 마음을 다스리기 위한 주문(呪文)이 아니라, '지금, 이 순간'에 머물며 걷는 것의 가치를 일깨워 줍니다.

······Recording 22

등산을 시작한 지 시간도 좀 지났고 몇 차례 마음 변화를 반복하다 보니, 완만하고 평범한 곳에서 잠시 지루함에 빠졌나 봅니다. 다시 미래(정상)에 관한 생각을 놓아버리고 발걸음에 온전히 알아차림 하며 걷기 시작했습니다. 그리 오래 걸리지 않아서 마음은 다시 적당히 고요한 상태로 변했습니다. 지금 목적지를 잊고 단지 걷고 있습니다. 발걸음을 알아차리며 '지금 여기'를 걷습니다. 그러다 보면 때가 되어 정상에 도달해 있을 것입니다.

······Recording 23

다시 나타난 오르막을 지나서, 완만한 평지를 가벼운 걸음으로 걷습니다. 불어오는 바람을 맞으니 상쾌합니다. 행복하게 느껴집니다.

Recording 24

　조건(원인)에 따라 계속 변하는 마음의 무상(無常)함을 느끼며 오르다 보니, 어느덧 광활한 풍경이 펼쳐지는 자리에 섰습니다. 위로는 정상이 멀지 않았음을 느끼고 아래로는 지리산 능선들이 거대하게 펼쳐져 보입니다. 좀 전까지 정상은 물론 어떤 것도 기대하지 않고 걸었습니다. 이런 멋진 풍경을 기다리거나 상상하며 오르지 않았습니다. 단지 이 순간 걷는 발걸음만 알아차리며 걸었습니다. 이렇게 현재의 한 걸음을 온전히 알아차리며 걷다 보면, 때가 되어 나타날 것들이 나타납니다. 현재에 머물지 못하고 미래를 기대하면 안 됩니다. 현재에 머물며 걷다가 나타날 것이 나타났을 때, '지금 여기'에서 보아야 온전히 즐길 수 있습니다.

지리산 등산 미리보기

······ Recording 25

드디어 로타리 대피소에 도착했습니다. 천왕봉까지는 2.1km 남았습니다. 목적지를 잊고서 단지 이 순간을 걷다 보니, 벌써 절반 이상 왔습니다. 몸 상태는 힘든 운동을 한 것 같지 않게, 편안하고 안정되어 있습니다. 여기까지 오르면서, 한 번도 숨을 몰아쉴 정도로 심박수를 올리지 않았습니다. 페이스 조절하면서 힘들지 않게 올라왔습니다.

······ Recording 26

로타리 대피소 바로 위에 있는 법계사를 지나 조금 더 걷다 보니, 멋진 풍경을 감상할 수 있는 바위가 나타납니다. 비가 내리다 그쳐 구름이 환상의 연출을 이뤄냅니다. 날씨 운이 좋은 날입니다. 멋진 구름을 감상하며 사진 찍다 보니, 정상에 어떤 풍경이 펼쳐질지 상상됩니다. 구름이 산 표면에서 피어올라 서서히 상승하는 장면을, 정상에서 내려다본다면 얼마나 환상적일지 기대됩니다. 이 멋진 운무(雲舞)를 보며 마음은 살짝 들떴습니다. 정상에서 펼쳐질 환상의 장면들을 기대하니 발걸음이 조금 빨라졌습니다.

 이렇게 들뜬 마음으로 빠르게 오르다 보면, 오버 페이스가 되어 곧바로 지칩니다. 정상을 향한 욕망은 커졌는데 몸은 따라가지 못하고 쉽게 지쳐버리니 불만족에 괴로움이 일어납니다. 그래서 멋진 장면을 보고 일어난 기쁨에 마음이 활기차져도, 알아차리며 적절히 조율해야 합니다. 활기참을 넘어 들뜸이 되어 버리면 곧바로 괴로움을 만나게 됩니다.

······Recording 27

방금 보았던 저 멋진 풍경을 지나 조금 더 걸어가니 다시 긴 오르막이 나옵니다. 만약에 멋진 풍경에 들떠 빠르게 걸었더라면, 이 오르막에서 페이스를 잃고 힘겨워했을 것입니다. 멋진 풍경을 보고 얻었던 좋은 것들을 모두 잃어버리게 됩니다. 이것이 바로 집착의 폐해입니다.

······Recording 28

긴 오르막을 오르는 중에, 새벽 일찍 출발해서 정상을 찍고 내려오는 사람들과 마주칩니다. 그중에는 50대 중반은 넘었을 것 같은 왜소한 체격의 여자분도 있습니다. 누가 먼저 출발했고, 누가 시간을 잘 맞춰서 더 멋진 풍경을 보았고, 누가 더 빨리 걷는가 비교하지 않습니다. 남과 비교함 없이 내 페이스대로 묵묵히 걸어갑니다. 나는 나고, 남은 남입니다. 내 페이스대로 가는 것이 가장 잘 가는 것입니다. 그 이상 하려 해도 욕망의 번뇌가 일어나 괴롭기만 할 뿐, 더 잘되지 않습니다.

······ Recording 29

  법계사를 지나면서부터 구름이 만든 환상적인 장면을 보고 걸었습니다. 넓게 조망이 터지지 않는 길이지만, 옆으로 구름의 움직임이 보입니다. 구름이 아래에서 위로 빠르게 올라가는 신기한 현상입니다. 구름의 하얀 색감이 아주 선명합니다. 이것을 어떻게 설명해야 할까요? 적당한 비유가 떠오르지 않습니다. 구름이 상승하는 이 장면을 정상에서 내려다본다면, 더욱 멋질 것 같은 기대가 일어나 빨리 정상에 오르고 싶습니다. 이 운무(雲舞)는 시간이 흐르면 다 흩어질 것입니다. '지금, 이 순간'에만 잠시 볼 수 있는 것들입니다. 이른 새벽에 오른 사람들은 정상에서 아래를 바라보며 이 장면을 볼 것이고, 그보다 늦게 출발한 나는 지금 서 있는 위치의 시야 범위 안에서 가까이 보고 있습니다. 바로 옆에서 조금 더 자세하게 볼 수 있는 이점은 있지만, 그래도 정상에서 보고 싶은 마음에 조급함이 일어납니다. 하지만 마음을 조급하게 가진다고 정상까지 거리가 줄어들지 않고, 더 빨리 오를 수도 없습니다. 오히려 조급함이 번뇌로 작용해서 몸과 마음을 더 힘들게 만듭니다. 그래서 이럴 때는 욕망과 기대를 내려놓고, 현재의 몸과 마음에 알아차림을 두어야 합니다. 내가 원한다고 해서, 이미 나에게 주어진 조건(원인)들을 바꿀 수 없기 때문입니다. 담담히 받아들이면서 올라가야 합니다.

······ Recording 30

　예상하지 못한 멋진 운무(雲舞)가 갑자기 나타나 마음이 들떠있는데, 가파른 오르막은 계속 이어지니 속도를 내지 못해 불만족이 일어납니다. 가파른 오르막길이 일으키는 마음의 자극을 다스리기 위해, 눈을 발걸음 앞에 고정하고 걷습니다. 눈에 들어오는 대상으로부터 자극을 줄이고 발걸음을 알아차리면서 걸으니, 마음이 쉽게 고요해집니다. 그렇게 시각을 단속하며 발걸음에 마음 붙이고 걷다가 고개 들어보면, '어느새 이렇게 많이 올라왔나.' 하는 생각이 들기도 합니다. 마음이 더 고요해지면 오르막인지 평지인지조차도 잊고서 걷습니다. 하지만 마음을 발걸음에 붙이고 고요히 걷다가도, 고개를 들어 앞에 계단이 길게 이어져 있음을 보게 되면, 마음이 다시 살짝 동요됩니다. 평소 같으면 오르막이 계속 이어져도 무덤덤할 것 같은데, 아마도 멋진 운무(雲舞) 때문에 빨리 오르고 싶은 마음이 생겨 그런가 봅니다.

Recording 31

　살짝 동요된 마음을 내려놓습니다. 다시 '지금, 이 순간'의 한 걸음을 온전히 알아차리며, 시선도 몇 걸음 앞에 두고서 걷고 있습니다. 걷는 데 필요한 것만 보면, 오르막을 오르고 있는지 아니면 평지를 한 걸음 한 걸음 천천히 걷고 있는지, 구분하지 못하는 순간이 생기기도 합니다. 알아차림으로 마음이 깊게 고요해지면 그렇게 됩니다. 즉, 오르막을 오르막처럼 느끼지 않기 때문에 힘이 덜 들게 됩니다. 다시 말하면 오르막에서 힘들다고 느끼는 것은 경사의 가파름도 있지만, 눈으로 보고 생각을 일으켜 부담을 더하기 때문입니다. 길고 가파른 오르막에서 알아차리며 걷는 한 걸음은, 마치 기어 변경이 가능한 MTB 자전거를 타고 오르는 것과 같습니다. 1단 기어로 올라가는 것과 5단 기어로 올라가는 차이처럼, 적당히 힘을 배분하여 천천히 올라가면 아무리 경사진 오르막이라도 큰 부담이 아닙니다. 천천히 가면 됩니다. 정상의 멋진 경치를 기대하는 욕망을 내려놓고 '지금, 이 순간'을 걷고 있기에 가능합니다.

·····Recording 32

　대충 알고 있으면서도, 내려오는 사람들을 보면 정상이 얼마나 남았냐고 묻고 싶어집니다. 그리고 지금 정상에서 보이는 경치는 어떠냐고 묻고 싶습니다. 내가 정상에 도착할 때까지, 멋진 운무(雲舞)가 계속되길 바라는 마음 때문입니다. 그러나 물어보지 않습니다. 정상을 갈망하는 욕망을 더 키우기 때문입니다. 고요한 마음을 유지하는 데 도움 되지 않습니다. 어차피 정상까지는 걸어야 할 걸음 수가 채워져야 도착합니다. 묵묵히 걷다가 정상이 나오면 그때 만나면 됩니다.

·····Recording 33

　들떴던 마음을 가라앉히고, 알아차리며 고요함 속을 걷고 있습니다. 지금 상태는 다시 완전한 무념무상(無念無想)의 상태입니다. 몸에 힘이 적당히 빠지고 머리와 마음은 거의 다 비워진 상태입니다. 고요함을 유지하기 위해 눈에 들어오는 자극을 줄이고자, 척추의 정렬이 무너지지 않는 선에서 몇 걸음 앞 아래를 보며 걷습니다. 마치 바람처럼 가볍게 천천히 여유롭게 걷고 있습니다. 이 상태를 저는 힐링의 상태라고 표현합니다. 이 상태를 느끼는 것이 좋아서 등산합니다. 걸으며 치유되는 것 같습니다. 모든 것을 다 잊고 텅 비워짐을 경험합니다. 마음이 깃털처럼 가볍습니다.

　아마도 저뿐만 아니라 많은 사람이 '이 느낌이 좋아서 등산하지 않을까?' 생각됩니다. 이 느낌을 어떻게 표현하면 좋을까요? 몸을 움직여 생긴 활력있는 생동감을 넘어서, 알아차림으로 생긴 고요함의 행복을 지나서, 모든 것이 텅 비워진 무념무상(無念無想)의 상태라고 할까요? 마음에 정상을 향한 갈망뿐 아니라 어떤 집착도 없습니다. 단지 무념무상(無念無想)의 상태로 한 걸음 한 걸음, 바람처럼 가볍게 걸어가고 있습니다.

Recording 34

만약 정상에서 운무(雲舞)를 보기 위해 더 빨리 오르겠다는 욕망을 놓지 못했다면, 지금의 이 힐링 상태는 없었을 것입니다. 오히려 마음은 욕망에 쫓겨 괴로움에 시달리고, 몸은 페이스를 잃고 힘들게 올라가고 있을 것입니다. 이런 등산은 취미로 즐기기에 적합하지 못합니다.

Recording 35

남들보다 조금 여유 있게 출발해서, 알아차리며 고요하게 천천히 걸어 온 것은 내가 만든 조건(원인)입니다. 그 때문에 정상에서 멋진 광경을 놓치는 것도 내가 만든 조건(원인)의 결과입니다. 내가 만든 조건(원인)에 맞게 자연이 허용하는 경치를 받아들이고 즐기면 됩니다. 더 멋진 광경을 보고 싶은 욕망을 일으킨다고 해서, 그렇게 되지 않습니다. 모든 것은 조건(원인)에 따른 결과이기 때문입니다.

Recording 36

드디어 개선문에 도착했습니다. 천왕봉이 가까워졌다는 의미입니다. 이정표를 보니 0.8km 남았습니다. 이제 천왕봉 중산리 코스에서 가장 가파른 구간이 시작됩니다. 이 정도 난도의 코스에서 1km는 한 시간 정도

소요된다고 생각하면 됩니다. 지금 한창 멋지게 진행 중인 운무(雲舞)가 한 시간 후에 어떻게 변할지 생각하니, 앞으로 남은 가파른 구간과 거리에 살짝 동요되기도 하지만, 다시 마음을 내려놓고 천천히 알아차리면서 걷고자 합니다.

······ Recording 37

망바위에서 행동식 먹으며 알람을 1시간 30분 후로 맞춰 놓았었습니다. 코스의 난도가 높아질 것을 알았기 때문에, 보통 2시간 간격으로 맞추던 알람을 30분 줄였습니다. 지금 그 알람 소리에 행동식을 먹고 있습니다. 이후 알람은 맞춰놓지 않습니다. 정상을 찍고 장터목에서 점심 식사 후 다시 알람을 2시간 이후로 맞춰놓을 생각입니다. 천왕봉에서 장터목까지 가는 코스는 힘들지 않기 때문에, 에너지에 신경 쓰지 않아도 될 것 같습니다.

····· Recording 38

　개선문을 지나서 땅만 보고 오를 수밖에 없을 정도의 가파른 오르막이 시작됩니다. 마치 천왕봉에 이르려면, 이 정도 험난한 길은 걸어야 한다고 보여주는 듯합니다. 천왕봉을 약 400미터쯤 남겨둔 곳에서 쉴 터를 만나게 됩니다. 그 쉴 터에 이르면 자연스럽게 뒤를 돌아보게 됩니다. 그 때 올라오던 길 뒤로 엄청난 풍경이 펼쳐져 있었음을 알게 됩니다. 만약 처음 천왕봉을 오르는 중이라면, 등 뒤에 숨겨져 있던 멋진 광경을 깜짝 선물로 받게 됩니다. 가파른 긴 오르막을 인내하며 올라온 것에 보상처럼 느껴집니다. 여기서 눈 앞에 펼쳐지는 멋신 운무(雲舞)에 또다시 마음을 빼앗겨 버립니다.

대충 느낌으로 짐작할 수 있습니다. 이제 역동적으로 상승하던 운무(雲舞)가 거의 끝나가는 시점 같습니다. 아마도 정상에 이르렀을 때는, 그냥 발아래 구름이 놓여있는 평범한 운해(雲海)로 변해 있을 것입니다. 그래서 한편으로는 쉽게 체념 됩니다. 지금 여기서 내게 허용된 것에 만족하며 즐기자는 생각이 일어납니다. 만약 신년 일출처럼 특별한 의미의 산행에서 일출 순간을 앞두고 지금 같은 상황이 일어난다면, 그때는 정말 마음을 안정시키기 어려울 것입니다. 그런 순간에도 마음을 다스릴 수 있는 사람이 정말 고수입니다.

Recording 39

　이제 바로 위가 천왕봉이라고 알려주는 것 같은 마지막 가파른 계단이 펼쳐집니다. 계단을 오르면서 알게 되었습니다. 예상했던 것처럼 멋진 운무(雲舞)는 이미 끝났습니다. 마치 산이 구름을 만들어 뿜어내는 듯한 신기한 현상이 일어나고, 그 구름이 산줄기 사이에서 역동적으로 상승하며 신비한 풍경을 자아냈는데, 이제는 구름이 완전히 산을 위로 올라와 능선들을 가렸습니다. 그냥 평범한 운해(雲海)가 되어 버렸습니다. 정상에 거의 다 와서 기대하던 마음을 안전히 놓게 됩니다. 지금까지 순간순간 녹음하고 천천히 즐기며 오르다 보니, 시간이 더 많이 걸린 것 같습니다. 하지만 구름이 역동적으로 상승하는 광경을 볼 수 있는 시간은 짧습니다. 너무 일찍 와도 정상을 찍고 하산하며 제가 운무(雲舞)를 봤던 곳에서 볼 수도 있습니다. 지금 볼 수 있는 이 평범한 운해(雲海)도 운이 좋아야 볼 수 있는 것입니다. 곧 이 운해(雲海)조차도 사라질 것입니다.

산은 약이다

...... Recording 40

   정상에 이르니 정상석에서 사진 찍으려는 사람들이 줄을 섰습니다. 어제 비가 많이 왔었고 오늘 오전까지도 약간의 부슬비가 내렸습니다. 지금 태풍도 올라오고 있어서 비교적 사람들이 적습니다. 나도 사진을 찍기 위해 줄 서 기다리고 있는데, 60대 중반쯤으로 보이는 남자분이 사진 찍어주는 봉사를 하고 있습니다. 내 차례가 되었고 코로나 시즌이라서 마스크 쓰고 정상석 옆에 섰습니다. 찍어주시는 분이 한마디 합니다. '마스크로 얼굴 다 가리고 찍으면 누군지 어떻게 알아?' 나중에 알고 보니, 그분은 천왕봉을 자기 집 앞마당처럼 쉽게 자주 오르는 유명한 분이셨습니다.

경치를 구경하며 좀 더 시간이 지나니, 구름이 많이 올라와 천왕봉 둘러싸고 있습니다. 구름이 천왕봉 근처에서 역동적으로 움직이며 아름다운 장면을 연출합니다. 바람이 산줄기를 타고 불어오면, 안개 같은 구름이 함께 날아와 내 얼굴에 맞고 흩어집니다. 하늘을 올려다보면 마치 솜사탕 만드는 기계에서, 솜사탕이 회오리치며 감기듯 구름이 그렇게 움직입니다. 1시간 전 이곳 풍경이 어땠을지 모르지만, 지금도 멋지고 만족스럽습니다.

지리산 등산 미리보기

Recording 41

　천왕봉에서 멋진 광경을 충분히 즐기며 머물다가 장터목 대피소 방향으로 내려가기 시작합니다. 천왕봉에서는 구름이 거의 다 올라와 평범한 운해(雲海)처럼 보였는데, 천왕봉을 벗어나 통천문으로 내려가는 지점에서 또다시 영화의 한 장면 같은 풍경이 펼쳐집니다. 그 자리에서 장터목 대피소 방향으로 보이는 풍경은 언제봐도 아름답습니다. 바람을 타고 안개처럼 지나가는 구름이 아름다운 풍경을 더 멋지게 장식합니다. 자연스럽게 걸음을 멈추게 되어, 한동안 서서 감상하고 있습니다. 시간 때문에 더 머물 수 없어 아쉬운 마음으로 다시 내려가기 시작합니다. 통천문을 지나서 제석봉까지 걷는 사이에 갑자기 허기가 지고 힘듭니다. 영양 보충 계획이 어긋났습니다. 정상에 이르기 전 행동식을 먹을 때는, 정상에서 멋진 경치를 즐기며 그렇게 오래 머물 줄 몰랐습니다. 2시간 후 알람을 맞춰놓고 다시 먹어줘야 했나 봅니다. 행동식을 거르고 장터목에서 점심 먹을 계획이었지만, 너무 배가 고파 식사할 수 있는 적당한 곳을 찾으며 걷고 있습니다.

····· Recording 42

또다시 조건(원인)에 따라 변하는 이 마음은 이제 두말하면 잔소리입니다. 영화의 한 장면 같았던 멋진 광경을 보며 황홀감에 빠졌던 것이 바로 좀 전이었는데, 허기져 힘이 빠지니 통천문에서 제석봉까지 가는 평범한 능선길이 힘들게 느껴집니다. 좀 전에 느꼈던 그 환상의 순간들은 잊히고 없습니다. 역시나 무상(無常)합니다. 이렇게 마음은 조건(원인)에 따라, 아주 쉽게 언제 그랬냐는 듯이 변해버립니다. 조건(원인)에 따라 변하는 자연의 법칙은 내가 어찌할 수 없기에, '지금, 이 순간'의 마음이 영원하길 바랄 수 없나 봅니다.

····· Recording 43

등산하다 보면 식사를 할 만한 곳이 의외로 잘 없을 수 있습니다. 겨울에는 칼바람 때문에 아무 곳에서나 먹기 어렵고, 여름에는 내리쬐는 햇살 때문에 힘듭니다. 그래서 식사할 시간에 적당한 장소가 나타나면 그 시간에 맞춰 먹는 것도 좋습니다. 식사를 할 만한 마땅한 곳이 나오지 않아서, 빠르게 에너지로 쓰이는 꿀로 허기를 달래며 걸어가고 있습니다.

・・・・・ Recording 44

  오후 한 시가 넘으니 이제 구름이 하늘 위 높은 곳에 떠 있습니다. 지금쯤 천왕봉에 도착한 사람들은, 구름이 능선을 타고 오르거나 발아래 펼쳐져 있는 그런 멋진 풍경은 볼 수 없습니다. 산뿐만 아니라 자연의 경치는 대부분 해뜨기 시작해서 오전까지가 가장 아름답습니다. 해 질 녘도 아름답습니다.

Recording 45

　제석봉 구간을 지나며 멋진 풍경을 보고 시원한 바람을 맞으니, 또다시 기분이 달라졌습니다. 이 구간이 참 아름답습니다. 조금 전 나무로 시야가 가려진 좁은 길을 지나며 꿀로 허기를 달래던 순간에는, 이전에 보았던 아름다운 풍경마저 다 잊은 것처럼 지루하고 짜증 났었습니다. 하지만 제석봉 구간을 걸으며 아름다운 풍경을 보니, 마음은 또 변해 완전히 달라졌습니다. 마음이 이렇습니다. 무상(無常)합니다. 마음을 일으키는 조건(원인)이 변하면 마음도 따라서 변합니다. 내 마음만 그런 것이 아니고, 세상 모든 것이 조건(원인) 따라 변하기에 무상(無常)합니다. 그렇기에 내 의지와 상관없이 조건(원인)에 따라 시시때때로 변하는, 어느 한순간의 마음을 '나의 마음, 내 것'이라 말하기 어렵습니다. 하지만 오늘은 변덕이 좀 심하기는 합니다. 일상이 평온하거나 컨디션이 좋으면, 등산 시작부터 끝까지 마음의 변화가 크지 않을 때도 있습니다.

지리산 등산 미리보기

Recording 46

　장터목 대피소에서 점심을 먹고 이제 여유로운 마음으로 내려가고 있습니다. 아침부터 지금까지 걸으며 멋진 경치를 보며 즐거웠고, 허기진 상태에서 먹는 늦은 점심은 아주 맛있었습니다. 여기서 중산리 탐방지원센터까지 약 5km 정도 남았습니다. 지금 시간이 2시 30분이라서 적당히 여유 있게 내려가도 충분할 것 같습니다.

Recording 47

　점심을 먹어 포만감에 기분 좋고 힘도 납니다. 앞으로 가파른 오르막 없는 하산길을 걷게 되지만, 그래도 2시간 후 행동식을 먹을 수 있게 알람을 맞춰놓았습니다. 가파른 오르막은 없어도 아침부터 지금까지 걸어서 체력이 많이 소모된 상태입니다. 어쩌면 막바지에 갑자기 힘이 들 수 있으니, 계속 에너지 관리에 신경 써야 합니다. 특히 오늘처럼 긴 거리의 등산 코스에서는 마지막을 잘 관리해야 합니다. 처음과 중간이 즐겁고 보람 있었어도, 마지막에 에너지 관리에 실패해서 힘들게 걷거나 무릎이 아파 고생하면 즐거운 등산이 될 수 없습니다

Recording 48

 지금 몸 상태를 보면 지치거나 힘든 것은 없습니다. 무릎에 약간 이상한 느낌이 있지만 통증은 아닙니다. 최대한 무릎을 아끼면서 천천히 내려가야 합니다. 사실 올라가는 것보다 내려가는 것이 더 어렵습니다. 왜냐하면 올라갈 때는 다리에 힘을 주며 빠르게 올라가도 무릎을 다치는 경우가 드물지만, 내려갈 때는 몇 걸음만 부주의해도 통증이 생기거나 다치게 됩니다. 무릎에 부담 가지 않게 최대한 주의해서 내려가야 합니다. 그래서 내려갈 때 더 알아차림이 필요합니다.

 만약 정상 성취라는 목표를 이루기 위해 등산했다면, 내려가는 길이 재미없고 지루할 수 있습니다. 목표를 이뤘기 때문에 등산의 남은 과정에서 의미를 찾지 못합니다. 그래서 여유롭게 즐기지 못하고 빠르게 내려가려고 합니다. 그러면 긴 하산길이 지루하고 괴로울 수 있습니다.

그러나 '지금, 이 순간'을 온전히 즐기며 자연이 좋고 걷는 것이 좋아서 등산한다면, 정상에 이르렀다고 등산이 끝난 것은 아닙니다. 정상은 단지 등산의 일부분입니다.

하산에서만 느끼고 얻을 수 있는 것들이 있습니다. 정상을 오를 때는 욕망을 내려놓고 집착하지 않는 방법을 배웠다면, 하산할 때는 여유로움을 가지는 방법을 배우게 됩니다. 하산길이 무료하게 느껴지면, 마음은 하산 후에 하고 싶은 것을 생각하며 빠져듭니다. 지루함에서 빨리 벗어나 재미난 것을 하고 싶은 욕망입니다. 그 욕망을 내려놓고 '지금, 이 순간'에 머물러야 합니다. 자연 속에서 여유로움을 즐기며 걷는다고 생각하면 지루하지 않습니다.

..... Recording 49

하산할 때 다치지 않으려면 꼭 필요한 것이 등산 스틱입니다. 스틱에 관해 여러 가지 사용법이 있습니다. 제가 오래전에 무릎이 아파 등산을 다시 공부하고 배울 때, 스틱을 사용하기 시작했습니다. 스틱을 사용하며 시행착오를 거쳐 깨달은 것은, 스틱은 무게를 배분하기보다는 몸에 정렬을 바르게 맞추는데 도움받는 용도입니다. 몸의 정렬이 잘 맞아서 몸의 어느 한 곳에 부하가 집중되지 않아야 합니다. 몸이 움직일 때 주동근이 바르게 쓰여야, 보조근과 협응근들에 과부하가 걸리지 않고 관절에도 무리가 가지 않습니다.

..... Recording 50

장터목에서 바로 이어지는 급경사 구간에서 무릎에 무리가 갔었는지 아니면 내리막 걸음에 적응이 덜 된 탓인지, 무릎에 약간 불편한 느낌이 있었습니다. 지금은 중산리 탐방지원센터까지 3km 정도 남겨둔 시점이며, 무릎의 느낌이 편안해졌고 신경 쓰이지 않습니다. 급경사 구간을 지난 후 등산로 경사가 완만해진 이유도 있겠지만, 내리막 보행에 적응되고 스틱을 좀 더 효율적으로 썼기 때문입니다.

무릎에 구조적인 문제가 없어도 아플 수 있습니다. 신체 활동 중에 무릎이 아픈 것은, 무릎 자체의 문제라기 보다는 다른 원인일 수 있습니다. 몸이 바르게 정렬되지 않은 자세로 걸었거나 주동근이 바르게 쓰이지 못했기 때문입니다. 따라서 무릎은 통증을 일으키는 원인 제공자가 아니라, 어떤 이유로 통증을 겪어야 하는 피해자입니다.

그래서 무릎 자체의 문제로 접근할 것이 아니라, 무릎을 아프게 하는 원인을 찾아 교정해야 합니다. 몸의 정렬(척추 중립)을 바르게 하고 무게 중심(미드풋)을 잘 맞춰서 걸으면, 생겼던 무릎 통증이 사라지기도 합니다.

······ Recording 51

장터목에서 내려가다 보면 계곡 옆으로 돌무더기 쌓인 구간이 나타납니다. 이곳을 지날 때면 느낌이 조금 묘합니다. 분명히 사람이 가져다 쌓아 놓은 듯한데 기도하던 곳일까요? 이후 조금 평탄한 구간이 나와 기분 좋게 속도를 내봅니다. 하지만 얼마 가지 않아서 다시 길이 울퉁불퉁해져, 걸음에 주의를 기울이며 속도를 늦춥니다. 이런 곳에서 속도를 높이다가 발목을 다치는 경우가 생깁니다.

······ Recording 52

방금 알아차림이 생겨나서 알게 되었습니다. 빨리 하산하겠다는 조급한 마음 때문에 생각과 번뇌에 쫓기며 한동안 걷고 있었습니다. 생각과 번뇌에 빠지는 것은 그것이 일어나는 순간 알아차림이 없었기 때문입니다. 알아차림이 없으면 현재에 머물지 못하고 생각과 번뇌에 끌려갑니다. 망상 속에 걷고 있었다는 것을 알아차리는 순간, 다시 걷는 속도를 늦춰 한발 한발 '지금 여기'에 좀 더 온전히 깨어있으려 노력하고 있습니다.

다시 주의 깊게 알아차림 하며, 걷고 있는 발걸음에 마음을 머물게 하고 있습니다. 조금 지나니 생각과 번뇌가 비워진 무념무상(無念無想) 상태와 비슷해진 것 같습니다. 그런데 만족스러운 마음이 아닙니다. 이전에 힐링의 상태라고 표현하던 그 상태가 아닙니다. 눈앞 시야도 약간 흐리고 마음에 활력이 떨어져 있습니다. 이것은 체력이 떨어져서 생긴 현상입니다. 그래서 행동식으로 에너지를 보충하니, 다시 눈앞이 밝아지고 몸이 깨어납니다. 긴 등산 코스 마지막에서 가끔 체력이 떨어져 일어나는 현상입니다. 이렇게 등산 내내 몸과 마음에 문제가 생겼을 때, 원인을 파악하고 해결하며 걷습니다. 어쩌면 이런 과정에서 정신력이 개발되는지도 모르겠습니다. 무엇을 성취하려는 목적으로 등산하는 것은 아니지만, 긴 코스의 가파른 산을 이렇게 몸과 마음을 관리하며 완주한다면 자존감과 성취감은 저절로 생겨날 것입니다.

등산 중에 겪게 되는 이런 과정들을 지루하고 힘들다고 받아들이지 않고, 무언가를 얻을 수 있는 긍정적 의미로 보아야 합니다. 그러면 어떤 과정도 등산 전체를 알차게 구성하는 의미 있는 요소가 될 수 있습니다. 견해를 바르게 가지면, 등산에서 매 순간 버릴 것이 없습니다.

····· Recording 53

장터목에서 중산리로 내려가는 하산길은 크고 넓은 계곡을 따라갑니다. 멋진 조망은 없지만, 이 계곡의 크기를 보면 지리산의 거대함을 느끼게 됩니다. 여름날 비 온 후에는 계곡에 흐르는 물소리가 우렁차면서도 청량합니다.

····· Recording 54

지금 시간은 4시며 장터목 대피소에서 반 정도 내려왔습니다. 2.7km를 내려왔고 2.6km가 남았습니다. 몸을 점검해 보니 불편한 곳이 없습니다. 무릎은 자세를 바르게 하고 알아차리며 걸었더니 점점 더 편해졌습니다.

······Recording 55

걷다 보니 큰 계곡을 바로 옆 가까이에 두고 내려갑니다. 우렁찬 계곡 물 소리에 마음이 시원하게 뚫립니다. 역시 '여름 지리'답습니다. 지리산은 다른 계절보다도 여름에 거대한 에너지가 느껴집니다. 그래서 사람들이 '여름 지리'라고 말하기도 합니다.

조금 더 내려가니 물놀이하기 딱 좋은 곳이 나타납니다. 물이 정말 맑고 깨끗해 보입니다. 등산복 입은 상태로 뛰어들고 싶은 충동이 일어나 잠시 걸음을 멈춥니다. 더운 날씨에 등산하며 이런 맑고 시원해 보이는 계곡물을 만나면, 한편으로는 고문 같기도 합니다. 하지만 계곡으로 들어가는 것은 금지되어 있습니다. 대학생 정도의 나이에 친구들과 함께 걷고 있었다면, 아마도 참지 못하고 뛰어들었을 것 같아 살짝 웃음 짓게 됩니다.

••••• Recording 56

좀 전까지 큰 계곡을 오른쪽에 두고 내려왔습니다. 지금은 큰 계곡과 멀어지며 왼쪽으로 다른 작은 계곡이 나타났습니다. 남은 거리를 알려주는 이정표가 한동안 나오지 않고 있습니다. 이 계곡을 넘는 다리를 건너면, 이제 하산길이 얼마 남지 않았다는 표시입니다.

······Recording 57

조금 더 걷다 보니, 오를 때 지나왔던 법계사 코스와 장터목 코스의 갈림길이 나타났습니다. 이제 남은 구간은 처음 걸어왔던 길을 다시 돌아가는 것입니다. 멀지 않고 수월한 길이기에 마음이 한결 가벼워졌습니다.

······Recording 58

방금 젖은 돌을 밟다가 미끄러질 뻔했습니다. 다 내려왔다는 생각에 잠시 딴생각하며 알아차림을 하지 않던 순간이었습니다. 산행 중 다치는 경우는, 걸음에 알아차림을 두지 않고 생각에 빠질 때 다칩니다. 위험한 곳보다는 평범한 곳에서 정신 놓고 있다가 다칩니다. 그래서 아무리 쉬운 길도 항상 깨어있는 마음으로 알아차리며 걸어야 합니다.

......Recording 59

이제 거의 다 내려온 시점에서 몸 상태를 다시 체크 해 봅니다. 척추, 무릎 및 모든 관절과 인대에 큰 불편함이 없습니다. 아마도 내일이 되면 근육통만 뚜렷하게 생겨날 것 같습니다. 근육통은 자연스러운 것이며 어쩔 수 없습니다. 오히려 잘 먹고 잘 쉬면 근육이 더 커지고 강해집니다. 일종의 청신호라고 봐도 됩니다.

천왕봉 중산리 코스 정도의 산행을 마치며, 몸 상태가 이 정도라면 몸 관리를 잘한 산행이라 할 수 있습니다.

빠르게 치고 올라가며 체력을 과시하거나, 욕망으로 무언가를 성취하기 위해 분투하는 것은 잘하는 등산이 아닙니다. 오늘처럼 시작부터 끝까지 몸과 마음을 잘 관리하며, 번뇌를 비우고 고요함과 깨어있음을 즐기며, 마음에 에너지를 충전하는 것이 등산을 잘한 것입니다. 이처럼 너무 힘들지 않고 부담이 없어야, 다음에 또 오고 싶다는 마음이 일어납니다. 하산 후 다시 오고 싶어야 잘한 등산입니다.

등산은 무언가를 성취하거나 아름다운 경치를 즐기는 것 외에, 더 큰 이익이 있습니다. 번뇌를 내려놓고 마음에 에너지를 충전해 지혜를 얻는 것입니다. 등산하다 보면 마음이 깨어나고 고요해져, 일상에서 복잡했던 일들이 정리됩니다. 이때의 마음이 가장 지혜로운 상태입니다. 평소 고민하던 문제에 가장 올바른 판단을 하게 됩니다. 이것이 바로 긴 등산 내내 알아차림에 머물며 생긴 지혜의 힘입니다.

저의 등산은 이렇습니다. 아마도 이 책의 독자께서 저처럼 해보려 해도, 처음에는 잘 안될 수 있습니다. 연습으로 어느 정도 익숙해져야 합니다. 또한 꼭 저처럼 할 필요도 없습니다. 좋은 사람들과 함께 즐기며 걷는 것도 힐링입니다. 혼자 등산을 즐기더라도 행복할 수 있는 다른 방법도 있을 것입니다. 여러분들도 본인만의 힐링 스타일을 찾아서, 안전하고 행복하게 등산을 누리시길 바랍니다.

『 몸과 마음에 가벼운 알아차림은 최고의 휴식 입니다.

 '지금, 이 순간'의 발걸음에 온전히 알아차리며 머물면...
 마음이 깨어나 고요한 행복에 이릅니다.

 '지금 여기'를 걷다 보면 때가 되어
 멋진 풍경이 펼쳐지고 정상에도 이르게 됩니다.

 과거와 미래를 놓아버리고...
 지금 이 순간을 걸으십시오. 』

나눔

등산의 기술

4장 등산의 기술

4-1. 알아차림(Sati)이란? 배워봅시다.

제가 만약 누군가에게 '알아차림'에 관해 가르친다면, 다음과 같이 이해시킬 것입니다. 배우는 이에게 이렇게 질문할 것입니다. '지금 당신은 의자에 앉아 있습니다. 엉덩이가 의자에 닿은 느낌이 어떤지 말해보세요.'

배우는 이는 잠시 생각하다 대답할 것입니다. '흠... 의자의 딱딱한 느낌이 있습니다.' 또는 '엉덩이 살 때문에 폭신한 느낌이 있습니다.', '몸무게가 누르고 있고, 약간 따뜻한 느낌이 있습니다.', '글쎄요. 이것을 뭐라고 말해야 할까요? 많은 느낌이 복합적으로 있어서요.'

어떤 대답이 맞는 것일까요? 어떤 대답을 하든 그것은 중요하지 않습니다. 중요한 것은 제 질문에 답하기 위해 엉덩이 느낌에 관심을 기울였다는 것입니다. 배우는 이는 내가 질문하기 전에도 의자에 앉아 있었습니다. 그런데 앉아는 있었지만, 느낌이 어떤지 관심을 두지 않아서 몰랐습니다. 몰랐을 뿐이지 느낌은 있었습니다. 제가 물어보니 느낌을 알려는 의도가 일어났고, 마음을 느낌으로 겨냥했습니다. 마음의 '관심, 주의' 방향을 엉덩이 느낌으로 돌린 것입니다.

이때 마음의 '관심, 주의'를 알고자 하는 대상으로 향하게 하는 작용, 그 마음 움직임을 느끼는 것이 중요합니다. 알아차리려는 '의도'가 일어나서, 마음이 대상을 향해 '관심, 주의'를 기울이게 된다는 것입니다. 다르게 표현하면 마음의 '관심, 주의'를 대상에 겨냥하는 것입니다. 대상을 알고자 하는 의도가 일어나고, 마음을 대상으로 기울여 아는 것이 '알아차림' 하는 것입니다.

이제 발이 땅에 닿은 느낌을 알아차려 보십시오. 손이 어딘가에 올려져 있다면 그 느낌을 알아차려 보십시오. 숨을 쉬며 배나 가슴이 움직인다면, 어떻게 움직이는지 알아차려 보십시오. 알아차리려는 의도를 일으켜 대상에 관심을 가지면, 알아차리는 것은 자연스럽게 됩니다. 마음의 본래 기능입니다.

어두운 곳에서 손전등을 들고 서 있다고 상상해 봅시다. 어딘가를 보려면 어떻게 해야 할까요? 우선 그 손전등을 보고자 하는 방향으로 겨냥해야 합니다. 마음도 그와 같습니다. 알고자 하는 대상으로 '마음의 관심을 기울이는 것', 이것이 알아차림 하기 위한 첫 번째 과정입니다. 빠알리어(Pali語, 고대 인도어)로 이러한 마음의 겨냥을 '위딱까(vitakka)'라고 합니다.

방금 엉덩이 느낌을 확인하기 위해 마음을 기울였습니다. 마음을 기울이자마자 느낌을 명확하게 알지 못했다면, 느낌을 알기 위해 마음은 계속 엉덩이에 머물러 있을 것입니다. 또는 알아차린 느낌이 어떻게 변하는지 계속 주시할 수도 있습니다. 그렇게 알고자 하는 대상에 '마음이 머물러 있는 상태'가 지속됩니다. 대상에 머물러 알아차림을 이어가는 것입니다. 빠알리어(Pali語)로 이러한 마음의 머무름을 '위짜라(vicāra)'라고 합니다.

선정(禪定)이라는 명상 용어를 들어보았을 것입니다. 명상에서 선정(禪定)은 인간이 이를 수 있는 가장 수승한 마음 상태라고 합니다. 호흡이라는 명상 주제로 선정(禪定)에 들 때, 다섯 단계로 설명합니다. '호흡을 알아차리기 위해 마음의 관심을 기울인다(위딱까). 호흡을 지속적으로 알아차린다(위짜라). 호흡에 알아차림이 순일하게 이어지면 기쁨이 일어난다. 호흡에 알아차림이 깊고 명료해지면 기쁨은 행복한 마음이 된다. 호흡에 행복하게 머무는 마음은 선정(禪定)에 든다.'

명상 이론과 용어는 중요하지 않습니다. 또 가르치는 스승에 따라 다르게 해석할 수도 있습니다. 중요한 것은 어떤 것을 알아차리고자 할 때, 마음의 관심을 대상에 겨냥한다는 것입니다. 이때 알아차림은 저절로 됩니다. 대상을 향한 마음의 관심이 지속해서 이어지면, 마음이 대상에 계속 머무는 것입니다. 알아차림이 유지되고 있는 것입니다. 제3장 '지리산 등산 미리보기'에서 이런 표현을 사용했습니다. '가볍게 몸의 움직임과 느낌에 관심을 두고 알아차립니다.' 이제 이 표현이 무슨 뜻인지 조금 더 이해되었을 것입니다.

앞부분은 '알아차리는 방법'을 설명했습니다. 다음은 알아차림의 '기능, 효과'를 설명할 것입니다. 그에 앞서 마음에 관한 이야기를 해보겠습니다. '마음은 무엇입니까? 마음은 어떤 일을 합니까? 마음은 어디에 있나요?'라고 묻는다면 아마도 좀 당황스러울 것입니다. 살면서 마음이란 단어를 참 많이 사용합니다. 그런데 정작 그 마음에 대한 정의나 설명은 하기 어렵습니다. 마음에 대해 진지하게 사유하거나 배워본 적이 없기 때문입니다.

마음에 관해 가장 기본적인 것을 이해해 봅시다. 마음은 한순간에 한 가지밖에 하지 못합니다. 왜냐하면 마음은 한순간에 하나만 존재하기 때문입니다. 선정(禪定)의 힘으로 통찰 지혜가 나면 스스로 경험하여 확인할 수 있다고 합니다. 이것을 이해하려면 약 2,600년 전에 깨달음을 이루신 '붓다'라는 존재가, 제자들에게 가르쳤던 마음에 관한 원리를 조금 알면 좋습니다. 종교와는 크게 상관없고 현대 과학으로도 이미 밝혀진 내용입니다.

통찰 지혜로 마음 작용을 보면 이렇다고 합니다. 예를 들어 눈으로 볼 때 일어나는 마음의 작용 과정을 설명해 보겠습니다. 눈이라는 감각기관에 대상이 접촉되면(보이면, 나타나면), 눈에서 '보는 마음'이 일어납니다. 다르게 표현하면 보여지는 대상을 '아는 마음'이 일어납니다. 눈이 보고 아는 것이 아니라, 눈은 단지 보는 감각기관일 뿐입니다. 그 감각기관에서 대상을 아는 정신작용이 일어나는데, 이것을 '아는 마음'이라고 말합니다. (머리나 심장에서 '아는 마음'이 일어나는 것이 아니라, 감각기관에서 일어납니다.)

마찬가지로 혀에 음식이 접촉되는 순간, 그 감각기관에서 '맛보는 마음'이 일어납니다. 귀에서도 같은 방식으로 '듣는 마음'이 일어납니다. 피부에도 접촉으로 인해 감촉을 '느끼는 마음'이 일어납니다. 이렇게 알아차려지는 대상이 있으면, 그것을 '아는 마음'이 함께 존재합니다. 다르게 표현하면 세상(대상)과 몸(눈, 귀, 코, 혀, 피부)이 접촉하면, 그 순간 접촉되는 곳에서 '아는 마음'이 일어납니다. '대상과 감각기관(몸) 그리고 아는 마음'이 앎을 형성하는 구성요소입니다. 이 요소 중에 어느 하나라도 없으면 앎(마음 작용)은 형성되지 않습니다.

일상에서 '보고, 듣고, 냄새 맡는 것'이 동시에 이루어진다고 느끼지만, 사실은 매 찰나의 순간에 '하나의 마음'만 존재합니다. '보는 마음'이 있는 순간에는 오직 '보는 마음'만 있습니다. '듣고, 냄새 맡는 마음'은 없습니다. '냄새 맡는 마음'이 일어나려면 이전에 일어난 '보는 마음'이 그 순간 끊겨야 합니다. 이렇게 '한가지 마음'이 서로 순서를 바꿔가면서 아주 빠르게 일어나고 사라져서, 마치 동시에 일어나는 것처럼 느껴집니다. 사실은 한 번에 '한 가지 마음'만 있는 것입니다.

과거부터 명상 수행자들은 선정(禪定)의 힘으로 통찰 지혜를 개발하여, 이러한 마음의 원리를 스스로 확인하여 알고 있었습니다. 또한 현대 과학으로도 다음과 같이 밝혀진 사실입니다. 사람은 여러 가지 일을 동시에 하지 못한다고 합니다. 예를 들면 음악을 들으며 공부하는 것은 비효율적이라고 합니다. 동시에 할 수 있는 것이 아니라, 마음이 아주 빠르게 공부하는 것과 음악 듣는 것을 번갈아 가며 하는 것입니다. 또는 재미난 TV 프로그램을 보며 음식을 먹으면 더 만족스럽다고 생각하지만, 사실은 TV에 재미난 것이 나올수록 음식 맛은 더 못 느끼게 됩니다. 혀에서 일어나는 맛보는 마음은, 눈에서 TV 보는 마음이 일어나는 만큼 끊기는 것입니다. 먹는 마음이 생겨나 이어갈 자리를 TV 보는 마음에 내어주는 것입니다. 이런 말이 있습니다. '밥이 입으로 들어가는지 코로 들어가는지 모르겠다.' 뭔가에 열중하며 먹다 보면 맛보는 마음이 그만큼 끊기기 때문입니다.

   왜 이렇게 마음에 관해 자세한 설명을 했을까요? 등산에서 활용하는 알아차림의 '기능, 효과'를 설명하기 위함입니다. 제3장 '지리산 등산 미리보기'에서 정상에 대한 욕망과 들뜸이 일어나면, 마음을 돌려서 발걸음에 알아차림을 둔다고 했습니다. 그런 방법으로 정상에 대한 욕망을 내려놓고, 다시 발걸음을 알아차리며 고요하게 걸을 수 있다고 말했습니다. 그 원리가 바로 앞에서 설명한 것입니다. 마음은 한 번에 하나밖에 존재하지 못하기 때문에, 발의 움직임과 느낌에 관심 돌려 알아차림을 유지하면, 정상에 대한 탐욕이나 다른 번뇌로 향하는 마음이 생겨날 여지를 줄여줍니다. 발걸음에 알아차림이 순일하게 잘 유지되면, 정상을 생각하는 마음이 더 이상 일어나지 않는 것입니다. 발걸음에 알아차림이 잘 유지 되어, 마음이 여기저기로 분산되지 않고 고요해지면, 마음은 그 고요함을 좋아해서 더 쉽게 알아차리는 대상에 머물게 됩니다. 마음은 좋아하는 것으로 기우는 특성이 있기 때문입니다. 알아차려서 고요해진 마음은 에너지가 충전되고 깨어납니다. 세상은 마음에 투영되어 인지됩니다. 마음이 깨어나고 청정해졌을 때, 평범한 등산길이 경이로운 예술 작품으로 변하는 이유입니다. 그래서 등산 내내 알아차리는 것입니다.

그런데 이 알아차림은 '붓다'라는 성인이 만들어낸 특별한 명상 비법이 아닙니다. 알아차림은 마음의 자연스러운 기능이며 우리가 살며 평소에 해오던 것입니다. 다만 알아차림을 명확히 이해하지 못하고 있었고, 알아차림을 놓치며 사는 순간이 많았을 뿐입니다. 알아차림의 대상을 주도적으로 정하고, 알아차림을 유지하면 '깨어있는 마음'입니다. 하지만 마음이 깨어있지 못해 감각적 욕망과 번뇌에 끌려다닌다면, '알아차림이 없는 마음'입니다. 알아차림이 없을 때는 감각적 욕망과 번뇌에 푹 빠져 있다는 것도 모릅니다. 어떤 대상에 푹 빠져 있었다는 것을 아는 것은, 그 순간 알아차림이 일어났기 때문입니다. 마치 의자에 앉아는 있었지만, 그 느낌을 묻기 전에는 모르고 있었던 것과 비슷합니다. 어떤 대상을 알아차리고자 의도를 내고 관심을 기울일 때, 마음이 알아차리려 하는 대상으로 기우는 것을 인지할 수 있습니다. 그리고 알아차릴 수 있습니다.

알아차림을 쉽게 두 가지로 구분할 수 있습니다. '알아차리는 대상을 주도적으로 정하는가?' 아니면 '대상을 정하지 않고, 알아차려지는 대로 아는가?'입니다. 앞에서 설명한 것처럼, 어떤 특정 대상(발걸음)에 관심을 기울여 알아차리는 것을 '내가 주도해서 알아차리는 것'이라고 합니다.

대상을 주도적으로 정하지 않고, '알아차려지는 대로 아는 것'은 '지리산 등산 미리보기'에서 사용한 표현으로 쉽게 이해할 수 있습니다. '걸으면서 알아지는 것들을 가볍게 알아차립니다. 불어오는 바람, 들리는 소리, 피부에 느껴지는 감촉들……' 이렇게 표현했습니다. 이런 것들은 내가 의도하지는 않았지만, 마음에 저절로 알아차려지는 것들입니다.

그런데 '저절로 알아지는 알아차림'에는 전제조건이 있습니다. 바로 '마음의 깨어있음'입니다. 자신도 모르게 어떤 생각에 빠져 있다면 또는 '정상을 향한 탐욕이나, 불만족, 성냄' 등에 빠져 있다면, 즉 마음이 미래나 과거로 떠돌고 있고 현재에 깨어있지 못하다면, 청량한 산길에서 저절로 알아차려지는 것들은 없습니다. 마음이 깨어있어야, 산길을 걷는 '지금, 이 순간' 오감으로 느껴지는 것들이 맑게 인지됩니다. 마음이 깨어있어 청정할 때 '저절로 알아지는 알아차림'이 생겨납니다.

두 번째 설명한 '저절로 알아지는 알아차림'이 어쩌면 조금 어렵게 느껴질 수 있습니다. 그러면 이렇게 해보십시오. '지금 내 마음이 무엇을 아는가?' 자신에게 물어보십시오. 어떤 특정 대상을 정하지 않고 물었기 때문에, 마음은 알고자 하는 대상으로 관심을 기울이는 것이 아니라, 대상을 아는 마음에 관심을 기울일 것입니다. 그때 '들리는 소리, 보이는 것, 피부의 감촉, 마음의 느낌 등' 알아지는 여러 가지가 있다는 것을 알게 됩니다. 이것이 바로 대상을 주도적으로 정하지 않고 '저절로 알아지는 알아차림'입니다.

이제는 다르게 해보십시오. '지금 내 마음에 무엇이 알아지나?' 앞의 질문보다는 조금 더 의도의 개입 없이 순수하게, 저절로 알아차려지는 것을 느낄 수도 있습니다. 또는 이렇게 물어보십시오. '아는가?' 의도하는 알아차림이든 저절로 알아지는 알아차림이든, 마음에 알아차림이 있는지(마음이 깨어있는지) 확인하게 됩니다. 이렇게 점검하는 자체로 알아차림이 생겨나고 유지됩니다. 알아차림은 단순하고 쉬운 것이며 우리가 이미 할 줄 아는 것입니다.

등산의 기술

하지만 알아차림에 관심 가지지 못하고 활용하지 못하는 이유는, 마음이 청정해지는 원리는 알지 못해서 그렇습니다. 마음이란 취하는 대상의 성품을 따라갑니다. 선하고 바른 대상을 마음에 품으면, 마음은 그 순간 선하고 바른 성품을 지닙니다. 반대로 악하고 그릇된 대상을 마음에 품으면, 마음은 그 순간 악하고 그릇된 성품을 지닙니다. 좀 더 쉽게 예를 들면, 사랑하는 사람을 생각하면 마음이 부드럽고 행복해집니다. 반면에 싫은 사람을 생각하면 마음이 거칠고 화가 납니다. 어느 것이 내 마음일까요? 이처럼 마음은 고정불변으로 정해진 것이 아니라, 마음이 어떤 대상에 관심을 기울이고 취하는가에 따라 달라집니다.

그래서 마음이 번뇌 없이 청정하고 행복해지려면, 선하고 바른 것들을 알아차림의 대상으로 취하면 됩니다. 살아 있는 한, 마음은 매 순간 일어나고 존재할 수밖에 없기에, 제멋대로 방치하면 감각적 욕망을 따라 쫓아갑니다. 알아차림 없는 마음은 욕망을 일으키는 자극적인 것들을 좋아하고 대상으로 취합니다. '눈을 즐겁게 하는 것들, 귀를 즐겁게 하는 것들, 혀를 즐겁게 하는 것'들에 빠져듭니다. 또는 성냄과 적개심처럼 해로운 것들도 즐기며 대상으로 취합니다. 하지만 즐거운 것으로 착각해 취하는 대상들인 '술, 문란한 성관계, 마약, 도박, 남을 해치는 것 등은' 오히려 마음을 타락시키고 괴로움을 일으킵니다. 즉 알아차림으로 마음을 유익한 대상에 머물게 하는 것이 마음을 보호하고 쉬게 하는 것입니다. 이것을 경험하고 이해한다면, 알아차림의 이익과 필요성을 느끼고 스스로 원해서 하게 됩니다.

등산하며 알아차림의 대상으로 삼는 '몸의 움직임과 느낌'은 좋고 나쁨의 구분이 없습니다. 걸을 때 생기는 동작과 느낌은 어떤 관념적인 색칠도 되어 있지 않은 순수한 대상입니다. 단지 발이 들리고, 앞으로 나가고, 땅에 놓아지고 눌러집니다. 발이 땅을 밟는 움직임에는 무거운 느낌, 디뎌진 후 체중을 받을 때는 단단하거나 뜨거운 느낌, 들릴 때 가벼운 느낌 등이 일어납니다. 사람마다 약간 다르게 느낄 수도 있지만, 어떻게 느끼든 자연 그대로의 순수한 느낌입니다. 관념과 해석이 붙지 않은 본연 그대로 실재하는 대상입니다. 그렇게 '실재하는 것, 있는 그대로의 것'에 마음 기울여 가볍게 알아차림 할 때, 마음은 단순해집니다. 마음은 좋다 싫다 분별하거나, 망상하고 번뇌에 시달릴 때 지칩니다. 몸의 움직임과 느낌같이 순수하고 단순한 실재의 대상에, 알아차림하며 머무는 것만으로도 마음은 쉴 수 있습니다. 마음이 휴식하고 에너지가 충전되면, 맑고 순수하게 깨어나게 됩니다. 맑고 순수하게 깨어난 마음은 평범한 일상이 경이로움으로 바뀌는 경험을 하게 합니다.

그런데 얻는 것이 있으면 잃는 것도 있는 것이 세상의 이치라고 합니다. 알아차림을 배우고 그 유용함을 이해한다면 이제 한가지 부작용이 생겨납니다. 그것이 무엇일까요? 바로 '바라는 마음, 욕망'입니다. 감각석 쾌락을 바라는 것도 욕망이지만, 바르고 가치 있는 것을 바라는 것 역시 욕망입니다. 바르고 고귀한 욕망이든, 그릇되고 저급한 욕망이는, 욕망이라는 점에서 같은 부작용이 있습니다. 어떤 부작용일까요? 일어난 욕망이 성취되지 않으면 불만족이 일어난다는 것입니다. 불만족은 그 자체로 그치지 않고 괴로움으로 이어집니다. 그래서 괴로움의 원인이 되는 불만족이 일어나지 않게 해야 합니다. 불만족을 피하려면 욕망을 일으키지 않는 방법 외에는 없습니다. 바라는 것이 없는데 어떻게 불만족이 생겨날 수 있을까요?

알아차림을 배우고 나면 어떤 욕망을 일으키게 될까요? 알아차림의 이익을 알았으니, 알아차리면서 그 결과를 바라게 됩니다. '내가 지금 알아차림을 하려고 선한 의도를 내었으니, 내 마음이 곧 고요해져야 한다.' 또는 '뭔가 좋은 현상이 일어나야 한다.' 이런 식으로 기대하게 됩니다. 그런데 기대를 일으키는 순간 그것은 욕망이 됩니다. 일단 욕망이 일어났다면 자연스러운 알아차림이 생겨나지 않습니다. 그 역시 마음의 법칙입니다. 알아차림이 생겨나는 전제조건은 '탐욕과 성냄 없는 청정한 마음'입니다. 그래서 욕망으로 알아차리려 하면 오히려 불만족만 커집니다. 또한 욕망이란 번뇌는 만족 되지 않는 것이 그 본연의 성품입니다. 욕망은 만족으로 해소할 수 있는 것이 아닙니다. 일시적으로 만족 되어도 다음에는 더 큰 욕망이 일어납니다. 욕망은 그 성품을 이해하고 내려놓는 것입니다.

그래서 '지리산 등산 미리보기'에서 '바라는 마음 없이 자연스럽게 알아차린다.'라고 했습니다. 몸의 움직임과 느낌을 알고자 마음을 기울였는데, 결과적으로 명확하게 알아차려지는 것이 없는 것 같고, 마음이 평온하게 변하거나 달라지는 것도 없는 것 같으면, 그때 불만족이 일어날 수 있습니다.

참 아이러니합니다. 알아차림을 몰랐을 때는 몰라서 못 했고, 알아차림을 알고 나서는 좋은 결과를 바라는 마음이 생겨 잘 안됩니다. 그러면 어떻게 해야 할까요? 어떤 해결책이 있을까요? 해결책이 있기는 할까요?

다행스럽게도 해결책이 있습니다. 바로 '만족'입니다. '지리산 등산 미리보기'에서 이런 표현을 썼습니다. '알아지는 대로 알아차려지는 만큼 알아차린다.' 즉 단지 의도를 내어 알아차릴 뿐, 그 결과가 어떻든 만족하고 받아들이는 것입니다. 그것이 내가 할 수 있는 최선입니다.

지금의 내 몸과 마음의 조건(원인)에 맞게 알아차리는 힘이 있고, 그 수준에 맞게 알아차려지는 결과물이 있습니다. 더 잘 알아차리겠다고 지나친 의욕(노력)을 일으키거나, 더 좋은 결과를 얻겠다는 욕망을 품어도 그렇게 되지는 않습니다. 오히려 지나친 의욕(노력)과 욕망이 번뇌로 작용해서, 알아차림이 더 안되고 불만족만 생깁니다. 바라는 마음 없이, 그 순간 알아지는 만큼 만족하며 알아차리는 것이 가장 잘하는 것입니다. 그때 오히려 욕망의 방해를 받지 않기 때문에 가장 큰 결실이 생겨납니다. 만족하는 마음을 가지면, 방해 요소가 사라져 점점 더 좋은 결과가 생길 것입니다.

어쩌면 처음 접하는 분들에게는 알아차림 설명이 어려울 수 있습니다. 또는 등산 가서 적용해 보자니 잘 안되고 오히려 머리가 복잡해질 수도 있습니다. 뭐든지 배워서 익숙해지기까지는 시간이 걸립니다. 특히 가치 있고 유익한 것들은 쉽게 배워지지 않을 것입니다.

하지만 잘 되든 잘 안되든 알아차림을 시도하는 순간, 얻어지는 한 가지 큰 이익이 있습니다. 바로 정상을 향한 욕망과 조급함을 놓아버리겠다는 마음가짐을 지닌다는 것입니다. 욕망을 놓아버리고 '지금, 이 순간'을 알아차리며 머물고자 하는 것만으로도, 이미 반은 얻었다고 생각합니다. '지금, 이 순간' 단지 걷는 것에 만족하겠다는 마음만으로도 등산이 한결 가벼워질 것입니다.

자! 그럼, 이제 연습해 봅시다. 산을 배경으로 삼기 전에 지금 여기서 앉아 있는 몸을 알아차려 봅시다. 그리고 일어나 알아차리며 걸어 봅시다.

몸과 마음을 다루기 위해서가 아니라
있는 그대로 알기 위해 알아차립니다.

| 설악산 서북능선에서 |

4-2. 마음을 편안하게 만드는 만족.

행복이란 무엇일까요? 맛있는 것을 먹는 것? 좋아하는 사람과 함께 있는 것? 재미난 것을 하는 것? 가지고 싶었던 것을 사는 것? 멋진 곳에 여행 가는 것? 물론 이런 것들 모두 다 행복한 것입니다.

며칠 전 유튜브에서 가수 아이유 씨가 자신이 생각하는 행복에 관해 이야기하는 것을 보았습니다. 마음이 기쁘고 즐거워 활짝 웃는 것도 행복이지만, 무표정해도 괴로운 일이 없고 평안한 상태 역시 행복이라고 말합니다. 아무 일 없으면 행복하다고 합니다.

붓다라는 존재가 행복에 관해 정의 내린 몇 가지가 있습니다. 그중에 한 가지는 '안온함이 행복이다.'입니다. 아이유 씨가 했던 말과 같습니다. 또 어떤 명상 스승들은 이렇게 말합니다. '괴롭지 않은 것이 행복이다.' 즉 마음이 평온하고 행복한 것은, 어떤 좋은 상태를 만들어 누리는 것이 아니라, 괴로움을 일으키는 요소가 없는 상태라는 것입니다.

등산에서도 그와 같습니다. 등산에서 행복이란, 괴로움 없이 걷는 그 자체가 행복입니다. 또한 등산 중에 일어난 괴로움을 잘 해결하면 그것이 행복해지는 길입니다. 등산 중에 일어나는 괴로움은 어떤 것이 있을까요? 다치거나 관절이 아픈 것은 논외로 하고 생각해 봅시다. 몸이 피곤하고 힘든 것? 그것을 반드시 괴롭다고 할 수 있을까요? 괴로움이라고 생각한다면, 불만족이 일어나서 정말 마음이 괴로워집니다. 피곤함을 불만족 없이 자연스러운 것으로 받아들이면 괴롭지 않습니다.

등산 중에 '더 잘하려는 마음, 더 좋은 것을 바라는 마음'이 모두 다 욕망입니다. 그 욕망이 실현되지 않으면 불만족이 일어나 괴롭습니다. 또는 어떤 욕망도 일으키지 않았지만, 지금의 몸과 마음 상태가 마음에 안 들어도 괴롭습니다. 불만족이 곧 괴로움입니다. 그래서 욕망과 불만족을 잘 다스리는 것에 괴로움의 예방과 해결이 달렸습니다.

앞에서 알아차림을 설명하고 바로 뒤에 이 주제에 관해 쓰는 이유가 있습니다. 알아차림의 유용함 때문에 등산이 힐링으로 변할 수 있다고 설명했습니다. 등산에 관심 있는 사람이라면 귀가 솔깃한 이야기입니다. 평소에 명상이나 마음 수양에 관심이 있었다면 더 할 것입니다. 관심이 일어난 이상, 등산에서 알아차림을 해보며 어떻게 그 결과를 바라지 않을 수 있을까요? 쉽지 않을 것입니다. 어쩌면 열의를 가지고 해보다가 잘 안돼서, 불만족이 일어나 등산이 재미없고 힘들어질 수도 있습니다. 어떤 원인에서 만들어진 불만족이든, 불만족은 괴로움으로 넘어갑니다.

등산에서 알아차림이 잘 안되는 불만족 때문에 괴로움이 생겨난다면 어찌해야 할까요? 알아차림을 배워 활용하는 것을 포기하면 될까요? 그러면 마음이 정상을 향해 내 달리고, 번뇌 망상에 끌려다니는 것을 감수해야 합니다. 등산을 힐링으로 바꾸는 것은 어려워집니다.

정답은 하나뿐입니다. 지금 이대로 만족하면 됩니다. 알아차림이든 다른 방법이든 좋은 것이 있으면 시도해 보고, 결과에 상관없이 만족하면 됩니다. 또는 몸이 건강해서 등산할 수 있는 것에 감사하고, 단지 '지금 여기를 걷는 것'에 만족할 수 있으면 됩니다. 등산에서 무언가를 얻거나 성취하겠다는 욕심을 버리고, 청량한 숲길을 걷는 것에 만족하고 행복할 수 있으면 됩니다.

만족은 마음을 가볍고 편안하게 만들 수 있는 가장 좋은 마음가짐입니다. 조금 천천히 걸으면 어떻습니까? 체력 때문에 조금 힘들게 느껴지면 그 또한 어떻습니까? 산에 힐링하러 왔다면, 뭐가 어떤들 그리 문제가 됩니까? 놓아버리고 만족하면 모든 것이 편안해집니다. 그때 오히려 번뇌가 사라져 좋은 것들이 다가옵니다.

만족하는 마음은 욕망이 놓아져
알아차림이 잘 됩니다.

| 가야산에서 |

4-3. 놓아버리기, 그대로 내버려두기.

사람의 인생에는 시기가 있습니다. 그 시기에 따라 몸과 마음이 달라집니다. 어떤 시기에는 뭘 해도 재미있고, 힘이 넘칩니다. 그때는 새로운 것을 시도하면 흥미가 생겨 잘 되고, 또 잘 안돼도 마음이 긍정적으로 반응합니다.

그런데 어떤 시기에는 뭘 해도 흥미가 안 생기고, 하는 것마다 힘들고 잘 안됩니다. 잘 안되면 그 사소한 것 때문에 의기소침해집니다. 어떤 때가 그럴까요? 몸에 병이 났을 때? 또는 실직하고 앞날이 막막할 때? 연인과 헤어졌을 때? 가족과 싸웠을 때? 등 여러 가지 상황이 있을 것입니다.

이런 시기에 다른 곳이 아닌 산을 찾았다면, 번뇌를 비우겠다는 욕망 없이 순수하게 알아차림 하기란 어려울 수도 있습니다. 그러면 번뇌를 비우겠다는 욕망이 일으킨 불만족에 해결책으로, 다시 걷는 그 자체에 만족하겠다는 마음을 일으킵니다. 하지만 걷는 그 자체에 만족하겠다는 마음 뒤에도 욕망이 있을 수 있습니다. 만족해서 편해지고 싶은데 만족이 안 됩니다. 사람 마음이 무슨 기계도 아니고, 만족하라고 명령해도 그대로 작동되지 않습니다. 불만족만 커지고 더 괴롭습니다.

이것도 저것도 모두 다 안 될 때는 그냥 놓아버리십시오. 알아차림이든 만족이든 뭐든, 그냥 아무것도 하지 말고 내버려두십시오. 뭘 하겠다는 의지나 시도를 모두 다 내려놓고, 단지 그냥 걸으십시오. 놓아버리고 걸으십시오. 그게 편할 것입니다. 그 후에 일어나는 변화는 본인이 스스로 확인해 보십시오. 사람마다 다를 수 있습니다.

사실 '놓아버리는 것, 그대로 내버려두는 것'은 최상의 지혜입니다. 어떠한 욕망도 일으키지 않는다는 것입니다. 또는 욕망이 있어도 끌려가지 않고 그대로 내버려둔다는 것입니다. 이것이 가능해지려면 '깨어있는 마음'이어야 합니다. 깨어있을 때 놓을 수 있습니다. 깨어있지 못하면 본능적으로 번뇌와 욕망을 움켜쥡니다. 좋은 것은 당기고 싫은 것은 밀어냅니다. 깨어있을 때, 이러한 집착을 멈추고 놓아버릴 수 있습니다. 결국 깨어있기 위해 다시 '알아차림'으로 돌아갑니다.

『 빅쿠들이여...

　이것이 괴로움의 소멸에 관한 성스러운 진리이다.

　그것은 바로 모든 갈애(渴愛)가 남김없이 빛바래어 소멸한

　'버림, 놓아버림, 벗어남, 집착 없음'이다. 』

　　붓다께서 설하신, 괴로움의 소멸에 관한 성스러운 진리(滅聖諦)에서......

4-4. 성향이 다를 뿐, 목적은 같다.

어느 불교 경전에 이런 이야기가 있습니다. 한때 붓다의 장로 제자들이 고싱가살라 숲에 함께 모여 수행하고 있었습니다. 그들이 한자리에 모여 대화를 시작했습니다. '도반들이여 그대들은 어떤 수행자가 이 고싱가살라 숲을 훤히 밝히는 진정한 수행자라고 생각하십니까?' 그중에 삼매(三昧)가 뛰어나 선정(禪定)에 가장 쉽게 드는 장로 제자가 말했습니다. '선정에 쉽게 드는 이가 고싱가살라 숲을 밝힌다고 생각합니다.' 뒤이어 지혜가 가장 뛰어난 장로 제자가 말했습니다. '지혜가 뛰어난 이가 고싱가살라 숲을 밝힌다고 생각합니다.' 다음에는 계율을 지니는 것에 가장 뛰어난 장로 제자가 말했습니다. '계율을 잘 지니는 이가 고싱가살라 숲을 밝힌다고 생각합니다.'

각자 한 분야에서 가장 뛰어난 능력을 지닌 장로 제자들은, 모두 자신이 지닌 특성이 가장 수승하다고 말했습니다. 그들은 붓다께 가서 어떤 제자가 이 고싱가살라 숲을 훤히 밝히는 수행자인지 여쭙기로 했습니다. '세존이시여, 저희가 지금 이러한 대화를 나누다가 여쭤보러 왔습니다. 누가 이곳 고싱가살라 숲을 훤히 밝히는 진정한 수행자입니까?'

붓다께서는 그 중 어느 제자가 가장 뛰어나다고 말씀하지 않으셨습니다. 모두 다 고싱가살라 숲을 훤히 밝히는 수승한 수행자라고 하셨습니다. 장로 제자들은 붓다의 말씀에 모두 만족하였습니다.

산을 좋아하는 사람들끼리 모여 대화한다고 가정해 봅시다. '누가 가장 등산을 잘 즐기는 사람일까요?' 젊고 체력이 뛰어난 사람은 이렇게 말합니다. '산은 정상을 정복하는 성취감입니다. 빠르고 힘차게! 거친 숨을 몰아쉬며 오르다가, 정상을 성취하는 그 정복감이 진정한 등산의 재미입니다.' 유유자적 혼자서 명상하듯 등산하는 사람이 말합니다. '산은 번뇌를 버리고 마음을 휴식하러 오는 곳이죠. 그것이 바로 힐링입니다.' 다른 사람이 말합니다. '산은 좋아하는 사람들과 함께 대화하며 맛있는 것 먹고 즐기는 곳이죠. 등산은 그런 재미로 하는 것입니다.'

누가 가장 등산을 잘 즐기는 사람일까요? 모두 다 옳습니다. 단지 삶에 시기가 다르고, 성향이 다를 뿐입니다. 산에 마음을 비우고 힐링하러 오는 사람 중에도 각자 성향이 다를 수 있습니다. 누구에게는 알아차림이 도움 되고, 누구에게는 만족하는 마음이 도움 되고, 누구에게는 놓아버리고 내버려두는 마음이 도움 될지도 모릅니다. 성향이 다를 뿐 목적은 같습니다. 모두가 즐겁고 행복한 등산을 원합니다. 자신에게 잘 맞는 방식으로 등산을 즐기면 됩니다.

4-5. 걷기 명상으로 알아차림을 연습해 봅시다.

 제4장 '등산의 기술' 앞글에서 알아차림에 관해 계속 이야기했습니다. 정리하자면 알아차림 하는 방법과 효과를 설명하였고, 욕망으로 알아차림 할 경우 오히려 불만족과 괴로움이 생긴다고 설명하였습니다. 불만족과 괴로움이 일어날 경우 만족하는 마음이 해결책임을 설명하였습니다. 그런데 만족하려는 마음마저 욕망으로 작용해 괴로워진다면, 모두 다 놓아버리고 내버려 두자고 했습니다. 그냥 걷자고 했습니다.

 그러면 산에 가기 전에, 일상에서 미리 연습 삼아 경험해 보면 좋지 않을까요? 그래서 간략하게 일상에서 할 수 있는 걷기 명상을 조금 소개해 보겠습니다.

 사실 등산 중에 하는 명상은 깊고 정교할 수 없습니다. 이런 비유가 적당할지 모르겠습니다. 걸으며 보는 것이 자전거 타며 보는 것보다 자세합니다. 자전거 타며 보는 것이 자동차 타며 보는 것보다 자세합니다. 자동차로 시속 50km/h에서 보는 것이 시속 100km/h에서 보는 것보다 자세합니다.

마찬가지로 조용한 곳에서 눈 감고 호흡을 알아차리는 좌선(坐禪)이나, 평지를 천천히 걸으며 발걸음에 알아차림 하는 행선(行禪)이, 변화가 심한 산길을 걸으며 하는 명상보다 깊고 정교할 수밖에 없습니다.

그래서 등산으로 하는 명상은 질보다는 양입니다. 일단 산에 왔다면 중도 포기하지 않는 이상 정상을 찍고 내려와야 합니다. 긴 거리의 등산이 힘들고 괴롭지 않으려면, 선택의 여지 없이 알아차림을 해야 하고 그러면 자연스럽게 명상이 됩니다. 깊고 정교하지 않아도 긴 거리를 오래 걸으며 알아차림 한다면, 하산 후 마법의 거울에서만 볼 수 있는 얼굴을 만나게 됩니다. 그것이 질보다는 양으로 하는 등산의 명상입니다. 그런데 질과 양을 떠나서 등산에서만 얻을 수 있는 명상의 이점도 있습니다. 바로 놓기 힘든 정상에 대한 욕망과 힘든 오르막, 그리고 피곤함과 지루함이 있다는 것입니다. 몸을 써서 올라가는 등산이지만, 특이하게도 마음을 흔들어 놓는 강력한 요소들이 즐비합니다. 그래서 등산으로 하는 명상은 매력 있습니다.

자! 그러면 걷기 명상(행선)으로 등산에 필요한 수준만큼만 알아차림을 연습해 봅시다. 하지만 명상 센터에서 가르치는 방법과 조금 다를 것입니다. 등산의 수준에 맞게 쉽고 얕게 알려드릴 것입니다. 그래도 일상에서 휴식 삼아 자주 하다 보면 그 효과를 느낄 수 있습니다. 해보고 효과가 좋으면, 평생 만나기 힘든 좋은 기회라고 생각하고 명상 센터로 가서 제대로 배워봅시다.

장소 선택

걷기 편하고 적당히 조용한 곳을 찾습니다. 직선으로 약 10m에서 20m 정도 걸을 수 있는 평탄한 길이면 좋습니다. 거리보다는 평탄하고 곧은 길이 중요합니다. 걸으며 방향을 틀지 않아야 알아차림이 깊어집니다. 또한 눈을 감고 걸어도 안전해야 하기 때문입니다.

1단계 - 몸을 알아차리며, 내 안에 깨어있기.

연습할 장소에 도착했으면 서서 눈을 감아 보세요. 팔짱을 껴도 좋고, 중심을 잡기 어렵다면 옆에 있는 나무나 다른 의지할 곳에 손을 짚어도 좋습니다. 눈 감을 상황이 안 된다면 감지 않아도 좋습니다. 하지만 감는 것을 추천합니다. 눈을 감지 않을 경우는, 벽면이나 바닥처럼 움직이는 대상이 없는 곳에 눈을 두십시오. 눈에 움직이는 대상들이 들어오면, 마음은 자연스럽게 그 대상을 분별하고 뒤따른 정신작용을 일으키기 때문입니다.

이제 몸에 힘을 쭉 빼면서, 긴장 풀고 호흡을 천천히 깊게 세 번 정도 합니다. 의식적인 깊은 호흡이나 복식 호흡을 하는 것이 아닙니다. 자연스럽게 호흡하면 됩니다. 숨을 들이쉴 때 가슴이나 배가 살짝 부풀거나 움직임이 느껴진다면, 그곳에 가볍게 관심 두고 알아차려 봅니다. 너무 자세하게 알아차리려 하지 말고, 편안하게 몸을 점검한다는 생각으로 해야 합니다. 이때 서 있는 몸이 흔들리거나 발바닥에 압력 등 다른 것들이 함께 느껴진다면, 느껴지는 대로 허용하고 내버려두십시오. 호흡을 알아차리는 것에만 집중할 필요 없습니다. 여러 가지를 동시에 알아도 됩니다. 다만 그중에서 관심을 기울이는 주된 대상이 있으면 됩니다. 다른 곳보다 호흡에 관심을 조금 더 두면 됩니다. 자연스러운 것이 중요합니다.

 호흡을 세 번 정도 알아차렸으면, 이제 머리부터 발끝까지 알아차리며 점검할 것입니다. 이렇게 하는 과정에서 밖으로 향해있던 마음이 내 안으로 되돌아옵니다. 알아차리는 부위를 이미지로 상상하는 것이 아니라, 앞에서 알아차림을 배울 때 의자에 닿은 엉덩이 느낌을 확인하는 것처럼, 마음에 관심을 몸의 각 부위로 보내야 합니다. 엉덩이가 의자와 닿는 곳에서 느끼듯 마음의 관심을 두는 그곳에서 느끼고 알아야 합니다.

 머리의 정수리를 느껴봅니다. 마음의 관심이 머무는 시간(느끼는 시간)은 5초 이내로 하면 좋습니다. 단지 준비 과정이기 때문입니다. 하지만 점검하는 부위에 특별히 강한 느낌이 있어서, 마음이 더 오래 머물고 싶어 한다면 조금 더 두고 보아도 좋습니다. 다음에는 '머리둘레, 눈알, 눈꺼풀이 감겨 맞닿은 느낌, 코, 냄새, 귀, 소리, 턱, 목(머리를 지탱하는 힘 등), 어깨, 팔(팔짱을 꼈다면 섭힌 느낌 또는 팔을 떨어뜨려 놨다면 무거운 느낌 등), 가슴, 배, 허리, 골반, 고관절(다리뼈가 고관절에 붙어, 지지하는 느낌 등), 허벅지, 무릎, 종아리, 발바닥(눌리는 느낌 등)' 순으로, 이렇게 위에서 아래로 훑듯이 점검하며 마음에 관심을 기울여 보세요. 어떤 느낌이 있는지 알아차려 보세요.

너무 애쓰며 자세하게 할 필요 없습니다. 총으로 과녁을 조준해 겨누듯 하는 것이 아니라, 마치 바닷가에서 편안한 의자에 앉아 파도를 감상하는 것처럼 가볍게 알아차리면 됩니다. 명상은 처음부터 끝까지 자연스러운 것이 중요합니다. 발바닥까지 알아차리며 점검을 마쳤으면, 마음이 내 안에 머물러 있을 것입니다. 점검하기 전보다는 고요해졌을 것입니다. 별 차이를 느끼지 못해도 좋습니다. 마음도 몸의 운동과 비슷합니다. 연습할수록 익숙해지고 더 고요해질 것입니다.

2단계 - 여러 가지 대상을 함께 알아차리며 마음 열기.

자 이제 눈을 천천히 뜹니다. 눈을 뜨는 순간 들어오는 빛을 느껴보세요. 그다음 보는 것을 알아차려 보세요. 보는 것은 어떻게 알아차릴까요? 오감 중에서 보는 것을 알아차리는 것이 가장 어렵습니다. '피부의 느낌, 코의 냄새, 귀의 소리, 혀의 맛'은 모두 일어난 그 장소에서 알아차리면 됩니다. 그런데 눈은 조금 다릅니다. 만약 저 멀리 사람이 보이는 것을 알아차린다고 해봅시다. 문제는 거리(공간)의 관념이 생겨납니다. 그래서 어떤 스님께서는 이렇게 표현하십니다. 수행을 배우지 않은 사람은 저 멀리서 보고(알아차리고), 수행을 배운 사람은 눈에서 본다고(알아차린다고) 합니다.

보이는 작용은 내 안에서 일어나는 일입니다. 비유하자면 영화관 스크린에 영상이 뜨는 것과 비슷합니다. 스크린은 2차원 평면이지만 거리(공간)의 개념이 담긴 3차원 영상이 뜹니다. 관객들은 영화관 스크린을 보는 것이지 스크린 안으로 들어가서 보는 것이 아닙니다. 다시 말해서 보는 것을 알아차릴 때, 마음이 몸 밖으로 떠나면 안 된다는 뜻입니다. 눈이라는 감각기관에서 보는 마음이 일어납니다. 눈에서 보는 것을 알아차리는 것입니다. 보는 것을 알아차릴 수 있을 때 큰 이익이 생겨납니다. 삶에 많은 것들이 달라질 것입니다.

보는 것을 알아차리는 것이 좀 어려울 수 있습니다. 하지만 걱정하지 않아도 됩니다. 등산에 필요한 알아차림의 수준은 몸의 움직임과 느낌을 알아차리는 수준이면 됩니다.

다음은 귀로 들리는 것을 같은 방식으로 알아차려 보세요. 코에서 맡아지는 냄새도 알아차려 보세요. 등이 몸을 지탱하는 느낌을 알아차려 보세요. 그리고 등뿐만 아니라 몸 전체의 느낌을 알아차려 보세요. 바람이 스쳐 지나가는 느낌도 좋습니다.

다음은 마음을 알아차려 보세요. 마음은 어떻게 알아차릴까요? 마음을 알아차리는 것은 몸을 알아차리는 것보다 어렵습니다. 그래서 단순하게 마음이 '가볍다, 무겁다. 또는 행복하다, 괴롭다.' 이 정도로만 알면 좋습니다. 혹은 '가볍지도, 무겁지도 또는 행복하지도, 괴롭지도' 않을 수 있습니다. 그런 것을 '무덤덤한 마음'이라 합니다. 그때는 '무덤덤한 마음'으로 알아차리면 됩니다. (정확하게는 마음의 느낌을 알아차리는 것입니다. 하지만 간단하게 배우는 과정에서는 마음이라고 봐도 괜찮습니다.)

이렇게 몸의 감각기관에서 아는 대상들을 하나씩 알아차렸다면, 이제는 순서에 상관없이 여러 가지 대상을 느껴지는 대로 함께 알아차려 보세요. 여러 가지 감각기관에서 느껴지는 대상을 함께 알아차리려면, 마음을 어느 한 곳에 집중하지 않고 열어놔야 합니다. 이때 마음이 열리며 깨어납니다. 마음이 한곳에 집중되지 않고 열려 있을 때, 자연스러운 알아차림이 일어납니다.

여기까지만 해도 걷기 명상의 준비로 충분합니다. 하지만 여러 번 연습하다가 알아차리는 힘이 좋아지면, 알아차림 하는 그 마음도 알아차려 보세요. 여러 가지 대상 중에 마음이 어떤 대상으로 관심 기울여 향하는지, 또는 마음이 지금 무엇을 하는지 알면 좋습니다. 만약 마음이 더 관심을 기울이는 대상이 있고, 그 대상으로 향하는 작용이 알아차려진다면, 그것이 마음을 섬세하게 알아차림 하고 있는 것입니다. 대상을 알아차리는 그 마음을 알아차리는 것입니다.

준비 단계가 어렵게 느껴질 수도 있습니다. 하지만 어디까지나 준비 단계입니다. 운동 전에 하는 스트레칭처럼 가벼운 마음으로 하면 됩니다. 다음 단계인 걷는 것을 알아차리기 위해 하는 것이니 잘 안된다고 부담 가질 필요 없습니다.

3단계 - 걸으면서 알아차리기

이제 마음은 앞의 준비 단계를 거쳐, 내 안에 머물며 충분히 열리고 깨어났습니다. 그 깨어있는 마음의 힘으로 걸음을 알아차려 봅시다. 걷고자 하는 방향으로 서서히 몸을 돌립니다. 제자리에서 몸의 중심축은 그대로 두고, 한발 한발 조금씩 움직이며 몸을 돌려봅니다. 만약 왼쪽 90도 각도로 몸을 돌린다면, 왼발 오른발 왼발 오른발 이렇게 차례로 두 번씩 움직일 정도로 천천히 돕니다. 돌면서 몸이 돌아가는 느낌을 느껴봅니다. 어깨에 관심을 두면 조금 더 잘 느껴질 수도 있습니다.

걸어갈 방향으로 돌아섰다면, 이제 알아차리며 천천히 한 발을 내디뎌 봅니다. 발의 보폭은 앞으로 나간 발의 뒤꿈치가, 뒤에 있는 발의 엄지발가락 바로 앞 정도에 놓아질 만큼이면 좋습니다. 그래야 몸이 안정감 있게 중심을 유지합니다. 몸에 중심을 유지하는데 불필요하게 마음 쓰이지 않아야, 마음을 알아차림에 온전히 기울일 수 있습니다. 그래야 걷는 중에 잠시 눈을 감아도 안전합니다.

하나 - 한 걸음의 닿는 느낌 알아차리기

가볍게 천천히 한발 한발 걸으면서, 발바닥이 땅에 닿는 느낌에만 관심 기울여 알아차려 봅니다. 느껴지는 여러 대상 중에 발바닥의 느낌에 우선순위로 관심 기울인다는 것이지, 그것만 알려는 목적으로 힘을 써서 집중하는 것이 아닙니다. 여러 가지 대상들이 함께 알아지는 것은 당연하고 자연스러운 것입니다.

양발 중에 땅에 닿은 발의 느낌을 알아차리는 것입니다. 한쪽 발이 들리고 나아가 땅에 닿는 동안, 땅을 밟고 있는 다른 쪽 발바닥의 느낌 변화를 알아차려 봅니다. 앞으로 나아가는 발이 움직이는 느낌은, 지금 단계에서는 관심 가지지 않습니다. 발의 뒤꿈치가 땅에 닿은 후 몸이 앞으로 나아가면서, 발바닥이 땅에 닿는 면적이 넓어지고, 발바닥을 누르는 압력도 높아집니다. 몸의 중심이 디뎌져 있는 발을 넘어 지나가면, 발이 들리는 과정이 시작되면서 눌리는 압력도 줄어들 것입니다. 이 시점에 맞춰서 다른 쪽 발이 땅에 닿기 시작합니다. 이제 땅에 닿기 시작해서 몸무게를 지탱하는 발의 발바닥 느낌을 알아차리기 시작합니다. 이렇게 양쪽 발을 번갈아 가면서 닿은 느낌을 알아차려 보세요.

한 걸음 걷고 잠시 멈추고, 다시 한 걸음 걷고 하는 방식으로 한 걸음을 온전하게 알아차려 봅니다. 발바닥 느낌을 좀 더 잘 느끼기 위해서 걷는 속도를 더 느리게 하거나, 걷는 동작 중에 느낌을 음미하기 위해서 잠시 멈춰도 됩니다. 필요하다면 눈을 감아도 됩니다.

어쩌면 이 설명이 복잡하게 느껴질 수도 있습니다. 복잡하더라도 이렇게 세분화해서 한 번 설명해야 합니다. 이제 설명은 뒤로 하고 단순하게 생각하면 됩니다. 걸으며 단지, '발이 닿아있는 느낌, 발바닥의 느낌'만 명료하게 알아차린다고 생각합니다. 그러면 위에 설명한 대로 저절로 알아차려질 것입니다.

둘 - 연속해서 걸으며 닿는 느낌 알아차리기

앞에서 한 걸음을 걸을 때 생기는 발바닥 느낌을 알아차려 봤습니다. 이제는 같은 포복으로 자연스럽게 걸으면서 알아차려 봅니다. 이때 시선은 발 앞 5미터나 10미터 정도 거리의 땅에 두고 걷습니다. 눈에 들어오는 대상들을 줄이기 위함입니다. 시선을 땅에 고정하고 걸어도, 남을 방해하거나 위험하지 않은 곳이어야 합니다. 척추의 정렬도 불편하지 않아야 합니다. 양팔을 떨어뜨린 채 걸으면 팔이 움직여 신경 쓰일 수 있습니다. 팔짱을 끼거나, 앞에 두 손을 가지런히 모으거나, 뒤로 돌려 맞잡고 허리 아래에 두어도 좋습니다. 편한 대로 하면 됩니다.

걷는 것이 목적이 아니라, 양발 발바닥 느낌을 연속해서 이어 알아차리는 것이 목적입니다. 발바닥 느낌을 가장 명료하게 알아차릴 수 있는 속도로 걸으면 됩니다. 알아차리는 것을 목적으로 걷기 때문에, 걷는 모습과 속도가 평소와 다를 수 있습니다. 발이 땅에 닿은 순간, 마치 느낌을 음미하듯 천천히 나아갈 수도 있습니다.

걷는 중에 생각이 일어나 마음이 발바닥에 머무는 것에 방해된다면, 생각이 일어난 것을 알아차리고 다시 마음을 발바닥으로 돌려서 걷습니다. 이때 생각의 내용을 알아차리는 것이 아니라, 생각이 일어난 그 자체를 알아차리는 것입니다. 마음속으로 '생각이 일어났네.' 하고 확인하듯 말해도 좋습니다. 생각이 일어나는 것은 자연스러운 것입니다. 잘못된 것이라고 여기며 거부감을 가지지 마십시오. 생각이 계속 일어나서 발바닥 느낌에 마음을 고정하여 알아차리기 어렵다면, 그때는 잠시 걸음을 멈추고 머리에 어떤 느낌이 있는지 살펴봅니다. 아마 알아차림을 못 하게 할 정도로 강한 생각이라면, 머리에 어떤 느낌을 일으켰을 것입니다. 또는 가슴에 어떤 느낌이 있는지 살펴보세요. 머리가 약간 조이거나 가슴이 살짝 뻐근할 수도 있습니다. 그러면 걸음을 멈추고, 몸을 점검할 때처럼 그 느낌을 대상으로 알아차리면 됩니다. 단지 알아차림의 대상이 발바닥 느낌에서 다른 부위의 느낌으로 바뀐 것뿐입니다. 잘못된 것이 아닙니다.

생각의 내용을 알아차리지 말고, 생각이 일어난 그 자체를 알아차리는 이유는 다음과 같습니다. 생각의 내용을 알아차린다면 생각이 꼬리를 물고 이어질 수 있기 때문입니다. 또한 생각의 내용을 바라보는 마음의 시선은, 정확하지 않고 시기와 상황에 따라 바뀔 수 있는 것입니다. 그래서 생각의 내용이란 있는 그대로의 실재가 아니며, 알아차리며 마음을 휴식하기에 적절한 대상이 아닙니다. 생각은 단지 생각으로 알아차려야 합니다. 일어날 만하면 일어나고, 사라질 만하면 사라지는 것입니다. 생각이 일어나서 마음에 '좋다, 싫다' 하는 느낌을 남기거나, 신체에 느낌을 남기기도 합니다. 생각은 단지 생각입니다.

이렇게 발바닥 느낌을 알아차리기 쉬운 속도로 걷다가, 생각이 일어나면 일어난 것을 알아차리고, 다시 발바닥 느낌으로 마음을 돌려 알아차리며 걷습니다. 생각이 너무 강하면, 잠시 걸음을 멈추고 생각이 일으킨 머리와 가슴의 느낌을 알아차리다가, 다시 걷기 시작하면 됩니다. 생각이 완전히 사라질 때까지 생각을 알아차림의 대상으로 할 필요는 없습니다. 발바닥 느낌으로 마음을 돌려 알아차릴 수 있을 정도의 생각은 있어도 됩니다. 자연스러운 것입니다. 하지만 생각이 멈추면 더 좋습니다.

 10미터나 20미터 정도 정해놓은 거리를 걷다가, 몸을 돌려 되돌아올 때는 이렇게 합니다. 발걸음을 멈추고 그대로 서서, 처음에 몸을 점검했던 것처럼 머리에서 발바닥까지 훑어 내리며 알아차립니다. 다만 이때는 너무 세분화하지 않고 빠르게 훑어내리며 점검합니다. 몸을 뒤로 돌릴 때도, 처음에 했던 것처럼 알아차리면서 몇 걸음에 나눠 천천히 돕니다. 그렇게 해야 걸어오며 지녔던 알아차림이 유지됩니다.

 이처럼 자연스럽게 알아차림을 이어가며 걷는 것을 어느 정도 해봤다면, 이제는 의도적으로 발바닥 느낌에 마음을 고정해서 알아차리며 걷는 것을 해봅니다. 생각이나 보이고 들리는 것에 주의를 기울이지 말고, 마음을 발바닥에만 고정하고 걷습니다. 이때는 느낌을 음미하듯 걷지 않고 적당한 속도의 리듬을 타고 걷습니다. 하지만 빠르게 걸을 필요는 없습니다. 발바닥 느낌을 자세하게 알려고 하지 말고, 걷는 속도와 리듬이 허용하는 선까지만 알아차립니다. 제3장 '지리산 등산 미리보기'에서 의도적으로 마음에 활력을 불어넣을 때, 발걸음의 움직임과 느낌에 알아차림을 두던 그 방법입니다.

셋 - 명칭 붙이며 알아차리기

 앞 두 단계를 연습하긴 했지만 처음 해보는 것이라서 알아차림이 약할 수 있습니다. 또는 마음이 금방 발에서 달아날 수 있습니다. 그런 문제를 보완하는 측면에서 다음 단계는 발이 닿는 느낌에 명칭을 붙여 봅니다. 발이 닿는 순간 마음으로 '닿음' 하며 명칭을 붙입니다. 명칭을 붙일 때는, 지금 발이 땅에 닿았다는 것을 확인하는 듯한 의미로 붙입니다. 반드시 주의해야 할 것이 있습니다. '닿음'이라는 명칭을 몸의 움직임보다 먼저 붙이면 안 됩니다. 또는 형식적으로 중얼거리듯 해도 안 됩니다. 그러면 명칭을 붙이는 의미가 사라지고, 단지 불필요한 것을 하는데 마음을 분산하게 됩니다. 마음이 발의 느낌을 알아차렸다는 것을 다시 한번 확인하듯이, 발이 닿는 순간에 '닿음'이라고 명칭을 붙입니다. 이렇게 하면 마음을 좀 더 견고하게 발에 붙여 둘 수 있습니다.

마치 군대에서 훈련 중에 복명복창하는 것과 비슷합니다. 사격 훈련할 때 교관이 '노리쇠 장전!'하고 명령하면, 병사들은 노리쇠를 장전하면서 '노리쇠 장전' 복명복창합니다. 이렇게 하면 마음을 행위에 붙여놓는 효과가 있어 실수가 적어집니다.

제3장 '지리산 등산 미리보기'에서 필요한 때 명칭을 붙이던 상황이 기억날 것입니다. 하지만 단점도 있습니다. 인위적으로 명칭을 붙이면 자연스러움과 정교한 알아차림에 방해가 될 수도 있습니다. 그래서 명칭은 마음이 발에 수월하게 머물지 못하거나, 의도적으로 활력을 불어넣을 때 사용합니다. 상황에 따라 적절하게 명칭을 붙이는 것은 필요합니다.

넷 - 조금 더 상세하게 구분해서 알아차리기

사실 등산 중에는 걷는 속도 때문에 발의 움직임을 세분화해서 알아차릴 여유는 없습니다. 발이 앞으로 나아가는 움직임과 발바닥 느낌 정도를 알아차릴 수 있습니다. 가파른 오르막이나 계단에서는 천천히 걷기 때문에, 좀 더 세분화해서 알아차리는 것이 가능합니다. 하지만 일상에서 연습 삼아 해보거나, 또는 휴식하며 걷기 명상할 때는 알아차림을 더 활성화하기 위해 꼭 필요합니다.

방법은 간단합니다. 한 걸음을 좀 더 구분해서 알아차리는 것입니다. 앞에서는 단지 발바닥이 땅에 닿는 느낌만 주의 기울여 알아차렸다면, 이제는 한 걸음을 두 가지 구성요소 또는 세 가지 구성요소로 구분해서 알아차립니다.

쉬운 이해를 위해 명칭을 붙였을 때를 가정해 보겠습니다. 처음에는 '닿음, 닿음, 닿음' 이렇게 걸었다면 이제는 '듦, 놓음', '듦, 놓음', '듦, 놓음' 이렇게 두 단계로 구분해서 알아차립니다. '놓음' 할 때 발바닥의 느낌도 함께 알아차립니다. 발바닥 느낌만 알아차리던 것에서, 발을 들고 놓는 동작까지 확장해서 알아차림을 두는 것입니다. 앞에서 했던 것과 같은 방식으로 천천히 느낌을 음미하듯 알아차리며 걸어보고, 자연스럽게 속도와 리듬을 가지고 걸어보고, 명칭을 붙이면서도 걸어봅니다.

이제는 한 걸음을 더 세분화해서 '듦, 감, 놓음'으로 알아차립니다. '한쪽 발이 들리고, 앞으로 나아가고, 땅에 놓아지고', 이어서 '다른 발이 들리고, 앞으로 나아가고, 땅에 놓아지는 것'으로 구분해서 알아차립니다. 당연히 더 세분화할수록 알아차려지는 것이 많고 천천히 걷게 됩니다.

주의할 것은 한걸음의 동작을 더 세분화할 때, 앞에서 알아차렸던 것들을 그대로 이어간다는 것입니다. 세분화하면서 '닿음'이 '놓음'으로 명칭만 바뀐 것뿐이지, 알아차리던 발바닥 느낌은 그대로 모두 알아차리며 가져갑니다. 만약 세분화가 복잡하고, 아직 알아차림이 따라가지 못한다면 이전 단계로 되돌아옵니다. 마치 준비운동 하듯이 처음에는 '닿음'으로 시작해서, 점차 '듦, 놓음', '듦, 감, 놓음'으로 구분해서 더 자세하게 알아차립니다. 하지만 꼭 세분화할 필요는 없습니다. 연습할 때의 마음 상태에 맞게 하면 됩니다. 세분화해서 자연스럽게 알아차려진다면 알아차리는 힘이 좋아지는 것입니다.

4단계 달라진 마음 확인하기

저는 보통 알람을 맞춰놓고 휴식하듯 걷습니다. 여유 시간이 많지 않은 일상에서 잠깐 쉴 때는 최소 10분으로 맞춥니다. 여건에 따라 더 늘리거나 걷고 싶은 만큼 걸을 때도 있습니다. 지금까지 설명한 대로 연습했다면, 하고 나서 달라진 마음을 확인해 보십시오. 하기 전과 어떻게 달라져 있습니까? 굳이 물어보지 않아도, 제대로 연습이 좀 되었다면 알아차림의 효과를 확신하게 될 것입니다. 그리고 평생 하게 될 것입니다. 걷기 명상으로 경험한 마음의 변화는, 알아차림으로 마음이 휴식하며 고요하게 깨어나는 과정이고 결과입니다. 알아차림이 깊어지면, 걷고 있던 길이 예술 작품으로 변하는 경이로움을 경험하게 될 것입니다.

알아차림이 잘 되는 깨어있는 마음은 청정함의 지표입니다. '얼마나 훌륭한 스승에게 배우는가?'보다는 마음이 도덕적이고 청정해야 알아차림이 잘 됩니다. 세상 모든 것은 마음이 이끌기에 알아차림은 삶의 모든 방면에 적용할 수 있습니다. 알아차림이 잘 되기를 원한다면, 말과 행위의 도덕성을 지녀야 합니다.

선함은 행복의 또 다른 이름입니다.

| 설악산 대청봉에서 |

4-6. 시간을 아껴주는 스트레칭.

사실 저는 등산하기 위해 아픈 무릎을 고치려 노력하기 전까지는 스트레칭의 중요성을 모르고 살았습니다. 스트레칭 효과를 믿지 않았고 스트레칭하는 시간도 아까웠습니다. 직장 스트레스를 해결하고자 등산은 꼭 필요한데 무릎이 아팠습니다. 그래서 아픈 무릎을 고치기 위해 할 수 있는 방법은 모두 동원했습니다.

그중 하나가 스트레칭이었습니다. 스트레칭 관련 책을 사서 보고 인터넷 검색하며, 무릎 통증의 원인과 해결책을 찾아 공부했습니다. 그 후로 지금까지 잠에서 깨면 스트레칭부터 합니다. 허벅다리 근육(대퇴사두근, 내전근, 햄스트링) 위주로 스트레칭합니다. 대퇴사두근 스트레칭은 평소 잘해두면 무릎 부상을 예방합니다. 내전근 스트레칭은 고관절과 다리를 이용하는 모든 동작에 안정성을 높입니다. 햄스트링 스트레칭은 골반 각도를 안정적으로 만들어 허리 건강에 도움 됩니다. 이 외에 가슴을 여는 동작과 가벼운 맨몸 스쿼트 등을 조금 합니다.

무릎을 고치는 데 성공하면서 스트레칭은 생활에 일부분이 되었습니다. 무릎은 스트레칭이 아닌 바벨 운동(스쿼트)으로 고쳤지만, 바벨 운동하며 다치지 않으려면 스트레칭이 꼭 필요했습니다. 그래서 평생 즐기는 바벨 운동을 안정적으로 하기 위해서도 매일 스트레칭을 합니다.

저는 하루에 2~3회 정도 스트레칭합니다. 새벽에 스트레칭하며 잠을 깨우고, 운동할 때와 자기 전에도 합니다. 근육의 안정과 성장을 위해 운동 전후로 스트레칭을 해야 한다고 합니다. 운동할 때 근육을 수축하며 힘을 씁니다. 운동 전에 근육을 미리 이완시켜 가동성을 확보해야 다치지 않습니다. 또한 운동 후 스트레칭으로 이완하지 않으면 근육이 단축되어 굳어버립니다. 정상적인 움직임에 문제가 생깁니다. 스트레칭에 몇 분을 더 쓰게 된다 해도 크게 보면 오히려 이득입니다. 다치면 몇 분이 아니라 한동안 운동을 쉴 수도 있고, 영원히 못 하게 될 수도 있습니다. 그래서 스트레칭하는 시간은 아까운 것이 아닙니다. 오히려 시간을 아껴줍니다.

등산할 때도 오르기 전에 스트레칭하고, 내려와서는 주차장에서 스트레칭하고 자동차 시동을 겁니다. 신기하게도 하산 후 스트레칭하는 사람을 거의 보지 못합니다. 무슨 급한 일이 있는 것처럼 주차장에 도착하면 자동차 타고 바로 출발합니다. 등산하며 햄스트링이 단축된 상태로 운전석에 앉으면 골반이 후방 경사 되어서, 척추 중립의 해부학적 자세가 안 나올 것입니다. 그 상태로 운전하면 허리에 좋지 않습니다. 등산으로 열심히 운동한 것이 오히려 몸에 악영향을 줍니다.

제가 체감하기로는 하산 후 바로 스트레칭하고 귀가하면, 근육의 회복 속도가 거의 두 배 가까이 줄어듭니다. 회복 속도뿐만 아니라 근육의 상태도 다릅니다. 연구 결과에 따르면 스트레칭은 근 성장에도 도움 된다고 합니다. 그래서 스트레칭하는 것은 결코 시간 낭비가 아니라, 오히려 시간을 버는 것입니다.

조급함은 욕망에서 비롯 됩니다.
내게 주어진 조건을 인정하고 받아들이면
조급함을 놓아버릴 수 있습니다.

| 지리산에서 |

4-7. 등산 스틱의 필요성과 사용법.

혹시 스틱을 사용하십니까? 사용한다면 어떤 목적으로 사용하십니까? 저는 스틱 없이는 등산하지 않습니다. 두 시간 운전해서 도착한 산이라도 스틱을 집에 놓고 왔다면 올라가지 않습니다. 단 가파르지 않은 쉬운 코스에서는 가끔 사용하지 않을 때도 있습니다.

제가 스틱을 사용하기 시작한 것은 아픈 무릎 때문이었습니다. 스틱은 몸의 하중을 팔로 분산하는 효과가 있고, 그 결과 무릎이 받는 부담을 줄여준다고 판단했기 때문입니다. 그런데 하중을 분산하는 목적으로 사용해 보니, 무릎에 큰 도움이 되지 않았습니다. 오히려 스틱에 너무 의지해서 몸의 정렬이 무너지고 무릎에 악영향을 주기도 했습니다. 스틱의 바른 사용법을 이해하고 나서야, 단지 하중을 분산하려는 목적은 어리석은 생각이었다는 것을 알았습니다.

저는 스틱의 사용 목적을 '크게 세 가지'로 나눕니다.

첫 번째는 몸의 바른 정렬을 위해 사용합니다. '평지를 걸을 때, 올라갈 때, 내려올 때', 모든 상황에서 몸이 바르게 정렬된 상태로 움직여야 합니다. 몸의 정렬에서 가장 우선하는 것은 '척주 중립'입니다. 척추가 본래의 자연스러운 곡선으로 정렬되어 있어야, 오래 걸어도 허리에 부담 가지 않습니다. 몸의 정렬이 바르게 되었을 때 주동근이 쓰이는 자세가 됩니다. 주동근이 바르게 쓰여야 보조근이나 협응근에 과부하가 걸리지 않습니다. 또한 하체 근육 전체가 제 기능을 하며 자연스럽게 함께 사용됩니다. 몸의 정렬이 흐트러져 근육 사용의 균형이 깨지면 관절에 부담이 갑니다. 그런데 스틱이 없으면 등의 배낭 무게 때문에 저절로 허리를 굽히게 됩니다. 특히 오르막에서는 더 그렇습니다. 이때 '척추 중립'이 깨지고 '무게 중심'이 앞으로 쏠려 무릎에 과부하가 걸립니다. 이것이 바로 관절을 상하게 하는 주요 원인 중 한 가지입니다. 결과적으로 스틱을 사용하여 몸의 바른 정렬을 유지하면, 관절에 무리가 가지 않습니다.

두 번째는 오르막을 오를 때, 스틱을 찍어 누르는 힘으로 도움받는 것입니다. 이 역시 첫 번째 이유와 겹치는 부분입니다. 오르막을 오를 때 사용되는 주동근은 둔근입니다. 둔근은 사람의 몸에서 가장 큰 힘을 내는 근육입니다. 또한 둔근이 주도적으로 쓰여야 다른 근육들에 과부하가 걸리지 않습니다. 팔로 스틱을 찍어 누르는 힘은 한계가 있습니다. 긴 거리를 매번 팔의 힘으로 오르면 어느 순간 어깨가 아프기 시작합니다. 스틱을 찍어 누르는 것은, 둔근이 가장 잘 쓰일 수 있는 조건을 만들기 위해 팔의 힘을 조금 보태는 것입니다. 예를 들면 조금 큰 돌을 밟고 올라갈 때 곧바로 둔근이 활성화되지 않습니다. 몸은 자연스럽게 앞으로 기울어 대퇴사두근을 쓰려고 합니다. 대퇴사두근을 쓰며 땅을 밀다가 어느 시점에서 허리를 펴며 둔근을 씁니다. 또는 계속 허리를 구부린 상태로 대퇴사두근을 주로 쓰면서 올라가기도 합니다(대퇴사두근의 과부하는 '장경인대 증후군'과 연관됩니다.). 이 과정에서 스틱으로 팔의 힘을 조금 보태주면, 몸을 앞으로 기울여 대퇴사두근을 쓰지 않고도 둔근을 활성화할 수 있습니다. 결과적으로 스틱의 도움으로 '척추 중립'을 유지하여 허리를 굽히지 않고, 몸의 중심을 '미드풋(발의 정중앙)'에 맞춰 주동근(둔근)이 사용되는 자세를 만듭니다.

<u>세 번째는 내려올 때 안전한 걸음을 위해서입니다.</u> 높은 계단이나 돌에서 낮은 곳으로 내려올 때 스틱을 사용하면 속도 조절을 할 수 있습니다. 양 팔꿈치를 몸 옆구리에 붙이고 스틱으로 땅을 지지하면 팔과 등 근육이 활성화됩니다. 즉 어깨 관절이 아닌, 상체 근육의 힘으로 버티면서 천천히 내려올 수 있습니다. 당연히 천천히 내려오면 무릎 관절에 부담은 줄게 됩니다. 팔을 몸 옆구리에 붙이면, 자연스럽게 몸이 세워져 '척추 중립' 자세가 되며, 무게 중심도 '미드풋'을 벗어나지 않습니다. 또는 걷기 위험한 지형에서 몸의 안전한 자세를 확보하기 위함입니다. 때로는 멀리 있는 돌에 스틱을 찍어 몸을 지탱하고, 안전한 자세를 잡은 후 움직여야 할 때가 있습니다.

바로 이런 이유로 스틱이 꼭 필요합니다. 하지만 등산하다 보면, 스틱을 배낭에 꽂아 장식용으로 가지고 다니는 분들이 꽤 있습니다. 또는 스틱을 사용하는 분 중에서도 파지법을 바르게 알고 사용하는 분이 드뭅니다. 심지어는 등산 전문가들 사이에서도 스틱 파지법과 사용법의 의견이 서로 다른 경우가 있습니다. 제가 말한 위의 세 가지 목적에 비추어 볼 때, 스틱은 파지법을 바르게 하지 않으면 오히려 짐이 됩니다.

스틱 고르는 법

어떤 스틱을 골라야 할까요? 유명한 회사의 스틱? 비싼 스틱? 저는 좋아하는 브랜드가 있어서 그 브랜드 제품을 사용합니다. 제가 생각하는 스틱의 중요성으로 보자면 지금 사용하는 스틱 가격이 그리 비싸지도 않습니다. 오히려 가성비 있습니다. 부러진 것을 수리해서 거의 10년 가까이 사용하고 있습니다. 사실 가성비 때문에 그 브랜드를 좋아합니다. 가성비의 장점이 사라지면 사용하지 않을 수도 있습니다.

오래전 TV에서 여러 회사 스틱을 비교한 내용이 나왔는데, 국내외 유명회사의 스틱을 비교하며 강도 테스트했습니다. 놀랍게도 가장 우수한 강도를 보였던 스틱은 그리 비싸지 않은 국산 스틱이었습니다. 당연히 외국 유명 브랜드 스틱도 믿고 쓸 만큼 아주 튼튼합니다. 다만 제 경험으로 볼 때, 등산 중에 받는 하중으로는 절대로 부러질 수 없게 설계된 스틱도 특수한 상황에서는 부러집니다.

아래 사진은 제가 15kg 정도의 백패킹 배낭을 메고 하산길을 걷다가 미끄러져 뒤로 넘어질 때, 스틱을 찍고 버텼더니 스틱이 휘다가 양쪽 다 부러진 상황입니다(저 때 이후로 백패킹 용도는 좀 더 튼튼한 것을 사용합니다.).

다행히 몸이 뒤로 넘어질 때 팔로 의지하던 스틱에 휨저항이 발생하며 어느 정도 버텨주었기에, 천천히 몸이 땅으로 떨어져 다치지는 않았습니다.

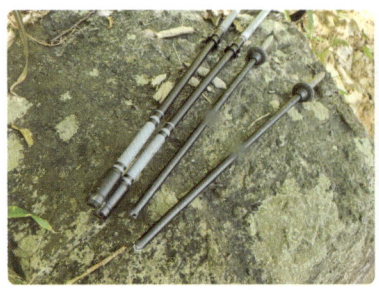 

스틱의 설계 강도는 충분하지만, 부재를 연결하기 위해 구멍 낸
부분의 단면결손으로 강도가 취약해져 부러진 것 같다.

연결 부위에 단면결손이 없고, 직경이 굵고 튼튼한 스틱을 구매하였지만
돌 사이에 끼어 사진 처럼 파손이 일어났다.

또는 스틱이 돌 사이에 끼여서 부러지는 등 예상하지 못한 상황도 발생합니다. 이런 경우의 파손은 스틱의 설계 강도와 상관없습니다. 그래서 스틱은 만약의 경우를 대비해 골라야 합니다. 무게를 줄이기 위해 카본으로 만든 스틱이 있습니다. 카본 스틱은 부러지면 날카롭게 된다고 합니다. 실제로 어떤 유튜버가 날카롭게 부러진 카본 스틱 때문에 큰 상처를 입을 뻔했습니다. 그래서 저는 조금 무겁더라도 튼튼하고 안전한 알루미늄 스틱을 선호합니다. 그 외에 특별한 기능을 염두에 두고 만든, 조금 차별화된 디자인은 큰 의미 없다고 생각합니다. 스틱의 파지법과 사용 목적을 본다면 그렇습니다.

스틱 사용 법

1. 파지법

스틱은 손잡이를 쥐며 힘쓰는 것이 아닙니다. 스틱 끈에 손을 걸고, 끈을 누르며 하중을 지탱하는 것입니다. 스틱을 손으로 쥐게 되면 계속 힘을 줘서 잡고 있어야 합니다. 잠깐도 아니고 등산 내내 손에 힘을 주게 되면 힘들지 않을까요? 스틱에 하중을 실을 때는 스틱 손잡이를 잡고 누르는 것이 아니라, 아래 사진처럼 스틱 고리에 손을 넣어서 엄지와 검지 사이로 나온 끈을 누르는 것입니다. 손은 단지 스틱이 손에서 벗어나지 않게 살짝 감싸주는 용도로 사용합니다.

스틱 끈에 손을 아래에서 위로 넣고, 엄지와 검지 사이에 걸린 끈을 눌러 하중을 지지한다.
스틱을 힘줘 잡지 않고 손안에서 빠져나가지 않게 살짝 감싼다.

또한 스틱의 끈을 이용하며 손잡이를 힘줘 잡지 않는 이유는, 스틱의 자유로운 움직임을 위해서입니다. 스틱은 상황에 따라 여러 방향으로 자유롭게 움직일 수 있어야 합니다. 평지를 걸을 때는 스틱을 앞으로 던지듯 자연스럽게 나가야 합니다. 이 과정에서 스틱을 손으로 쥐지 않고 있기에 손목의 제한된 굽힘 각도에 영향받지 않습니다.

또는 하산 중 험한 구간을 지날 때, 스틱을 멀리 찍고 그 지지력으로 몸에 균형을 잡은 후 움직여야 할 때가 있습니다. 이때 스틱 손잡이를 힘줘 잡는다고 하면 손목 각도가 안 나옵니다. 또한 손목이 꺾인 불안정한 상태로는 힘을 받지 못합니다. 각도 확보를 위해 스틱 머리를 손바닥으로 감싸 지탱해도, 역시 방향만 다를 뿐 손목이 꺾여서 불안정합니다. 만약 손에서 스틱을 놓치게 되면 크게 다칩니다. 스틱 끈을 누르며 하중을 지탱하면 스틱 찍는 각도가 잘 나옵니다. 어느 방향으로도 찍을 수 있습니다. 또 스틱 끈이 엄지와 검지의 사이에 걸려서 눌리기 때문에, 손에 힘이 빠져 스틱을 놓치는 상황이 생기지 않습니다. 이처럼 스틱을 손으로 힘줘 잡지 않고 끈을 이용해야, 스틱이 자유롭게 움직이며 힘을 안전하게 받습니다.

2. 길이 조절

저는 스틱 길이를 이렇게 조절합니다. 평지나 오르막에서는 스틱을 땅에 찍고 서 있을 때, 팔꿈치 각도가 90도 정도 나오게 조절합니다. 내리막길에서는 그 상태에서 10cm~15cm 더 늘입니다. 만약 오르막 내리막이 자주 반복되어 그때마다 조절하기 불편하다면, 평지와 오르막을 걷는 길이에서 5cm만 늘입니다. 그러면 오르막과 내리막에서 조금씩 불편할 뿐입니다. 보통 그런 길은 길지 않습니다. 몇 번 가본 산은 그런 구간을 알고 있기에 미리 조절할 수 있습니다.

3. 스틱을 사용하여 걷는 법

스틱을 사용하여 걷는 법은 크게 두 가지가 있습니다. 스틱 없이 자연스럽게 걸을 때 팔과 다리가 움직이는 방향은 반대입니다. 오른쪽 다리가 앞으로 나갈 때 왼팔이 앞으로 나갑니다. 그 상태에서 손에 스틱만 걸면 됩니다. 자연스럽게 팔을 움직이며 스틱으로 땅을 밀어주면 됩니다. 자세한 설명보다는 직접 해보면 스스로 자연스러운 움직임을 찾게 됩니다. 다른 방법은 어느 쪽 다리가 앞으로 나가는가에 상관없이, 두 팔을 함께 앞으로 내밀어 스틱을 던져 땅에 찍고, 걸어가며 스틱을 자연스럽게 뒤로 당깁니다. 그 추진력의 도움으로 걷습니다. 스틱에 과도하게 의지하지 않습니다. 단지 보조 수단으로 사용합니다.

두 방법의 차이점은 자연스러운 걸음이나 달리기처럼, 두 팔이 서로 반대 방향으로 움직이는가 아니면 두 팔이 동시에 같은 방향으로 움직이는가입니다. 그 외에 두 방법의 상세한 움직임은 따로 설명하지 않아도 해보면 직관적으로 알 수 있습니다. 두 방법 모두 사용해 보고 자신에게 맞는 방법을 선택하면 됩니다. 상황에 따라서 두 방법을 바꿔가며 사용해도 됩니다. 스틱을 사용할 때는 자연스러운 움직임이 중요합니다. 힘이 들어가면 어느 순간 어깨 관절이 아플 수도 있습니다.

4. 오르막과 내리막에서 사용법

스틱은 어디까지나 몸이 주도적으로 힘을 쓰며 움직일 수 있게 돕는 보조 수단입니다. 학창 시절에 재미나게 보았던 슬램덩크라는 농구 만화가 있습니다. 초보자 강백호가 슛을 연습할 때 이런 표현이 나옵니다. '왼손은 거들 뿐' 오른팔이 공을 던질 때, 왼손은 공이 골대를 향해 바르게 날아가도록 살짝 거들기만 할 뿐입니다.

마찬가지로 오르막이든 내리막이든, 스틱은 몸의 정렬을 맞추기 위해 '살짝 거들 뿐'입니다. 어디까지나 몸이 주도적으로 힘을 쓰며 움직여야 하고, 스틱 때문에 어떤 근육이라도 제 역할을 안 하게 되면 몸의 균형이 깨집니다. 즉 스틱의 도움을 받으려다가 오히려 관절에 무리가 옵니다. 특히 하산할 때 자신도 모르게 스틱에 너무 의존하면서, 몸 전체 근육이 자연스럽게 함께 사용되지 않는 경우가 있습니다. 만약 걸을 때 다리가 제대로 힘을 쓰지 못한다면, 스틱에 너무 의존하며 걷지 않았는지 점검해 봐야 합니다. 스틱은 어디까지나 보조 수단이며, 하체 근육을 안정감 있고 힘 있게 쓰는 목적으로 사용합니다. 하체 근육을 덜 사용하며, 자연스러운 균형을 깨는 것은 잘못된 것입니다. 하지만 큰 돌을 밟고 급경사를 오르거나 내려갈 경우, 스틱으로 상체 근육을 적극적으로 동원해야 할 때가 있습니다. 그럴 때는 자연스러운 가동 범위 내에서 힘껏 활용합니다.

스틱 사용의 주된 목적이 몸의 정렬을 맞추는 것임을 이해하게 된다면, 위에서 설명한 두 가지 사용법 중에 양팔이 같은 방향으로 움직이는 방법을 주로 쓰게 될 것입니다. 두 팔이 같은 방향으로 진행해야, 몸의 균형이 한쪽으로 치우침 없이 바르게 됩니다. 지형이 특이한 곳을 지나거나 마주쳐 오는 사람이 있을 경우는, 양팔이 반대 방향으로 움직이는 방법을 쓰기도 합니다.

안전을 위한 주의사항

좁은 등산로에서 스틱을 사용할 때는 항상 뒤에 오는 사람을 조심해야 합니다. 스틱을 찍어 누르는 힘으로 오르다가, 스틱이 뒤로 미끄러져 튕겨 나가면 뒤에 오던 사람을 다치게 할 수 있습니다. 특히 돌 위를 찍으며 오를 때 그런 상황이 일어납니다. 그래서 스틱을 사용할 때는 항상 주변에 있는 사람과 적정거리를 유지하는 데 신경 써야 합니다.

스틱을 찍을 때는 미끄러짐 없는 안전한 곳인지 살펴야 합니다. 특히 큰 돌로 이루어진 위험한 너덜길에서 스틱을 찍을 적당한 곳이 없을 때, 경사진 돌 위에 찍었다가 미끄러져 큰 사고가 날 수 있습니다. 돌이 물에 젖었다면 더 잘 미끄러집니다. 스틱을 사용하기 애매한 구간이라면, 차라리 스틱을 접고 걷는 것이 더 낫습니다.

또는 앞에서 오는 사람의 보행에 방해를 줄 수 있습니다. 좁은 곳에서 사람들을 지나쳐갈 때는 잠시 사용을 중단하는 것이 배려입니다.

위 사진의 상품은 본인이 구매하였으며 간접광고가 아님.

4-8. 허리 통증을 예방하는 척추 중립.

　등산하며 나이 지긋한 고수분들을 만나면 가끔 물어볼 때가 있습니다. '혹시 무릎 괜찮으신가요?' 그냥 궁금해서 물어봅니다. 아직 무릎이 아프다고 말씀하신 분은 없었고 허리가 아프다는 분들은 가끔 있었습니다. 그런데 허리가 아프다는 분들은 모두 스틱을 사용하지 않고 있었습니다. 마치 아기를 업은 자세처럼, 배낭을 업고 약간 구부정한 자세로 다닌 것입니다.

　제가 등산하며 가끔 허리 불편했던 경험과 이분들을 관찰하고 얻은 결론은, 무릎 관리만큼 중요한 것이 허리 관리라고 느꼈습니다.

　혹시 '척추 중립'이라는 용어를 아십니까? 아마도 '스쿼트, 데드리프트' 같은 바벨 운동을 즐기는 분들은 잘 알고 있을 것입니다. 또는 허리가 아파서 관련 정보를 찾아보신 분들도 어느 정도 이해하고 있을 것입니다.

　'척추 중립'은 옆에서 봤을 때, 척추 라인(목, 등, 허리)이 본래 타고난 자연스러운 곡선으로 정렬된 상태입니다. 어떤 이유로든 이 자연 곡선 상태가 무너지면, 척추의 어느 한 부분에 하중이 집중됩니다.

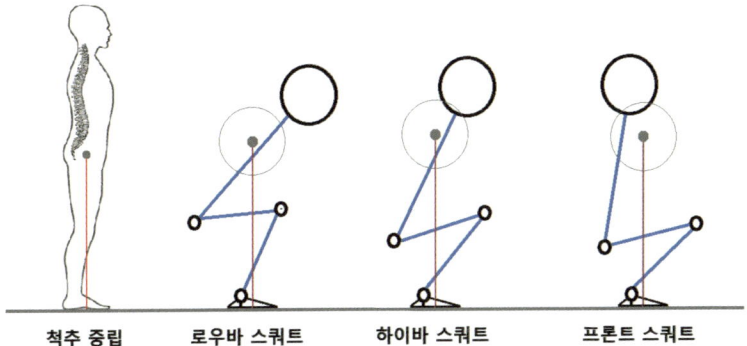

척추 중립   로우바 스쿼트   하이바 스쿼트   프론트 스쿼트

- 사람이 서 있을 때 몸의 '질량' 중심은 골반 위치에 있다. 질량이 중력 방향으로 떨어지는 힘과 방향성을 '무게'라고 한다. 바르게 섰을 경우 무게 중심은 정확하게 미드풋(발바닥 정중앙)으로 떨어지게 되어 있다. 이 책에서는 의미에 큰 차이가 없는 범위에서 질량보다 더 친숙한 단어인 '무게 중심'으로 표현한다.

- 몸에 바벨이 얹히게 되면 두 질량이 결합 된 중심이 형성되며, 질량 중심은 골반에서 바벨 쪽으로 이동한다. 바벨이 무거워질수록 질량 중심은 바벨에 근접한다. 그림에는 고중량 바벨로 가정하고 질량 중심을 바벨에 맞춰놓았다. 어떤 스쿼트를 하더라도 바르게 수행한다면 '무게 중심(질량 중심)'은 미드풋으로 떨어진다.

- 스쿼트에서 몸에 얹히는 바벨 위치에 따라 '무게 중심'을 '미드풋'에 맞추기 위해 상체 각도는 변한다. 그러나 항상 '척추 중립'은 유지되어야 한다.

하중은 자연스럽게 몸을 타고 내려가 땅으로 전달되어야 합니다. 그렇지 못하면 하중이 정체된 부위에 문제가 일어납니다. 관절이 정체된 하중을 이기지 못하고 망가집니다. 가장 흔하게 보는 것이 '요추 추간판 탈출증(허리 디스크)'입니다. 앉아 있을 때나 무거운 것을 들 때 '척추 중립'이 깨져 허리가 굽으면, 허리에 하중이 걸리고 문제가 생깁니다.

등산에서도 마찬가지입니다. 등산은 긴 시간 동안 배낭을 메고 걷습니다. 배낭과 상체의 하중이 자연스럽게 땅으로 전달되어야 몸에 무리가 가지 않습니다. '척추 중립'이 깨진 허리 굽은 상태로 긴 시간 걸으면, 하중이 정체된 허리 관절은 서서히 망가집니다.

무릎도 마찬가지입니다. 무릎에 하중이 정체되면 과부하가 걸려 탈이 납니다. '척추 중립'이 유지되면 몸은 신체 동작에 필요한 주동근이 사용되도록 적합하게 정렬됩니다. 하지만 '척추 중립'이 무너지면 몸의 '무게 중심'도 '미드풋'을 벗어납니다. 몸이 앞으로 기울면, 무릎에 하중이 쏠리고 주동근이 덜 쓰이며 보조근에 과부하가 걸립니다. 몸의 정렬이 깨지면 그 피해를 무릎이 봅니다.

또한 자연스러운 '척추 중립'은 가슴이 무너지지 않은 자세입니다. 가슴이 살짝 들리고 펴진 상태가 몸의 바른 정렬입니다. 스틱을 사용하면 몸의 바른 정렬을 유지하는 데 도움 됩니다. 스틱으로 땅을 짚고 있을 때 생기는 반력(反力)은, 가슴을 바르게 하고 '척추 중립'을 맞추는 데 도움 됩니다. 빨리 걷는 것이 중요한 게 아니라, 몸의 정렬이 바르게 맞춰진 상태로 걸어야 합니다.

하지만 '척추 중립'을 과도하게 의식해서, 몸을 너무 꼿꼿이 세워 경직된 척추는 오히려 불편할 수 있습니다. 자신의 유연성과 걷는 지형에 맞게 자연스러운 범위 안에서 몸을 정렬해야 합니다.

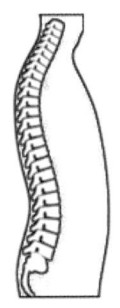
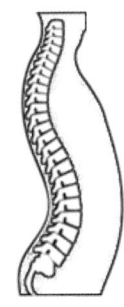

척추 중립　　　허리 과전만

- 척추 신전
  : 척추를 활처럼 펴서 늘리는 동작
- 척추 전만
  : 경추와 요추 부위의 만곡(彎曲)
- 척추 후만
  : 흉추 부위의 만곡(彎曲)
- 척추 중립이 무너져 지나친 전만과 후만이 생긴 부위에 문제가 생긴다.

그런데 간혹 '척추 중립' 자세를 오해하는 경우가 있습니다. 허리의 과전만은 '척추 중립'이 아닙니다. 대한민국에서 허리 질환은 흔한 병이며 사람들이 관심도 많이 가집니다. 그래서 허리 굽은 자세가 나쁘다는 것을 잘 알고 있습니다. 당연히 허리 굽힘의 반대인 전만 자세는 좋다고 생각합니다.

하지만 여기서 오해가 생겨나 과전만이 허리에 좋다고 생각하는 경우가 있습니다. 자연스러운 곡선을 벗어난 과전만은 오히려 허리에 큰 부담을 줍니다. 저도 과거에 과전만이 허리에 나쁘다는 말이 별로 와닿지 않았습니다. 오히려 등산 가서 배낭이 좀 무겁게 느껴지면 허리를 보호하기 위해 과전만 상태로 걷기도 했습니다.

그런데 '스쿼트, 데드리프트' 같은 운동을 배워, 엉망으로 망가진 허리를 고친 사람들을 보았습니다. 그들은 스스로 허리를 고치며 경험으로 이해한 사람들입니다. 그들을 지도한 코치들도 역시 경험으로 이해한 전문가들입니다. 그들 모두가 허리의 과전만은 나쁘다고 말합니다. 저 역시도 '스쿼트, 데드리프트' 하며 경험해 본 결과, 허리의 과전만은 오히려 문제를 일으킵니다. 허리뿐만 아니라 척추의 어느 한 곳이 과전만이나 과후만 되면, 그곳에서 문제가 생깁니다. 어떠한 경우든 척추는 자연스러운 곡선을 유지한 중립상태가 되어야 합니다.

그러니 스트레칭을 위해 가슴 펴고 허리를 신전하는 경우가 아니라면, 어떤 자세나 동작에서 허리에 힘줘 과신전 하는 실수를 범하지 마십시오. 척추의 어느 한 곳을 과신전 하면 그곳에서 하중이 정체됩니다. 자연스러운 '척추 중립'상태 그대로 두십시오.

반력(反力) 작용하는 힘에 대한 반작용으로 생기는 힘.

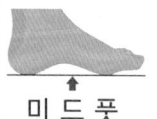
미 드 풋

발바닥의 정중앙(mid-foot)이며, 무게 중심이 미드풋에 놓이면 발바닥 전체가 고르게 눌리는 느낌이다.

깨어있는 마음으로
몸과 마음을 점검하며 걸으면 좋습니다.

| 선자령에서 |

4-9. 아픈 무릎은 피해자 입장이다.

등산을 못 하게 만드는 가장 큰 이유는 바로 무릎 통증일 것 같습니다. 등산 중에 한번 무릎이 아파보면 그 고통이 얼마나 심한지 알게 됩니다. 아픈 무릎으로 긴 하산길을 겨우 내려오는 경험을 몇 번 해본다면 등산에 흥미가 뚝 떨어집니다. 아픈 무릎을 고쳐보려 해도 원인과 해결책을 찾기 쉽지 않습니다.

저 역시 오래전에 설악산 대청봉에서 소공원까지 약 11km 거리를 아픈 무릎으로 내려왔던 경험이 있습니다. 약 8km 정도 남은 희운각 대피소에서부터는 거의 기어가고 싶을 정도로 무릎이 아팠습니다. 무릎이 심하게 아프면 진통제도 소용없습니다. 스틱 사용법을 잘 모르던 때라서, 온 체중을 스틱에 실어 어떻게든 무릎에 하중을 덜 주겠다는 생각으로 걸었습니다.

그런데 스틱에 지나치게 의지하는 자세가, 오히려 무릎에 더 부담된다는 것을 나중에 알았습니다. 무릎 통증을 미리 예방하겠다고, 스틱에 체중을 지나치게 실어 몸의 정렬(척추 중립, 미드풋)을 깨면 안 됩니다. 몸의 정렬(척추 중립, 미드풋)을 바르게 하고 주동근이 쓰이게 해야 합니다.

제가 느끼기에는 오르막에서는 둔근이 주동근입니다. 허벅지 앞쪽 근육인 대퇴사두근이 많이 사용되지만 보조근입니다. 내리막에서는 후면사슬 근육(둔근, 햄스트링, 내전근) 전체가 주동근처럼 쓰입니다. 몸의 정렬이 깨져 무게 중심이 미드풋을 벗어나면, 주동근이 제 역할을 못 하고 보조근이나 협응근에 과부하가 걸립니다. 또는 하체 근육 전체가 자연스럽게 함께 쓰이지 못하고, 제 역할을 못 하는 근육이 생깁니다. 이처럼 걷는 동작에서 균형이 깨지면, 그 피해를 무릎 관절이 받게 되고 결국 통증이라는 신호를 보냅니다. 즉 무릎에 문제가 있어 아픈 것이 아니라 아픈 무릎은 피해자입니다. 그러니 무릎을 탓해서는 안 됩니다.

하지만 무릎이 아파서 인터넷이나 책을 찾아보면 무릎 자체에 관한 이야기만 합니다. 그런데 정작 MRI 촬영을 해봐도 무릎에는 아무 문제가 없습니다. 주로 의심하는 것이 '장경인대 증후군'입니다. 가장 그럴듯한 원인으로 보입니다. 스트레칭이 해결책이라 생각하고 열심히 합니다. 저 역시 그랬습니다. 또한 관련된 책을 사서 무릎의 구조적 문제로 어떤 증상이 생기는지 살펴보고, 여러 가지 의심되는 원인에 따른 증상과 해결책을 공부했습니다. 하지만 아픈 무릎은 고쳐지지 않았고 무릎 보호대를 착용하며 진통제를 가지고 다녔습니다.

아픈 무릎의 해결책은 무릎이 아니라 다른 곳에 있었습니다. 평소 좋아하던 스쿼트를 조금 더 열심히 하면서, 몸의 바른 정렬(척추 중립, 미드풋)에 대한 이해와 후면사슬 근육(둔근, 햄스트링, 내전근) 사용법을 알게 되었습니다. 자연스럽게 등산에 적용하게 되었고 무릎의 통증은 사라졌습니다. 단! 스쿼트를 정확하게 배워야 합니다. 어설프게 배우면 오히려 몸을 다칠 수 있습니다. 여러 종류의 스쿼트 중에서 '로우바 백스쿼트'를 배워야, 후면사슬 근육이 강화되고 등산 및 일상의 모든 활동에 도움됩니다.

저의 경우처럼, 무릎 통증의 원인은 무릎이 아닌 경우가 많습니다. 근본 원인을 찾아서 고쳐야 합니다. 근본 원인을 바로잡다 보면 평생 활용할 수 있는 유용한 것들을 배울 수 있습니다. 그러니 조급한 마음을 버리고, 몸 상태를 재정비한다는 생각으로 접근하시기를 바랍니다.

자신이 건강할 수 있는 가장 좋은 공덕은
다른 존재의 건강을 해치지 않는 것입니다.

| 설악산에서 |

4-10. 등산 중 무릎이 아플 때 대처 방법.

등산 중에 갑자기 무릎이 아프면 어떻게 해야 할까요? 제 경험상으로는 아프기 전 느낌이 조금 이상할 때 알아차려야 합니다. 깨어있는 마음으로 걸으면, 무릎뿐만 아니라 몸의 어느 곳이든 조금만 느낌이 이상해지면 명확하게 알아차려집니다. 초기 신호를 놓치고 방치하다가 통증이 심해지면 답이 없습니다.

저는 이렇게 합니다. 걷다가 무릎에 이상한 느낌이 생기면 그 자리에 잠시 멈춰 섭니다. 척추를 쭉 펴고 몸의 정렬을 바르게 만든 다음, 바로 전 걸어온 동작을 돌이켜 봅니다. 몸의 정렬(척추 중립, 미드풋)은 바르게 되었는지, 주동근이 바르게 쓰였는지, 걷는 보폭과 속도는 적당했는지, 스틱에 너무 의지하며 균형을 깨지는 않았는지, 마음이 급하지는 않았는지 점검합니다. 그러면 보통 뭔가 의심되는 원인이 집힙니다. 이때부터는 몸의 정렬(척추 중립, 미드풋)에 조금 더 신경 쓰고, 보폭을 조금 줄이며, 속도를 늦추고, 마음도 느긋하게 내려갑니다. 몸을 주의 깊게 알아차리며 걷습니다.

무릎에 느낌이 이상하지는 않더라도 주의해야 할 전조증상이 있습니다. 정상적으로 몸에 에너지를 공급하며 등산할 경우, 아주 험하고 긴 거리를 걷지 않는 이상은 하체 힘이 빠져 다리가 후들거리지는 않을 것입니다. 그런데 별로 길고 험한 코스의 하산길도 아닌데, 이상하게 다리에 힘이 안 들어가고 걸음이 불안정할 때가 있습니다. 그 이유는 하체를 주도적으로 사용하지 않고 걸어서 그렇습니다. 긴 시간 걸어 몸이 피로해서 하체에 힘이 빠진 것과 하체가 주도적으로 힘을 쓰지 못하며 걷는 것은 다른 것입니다.

내리막에서는 둔근을 중심으로 한 후면사슬 근육(둔근, 햄스트링, 내전근)이 주동근 역할을 하지만, 그 외 대퇴사두근이나 종아리 근육 등도 함께 전체적으로 쓰여야 합니다. 즉 스틱이나 어떤 특별한 보법에 의존하여, 근육 사용의 균형이 깨지는 부자연스러운 움직임이 생기면 안 됩니다. 하체 근육들을 자연스럽게 모두 사용하며 걷는 것이, 하체를 주도적으로 쓰는 것입니다. 그런데 미리 무릎 통증을 걱정하거나 스틱 사용에 의존해서 몸의 정렬을 흩트리는 경우, 하체가 주도적으로 사용되지 못할 수 있습니다. 더군다나 등산 경험이 적거나 평소 무릎 통증으로 고생한 경험이 있으면, 무릎에 약간의 이상한 느낌만 생겨도 겁을 낼 수 있습니다. 옆으로 걷거나 스틱에 지나치게 의존하는 식으로 몸의 정렬을 흩트리는 경우가 생깁니다. 스틱이나 보법 같은 것은 단지 보조 수단일 뿐입니다.

하체를 바르게 주도적으로 사용하며 걷는 속도와 보폭을 잘 관리하면, 걸을수록 하체에 힘 있고 안정된 느낌을 받을 것입니다. 스틱 사용은 하체 전체를 주도적으로 힘 있고 안정감 있게 사용하기 위한 보조 수단입니다. 사람의 하체는 바르게 사용될 조건만 형성된다면, 어떤 산을 가더라도 쉽게 지치지 않습니다. 몸의 정렬을 바르게 한 후, 하체를 믿고 자연스럽게 걸으면 됩니다. 스틱으로 걷지 말고 하체로 걸으십시오.

하체를 주도적으로 사용하려면, 몸을 바르게 정렬하는 것 외에 뭐가 더 필요할까요? 바로 '알아차림'입니다. 마음을 주동근 사용에 알아차림하며 걸으면 주동근이 좀 더 잘 쓰입니다. 주동근이 잘 쓰이면 다른 근육들도 균형을 이룹니다. 이것 역시 과학적으로 증명된 사실입니다. 웨이트 트레이닝할 때, 움직이는 근육에 알아차림을 두고 집중하면 근 성장이 더 잘 이루어진다고 합니다. 즉 몸의 어느 부분이든 알아차림을 두면 활성화됩니다. 저는 그렇게 느낍니다. 하지만 처음부터 잘되지는 않을 것입니다. 연습과 시간이 필요합니다.

주동근 사용에 알아차림을 두고 걸으면, 무릎에 불편한 느낌이 생겼다가도 곧 사라집니다. 신체 코어에 안정된 느낌이 생깁니다. 이 상태를 유지하며 걸으면, 시간이 좀 지난 후에 오히려 무릎이 더 편해질 때도 많습니다.

또한 경사가 가파른 내리막에서는 걷다가 틈틈이 쉬어 줍니다. 쉴 자리를 찾지 않고 그 자리에 멈춰서서 잠깐 쉬어도 무릎이 받는 과부하를 줄여줍니다. 또는 쉴 터가 나올 때마다 5분 10분이라도 쉬면 됩니다. 잠깐만 쉬어 주면 될 것을 무리해서 내려가다가, 예방할 수 있었던 무릎 통증이 생깁니다. 적당히 가파른 내리막에서는 대부분 속도와 보폭 조절만으로도 무릎 통증이 예방됩니다.

 보폭 역시 중요합니다. 보폭을 줄이는 것은 왜 중요할까요? 무릎에 가해지는 충격과 가장 큰 연관이 있기 때문입니다. 보폭을 줄이는 것은 단지 걸음 속도를 늦추는 것이 아니라, 경사진 곳에서 무릎이 받는 충격을 줄이는 직접적인 방법입니다. 빨리 내려가면 다치는 이유가 여기에 있습니다. 빨리 내려갈 때는 속도뿐만 아니라 보폭도 넓어집니다. 내리막에서 보폭이 넓어지면 몸의 무게 중심이 자연스럽게 앞으로 쏠립니다. 그러면 빠른 속도와 넓어진 보폭으로 생긴 부담이 그대로 무릎에 전달됩니다. 천천히 좁은 보폭으로 걷는 것과 빠르게 넓은 보폭으로 걷는 것은, 무릎이 받는 부담으로 볼 때 아주 큰 차이입니다.

 그래서 하산할 때는, 마음의 여유를 가지고 천천히 좁은 보폭으로 걷는 것만으로도 무릎 통증 예방에 아주 큰 도움이 됩니다. 저는 경사가 가파른 하산 구간에서는 반보로 내려갑니다. 설악산 오색 코스 같은 곳의 가파른 구간은 대부분 반보로 내려갑니다.

 사실 느긋한 마음으로 보폭을 줄이고 천천히 내려가도, 한 시간만 더 늦게 내려간다고 생각하면 충분합니다. 빠르게 무릎 상하며 내려가 봤자 시간을 아주 많이 줄이지도 못합니다. 어차피 등산하는 날인데, 몇십 분 더 빨리 내려가서 얼마나 큰 이득이 있을까요? 그렇게 줄인 시간으로 무엇을 할 건가요? 차라리 조금 더 여유를 즐기면서, 부상 없이 내려가는 것이 현명한 것 아닐까요?

서울대학교병원 재활의학과 정선근 교수님이 쓰신 '백년허리'라는 책이 있습니다. 그 책을 읽어보면, 퇴행성 허리 질환은 인간이 살아가며 함께 하는 자연스러운 현상이라고 합니다. 하지만 사람에 따라서 유전적으로 좀 더 튼튼한 척추와 약한 척추를 가지고 태어난 차이는 있습니다. 그런데 허리 건강에 정말 중요한 요소는 '척추 위생'이라고 합니다. 즉 사람 인생 백년 동안 간직할 허리의 사용은, 타고난 것에 달린 것이 아니라 관리에 달렸다는 것입니다.

무릎도 마찬가지입니다. 선천적으로 튼튼하고 약하게 타고난 차이도 있고, 또는 군 생활이나 과거의 어떤 사고로 인해 약해져 있을 수도 있습니다. 하지만 등산에서 무릎 통증은 관리에 달렸습니다. 앞에서 설명한 몸의 정렬부터 느긋한 마음가짐까지, 무릎 건강을 지키는 모든 방법론이 관리에 관한 것입니다. 다시 말해서, 지금 무릎이 어떻더라도 잘 관리하며 사용하는 방법을 익히면 등산을 무리 없이 즐길 수 있습니다. 아픈 무릎 때문에 좌절할 필요 없습니다.

시간과 건강함에 감사할 수 있으면
모든 산행이 행복합니다.

| 소백산에서 |

4-11. 무릎 보호대보다
　　　스포츠 테이프가 좋다.

무릎이 아프면 가장 먼저 생각하게 되는 것이 스틱과 보호대입니다. 저 역시 스틱을 구매하면서 보호대도 함께 구매하였습니다. 인터넷 검색으로 어떤 보호대가 가장 좋은지 알아보는데 시간도 많이 썼습니다.

오르막에서는 무릎이 거의 아프지 않으니 배낭에 넣어놨다가 하산할 때 착용했습니다. 그런데 예상하지 못한 문제가 생겼습니다. 등산 바지 위에 보호대를 착용하니 도무지 멋이 나지 않습니다. 이때만 해도 자기만족에 멋을 좀 따졌습니다. 정상에 이른 후 사람들 없는 곳에 가서 바지 안에 보호대를 착용하고 내려오자니, 보호대에 맨살이 쓸려 붉게 변했습니다. 이 문제를 해결하기 위해 고민하다가, 운동할 때 사용하는 신축성 있는 니슬리브를 구매하였습니다. 집에서 미리 바지 속에 착용했고 산에 도착해 긴 시간 걷다 보면 불편했습니다. 하산할 때는 사람들 없는 곳에서 니슬리브 위에 무릎 보호대를 착용하였습니다. 하산할 때 무릎 부분이 너무 꽉 조여 불편했습니다.

보호대 효과는 별로 만족스럽지 못했습니다. 이게 과연 효과는 있는 것인지 의심도 들었습니다. 오히려 혈액 순환을 방해해서, 무릎에 나쁜 영향을 주는 것은 아닌지 신경 쓰였습니다. 그러다가 우연히 유튜브에서 마라톤 즐기는 사람이 소개하는, 스포츠 테이핑 영상을 보았습니다. 이전에는 '저 얇은 테이프 하나 붙이는 게 무슨 도움이 될까?' 하며 신뢰하지 않았습니다. 그런데 마라톤도 등산 못지않게 무릎에 부담이 가는 운동입니다. 자신을 믿고 한번 붙여 보라고 합니다. 바로 효과를 느낄 수 있을 것이라 합니다. 그래서 믿고 한번 붙여 보았습니다.

효과는 아주 만족스러웠습니다. 그 후로 무릎 보호대 대신 스포츠 테이프를 붙이고 다닙니다. 등산 다녀온 후 하루 정도 더 놔뒀다가 땝니다. 테이핑하면 생기는 주름이 피부를 들어 올려 혈액 순환에 도움 된다고 합니다. 테이핑 방법에는 허벅지부터 종아리까지 붙이는 등 여러 가지 방법이 많습니다. 그런데 스포츠 테이프를 몇 년 사용해 보니, 너무 길게 허벅지까지 감싸 붙이면 오히려 걷는 데 불편할 것 같습니다. 딱 무릎만 감싸서 안정감 있게 잡아주는 정도가 제게는 좋은 것 같습니다.

국립공원 대피소를 이용할 때는 다음 날 붙일 테이프를 잘라서 가져갑니다. 가끔 설악산에 오르면서 잊고 붙이지 않을 때가 있습니다. 테이핑 없이 오색코스로 내려올 때는 더 조심해서 내려옵니다. 무릎에 부담 없이 잘 내려오면 기분 좋습니다. 처음에는 잊고 붙이지 않으면 불안했지만, 그 불안마저도 떨쳐버리는 것이 순서 같습니다.

제가 테이핑하는 방법은 아래와 같습니다. 사용해 보니 스포츠 테이프는 비싸다고 더 좋은 것은 아니었습니다. 남들이 많이 구매하는 가성비 있는 것으로 구매하면 됩니다. 등산을 자주 다니시는 분들은 스포츠 테이프를 잘라서 차에 두면, 잊고서 붙이지 않았을 때 사용할 수 있습니다.

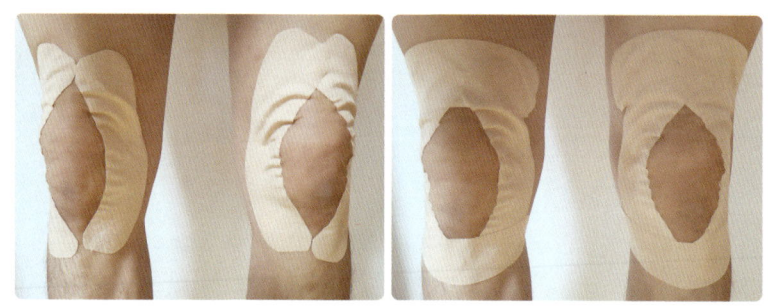

위의 테이핑은 마라톤 하는 분들이 주로 사용하는 방법입니다. 테이핑에 관한 방법 등을 자세하게 설명하기보다는, 인터넷으로 찾아볼 수 있게 붙인 모양만 보여드리고자 합니다. 유튜브 같은 동영상 사이트에서 검색하면 자세한 영상이 많을 것입니다.

나눔은 가진 것을 손해 보는 것이 아니라
더 좋은 것을 얻게 되는 공덕의 축복입니다.

| 황매산에서 |

4-12. 바벨 운동으로 깨달은 등산 보법.

저는 아픈 무릎을 '로우바 스쿼트'로 고쳤습니다. 사실 '로우바 스쿼트'로 고칠 수 있다는 것을 알고 한 것은 아닙니다. 헬스를 20대부터 하고 있었고, 무릎을 고칠 시기에 우연히 '로우바 스쿼트'를 하기 시작했습니다.

스쿼트의 종류는 바벨의 위치에 따라 달라집니다. 바벨이 몸 앞에 있으면 '프론트 스쿼트', 몸 뒤에 있으면 '백 스쿼트' 입니다. '백 스쿼트' 중에서도 바벨이 어깨 위 승모근에 놓이면 '하이바 스쿼트', 어깨 뒤편 견갑골의 튀어나온 부분에 놓이면 '로우바 스쿼트'입니다. '프론트 스쿼트'는 대퇴사두근을 강화하고, '로우바 스쿼트'는 후면사슬(광배근, 둔근, 햄스트링)을 강화합니다. '로우바 스쿼트'는 바른 자세로 하면 무릎뿐만 아니라 모든 관절에 안전합니다.

< 복잡한 그림보다는 아래의 설명처럼 간단하게 이해합시다. >

- 대퇴사두근 — 허벅지 앞쪽 근육, 쪼그려 뛰기를 할 때 빠근한 부분.
- 햄스트링 — 허벅지 뒤쪽 근육, 서서 허리를 숙였을 때 당기는 부분.
- 후면사슬 — 인체의 근육들은 사슬처럼 연결되어 함께 협응한다. 특히 인체의 후면사슬(등, 허리, 엉덩이, 허벅지, 종아리 근육)은 코어의 안전성과 고관절 신전에 주요한 역할을 하며, 뛰어오르고 밀고 당기는 동작을 포함한 거의 모든 움직임에 관여한다는 점에서 중요하다.

'로우바 스쿼트' 자세가 완벽하게 나오려면, 몸이 스쿼트 동작에 맞는 가동성을 갖춰야 합니다. 다리 근육이 유연해야 합니다. 햄스트링이나 내전근, 종아리 근육 등 어느 하나라도 뻣뻣하면 자세가 잘 안 나옵니다. '로우바 스쿼트'는 인체의 후면사슬(광배근, 둔근, 햄스트링)을 사용하는 운동입니다. 주동근은 둔근이지만 햄스트링도 많이 사용되며 중요한 역할을 합니다.

만약 주동근(둔근)이 힘을 쓰지 못하면 자세가 무너집니다. 자세가 무너지면 근육 전체가 자연스럽게 함께 쓰이지 못해 힘을 충분히 낼 수 없기도 하지만, 그보다는 허리부터 아픕니다. 그래서 가동성 확보 및 주동근 사용의 신체 조건을 만들어 가며 운동해야 합니다.

또한 운동 후 근육들이 단축되지 않게 이완해야 하기에 스트레칭이 일상화됩니다. 이렇게 '로우바 스쿼트'를 배우는 과정에서, 자연스럽게 몸의 정렬과 주동근 사용 방법을 알게 되고 스트레칭은 필수로 따라옵니다. 그래서 등산 중에 바르게 걷는 방법을 알게 되며, 아픈 무릎이 저절로 고쳐지는 것입니다.

'로우바 스쿼트'와 '데드리프트' 같은 고중량 바벨 운동의 핵심은 크게 세 가지입니다. 바로 '척추 중립, 복압, 무게 중심'입니다. 여기서 복압을 뺀 '척주 중립과 무게 중심'은 등산에도 그대로 적용됩니다. '척추 중립'은 앞에서 따로 설명했으니 여기서는 '무게 중심'만 설명합니다.

스쿼트를 예로 들어보겠습니다. 바벨을 등에 지고 바르게 섰다면, 바벨과 몸의 합쳐진 '무게 중심'은 '미드풋(발바닥 정중앙)' 수직선 위에 있습니다. 스쿼트 동작이 시작되면, 고관절이 접히며 무릎은 앞으로 나아가고 엉덩이는 뒤로 빠지며, 몸이 아래로 내려갑니다. 충분히 내려간 하단 자세에서 다시 일어납니다.

이 과정에서 바벨과 몸의 합쳐진 '무게 중심'은 '미드풋'의 수직선 위에서만 움직여야 합니다. '무게 중심'이 앞으로 벗어나면, 발의 뒷부분이 살짝 들리고 무릎이 앞으로 밀립니다. 그러면 무릎에 하중이 쏠리며 관절에 무리가 옵니다. 반대로 '무게 중심'이 뒤로 벗어나면, 발의 앞부분이 살짝 들리면서 몸은 뒤로 넘어가려고 합니다.

어느 경우가 되었든 '무게 중심'이 '미드풋'을 벗어나면, 주동근을 중심으로 하체 근육 전체를 자연스럽게 함께 사용하지 못하거나, 어느 한 부분에 부하가 집중됩니다. 또는 '무게 중심'이 '미드풋'을 벗어난 거리만큼 '모멘트 암(moment arm)'이 생겨서, 같은 무게라도 더 힘들게 들어야 합니다. 이렇게 되면 힘도 부족해지지만, 그보다는 몸의 어느 한 부분에 부하가 집중되고 부상의 위험이 따른다는 것입니다.

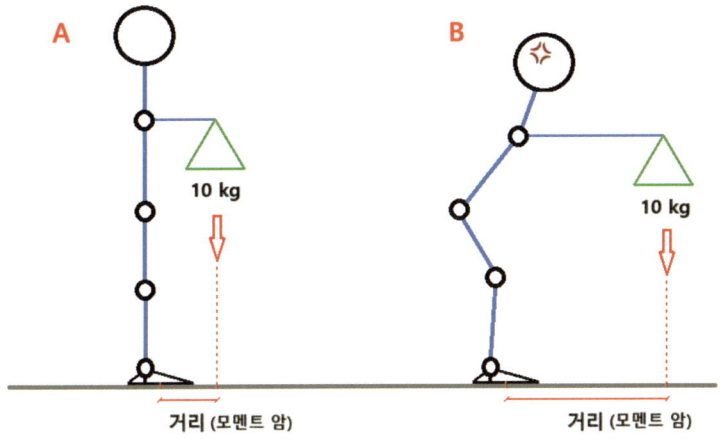

M(모멘트) = F(힘의 크기) × d(기준점과 작용힘의 거리)

< '모멘트 암' 그림으로 이해합시다. >

- 위 그림에서 같은 무게를 들고 있지만, B가 더 무겁게 느껴진다는 것을 경험으로 알고 있다. 무게 중심이 미드풋에서 멀어진 거리만큼 '모멘트 암'이 생기기 때문이다.
- 생겨난 모멘트 암의 크기만큼 반대로 힘을 써야 중심을 잡을 수 있기 때문에 더 힘든 것이다. A는 안정되게 서 있지만, B는 모멘트 암을 버티기 위해 엉덩이를 뒤로 빼고 상체가 숙여졌다.
- 등산에서는 무게 중심이 미드풋을 벗어나 '모멘트 암'이 생긴 만큼 무릎 관절에 과부하가 걸린다.

그러면 등산에서 배낭 메고 걷는 상황을 생각해 봅시다. 배낭의 무게와 몸의 무게가 합쳐진 것이 '무게 중심'이 됩니다. 그런데 백패킹을 하지 않는 이상, 가벼운 배낭은 전체 '무게 중심' 변화에 큰 영향을 주지는 못합니다. 맨몸의 '무게 중심'과 비슷할 것입니다. 배낭이 무겁든 가볍든, 몸과 배낭 전체의 '무게 중심'이 '미드풋'을 벗어난 상태로 긴 시간 걷게 되면, 관절에 무리가 옵니다. 또한 평지가 아닌 경사 지면에서 걸을 때는 '무게 중심'에 변화가 생길 수도 있습니다. 따라서 단지 이론이 아니라, '무게 중심'과 '미드풋'의 연관관계를 몸으로 느끼고 이해해야 합니다. 그래야 스스로 몸 상태를 점검할 수 있고, 가장 자연스러운 동작과 자세를 찾을 수 있습니다.

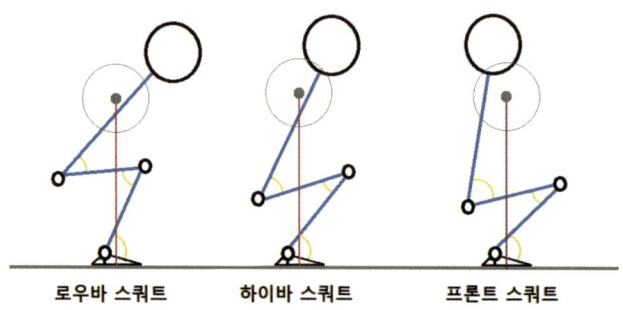

로우바 스쿼트   하이바 스쿼트   프론트 스쿼트

위 그림에서 세 종류의 스쿼트는 상체 각도가 모두 다릅니다. 그 이유는 몸에 얹힌 바벨 위치가 다르기 때문입니다. '무게 중심'이 '미드풋'의 수직선 위에 위치하려면, 자연스럽게 그림과 같은 관절 각도(발목, 무릎, 고관절)가 만들어집니다. 따라서 상체 각도는 반드시 수직으로 바르게 세워져야 하는 것이 아닙니다. 중요한 것은 '무게 중심'이 '미드풋' 위에 위치할 수 있게 몸의 관절 각도가 자연스럽게 형성되고, 그 결과 주동근을 중심으로 전체 근육들이 함께 쓰이며 제 역할을 한다는 것입니다.

등산 중에도 이와 같습니다. 같은 경사도의 계단과 지면에서 상체 각도는 차이가 있습니다. 그 이유는 발목 각도 때문입니다. 계단에서는 발바닥이 수평으로 놓입니다. 좁은 보폭으로 평지를 걸을 때와 비교해 '무게 중심'에 큰 차이가 없습니다. 그래서 발목 각도는 수직에 가깝습니다. 발목 각도는 무릎의 굽힘 각도와 고관절 각도에 영향을 줍니다. 고관절의 굽힘 각도는 상체 각도를 결정합니다. 계단을 오를 때 가장 큰 힘을 내는 것은 고관절의 신전(둔근 사용)입니다. 무릎 관절의 신전(대퇴사두근 사용)이 아닙니다. 따라서 고관절 신전에 근육들이 적합하게 사용되도록, 자연스럽게 하체 관절(고관절, 무릎, 발목)의 각도가 맞춰집니다.

그런데 경사 지면을 오를 때는 발바닥이 수평이 아닙니다. 발목 각도는 계단에서보다 더 작습니다. 그 이유는 '무게 중심'을 중력 방향으로 '미드풋' 위에 두려면 저절로 발목이 굽혀지기 때문입니다. 발목 각도가 변하면 무릎 각도와 고관절 각도도 모두 달라집니다. 즉 계단을 오를 때와 다르게 상체를 조금 굽히게 됩니다. 상체 각도의 변화는 '무게 중심'을 '미드풋' 위에 둠으로써, 걷는 동작에 가장 큰 힘을 내는 '고관절 신전'에 주동근(둔근)이 쓰이게 합니다.

하지만 상체 각도가 달라져도 '척추 중립'은 변함없이 유지되어야 하며, 이때 스틱이 유용한 보조 수단으로 사용됩니다. 이런 원리를 경험으로 이해하며 스스로 보법을 익히게 됩니다. 자신의 보법이 바른지 판단하는 피드백은 관절의 안정성에 있습니다.

오르막에서는 몸의 정렬(척추 중립)을 바르게 맞추는 것만으로도, 어느 정도 안정성이 확보됩니다. 신경을 써야 할 것은 내리막에서 걸음 때입니다. 몸의 정렬을 잘 맞췄어도, 발을 낮은 곳으로 디딜 때 '무게 중심'이 '미드풋'을 벗어나 앞으로 쏠린다면, 무릎에 더 많은 하중이 가해집니다. 내리막에서 '미드풋'을 벗어난 걸음이 지속되면 무릎 통증의 원인이 됩니다. 다시 말해서, 발을 디딜 때 '무게 중심'이 '미드풋' 위에 놓이거나 벗어나는 미세한 차이가, 몸의 정렬과 쓰이는 근육 및 관절의 부하에 영향을 줍니다.

'무게 중심'이 '미드풋' 위에 놓인다는 것은, 발바닥 전체에 하중이 놓인다는 것입니다. 발의 앞부분이나 뒷부분 어느 한 곳에 하중이 쏠리면 안 됩니다. 발바닥 전체에 고르게 하중이 눌리는 것이 '미드풋'입니다.

만약 바벨 운동을 즐기지 않았다면, '미드풋'의 개념조차도 몰랐을 것입니다. 바벨 운동은 유익한 점이 참 많습니다. 노후에는 연금만큼 중요한 것이 근육량이라고 합니다. 또한 직립 보행하는 사람의 척추는 나이가 들면 퇴행성 변화가 올 수밖에 없습니다. 어쩌면 척추질환은 인간 삶의 일부분으로 받아들여야 하는지도 모릅니다. 바벨 운동(스쿼트, 데드리프트)을 정확하게 배우면, 근육량을 유지하는 데 도움 되며, 척추에 퇴행성 변화가 와도 강한 허리와 등을 지닐 수 있습니다. 단! 정확하게 배워야 합니다. 그렇지 못하면 오히려 크게 다칩니다.

| 지리산에서 |

4-13. 대전제는 있지만 정답은 없다.

저는 바벨 운동(스쿼트, 데드리프트)을 책과 유튜브로 배웠습니다. 바벨 운동은 정확하게 배워야 다치지 않기 때문에, 주변에 전문 코치가 없다면 차라리 책으로 배우는 것이 나을 것 같았습니다. 언젠가 유튜브에서 이런 사례를 보았습니다. 병원에서도 포기한 허리 디스크 환자가 '스쿼트, 데드리프트'를 책 보고 배워, 아픈 허리를 다 고치고 심지어는 데드리프트를 200kg 이상 들며 운동으로 즐기고 있었습니다. 그 사람의 경험담을 보고 책으로 배우는 것이 더 낫겠다는 생각을 굳혔습니다.

유명한 고등학교 수학 강사가 이런 말을 했었습니다. '수학을 잘하는 확실한 방법이 있다. 문제집을 여러 가지 풀지 말고 수학 교과서를 백번 정독해라. 그리고 남에게 가르쳐봐라. 그러면 수학을 아주 잘할 수 있다.' 저는 이 말이 정확하다고 생각합니다. 교과서 내용을 응용한 여러 권의 문제집을 풀기보다는, 교과서 한 권을 백번 보면 그 안에서 기본 원리를 깨치게 됩니다. 그래서 교과서처럼 중심을 잡을 수 있는 책을 정해서 보고 또 보며 공부했습니다. 마치 제가 등산을 다시 배울 때, 속리산 문장대를 모산(母山)으로 정한 후 오르고 또 오르며 배웠던 것과 같습니다. 저는 아직도 모산(母山)에서 등산을 더 배워 가는 중입니다.

책을 바벨 운동의 기본 교과서로 삼고서, 유튜브에서 닥치는 대로 '스쿼트, 데드리프트' 영상을 찾아보았습니다. 아마도 수백 편 이상의 영상을 보았을 것입니다. 그중에 괜찮은 내용이라서 저장해 놓은 것도 '스쿼트, 데드리프트' 각각 200편 이상 됩니다. 그런데 구독해서 즐겨보던 채널의 실력 있는 코치가 이런 말을 합니다. '여러분! 스쿼트 데드리프트를 잘하고 싶으신가요? 어느 정도 자세의 객관화가 되었다면, 더 이상 다른 사람의 영상을 찾아보지 마십시오. 별로 도움 되지 않습니다. 자세의 객관화가 이루어진 후에 나머지 부분은 스스로 채워야 합니다. 오히려 이 사람 저 사람 방법을 따라 하다가 더 발전하지 못할 수도 있습니다.'

저 말을 들었던 당시는 사실 공감되지 않았습니다. 그런데 어느 순간 더 이상 이것저것 닥치는 대로 영상을 보지 않게 되었습니다. 심지어는 도움을 많이 받았던 저 코치의 영상도 예전처럼 보지 않습니다. 그 이유는 마치 고등학교 수학 강사가 했던 말처럼, 이제는 기본 원리(척추 중립, 복압, 무게 중심)를 이해했기에 여러 사람의 운동 영상에서 뭐가 핵심인지 보이기 때문입니다. 바르게 운동하는 사람이라면 기본 원리(대전제)는 모두 동일합니다. 기본 원리(대전제)를 바탕으로 자신의 스타일에 맞게 약간씩 변형해서 하고 있습니다. 또는 같은 원리를 표현하는 방식이 조금 다를 뿐입니다.

결국 정말 유능한 코치들은 책에서 말하는 내용을 조금씩 다르게 표현하고 있었습니다. 그것이 보이고 난 후로 영상을 찾아보는 것보다는, 오히려 책을 좀 더 반복해서 보는 것이 더 도움 된다고 느껴졌습니다. 하지만 여러 사람의 운동 영상을 보았기 때문에 기본 원리(공통점)를 찾아낼 수 있었습니다. 그리고 평범하게 보였던 책의 한 문장이 아주 중요한 의미였음을 알게 되었습니다.

 제게 도움을 많이 주었던 유튜버 코치는 이런 표현을 종종 사용합니다. '자세의 객관화를 먼저 이뤄야 합니다. 정확한 기본 원리를 바탕으로 항상 같은 자세로 동작할 수 있어야 합니다.' 또는 '제가 알려드리는 방법으로 연습한다면 이 운동에 깨달음을 얻으실 수 있을 것입니다.'

 이 말이 무슨 의미일까요? 자세의 객관화는 기본 원리(대전제)를 이해하고 습득하는 것입니다. 만약 바벨 운동을 완벽하게 배우는 것이 100%라면, 기본 원리를 동작으로 익히며 몸에 새기는 것이 80% 정도 될 것입니다. 자세의 객관화를 이루는 과정에서는 아직 기본 원리를 이해하지 못했기 때문에, 남들의 가르침을 배워야 합니다. 자세의 객관화가 먼저 이루어져야, 그때부터 다치지 않고 안전하게 운동할 수 있습니다. 그다음 남은 20%는 남들의 가르침보다는 스스로 깨달음을 이루는 과정입니다. 기본 원리(대전제) 안에서 자신에게 맞는 방법을 찾아가는 것입니다. 그래서 유능한 운동 코치들의 스타일이 각각 다른 것입니다. 그들 모두 기본 원리(대전제) 안에서 바르게 운동하고 있는 사람들입니다.

 지금까지 이 긴 설명을 왜 했을까요? 등산도 이와 같기 때문입니다. 등산에도 기본 원리(대전제)가 있습니다. 마음의 원리는 '무엇이 되었든 욕망으로 하는 등산은 마음을 힘들게 합니다. 조급한 마음으로 빠르게 걸을 때 부주의함이 생겨나고 다치게 됩니다'. 몸의 원리는 '몸의 정렬(척추 중립, 미드풋)이 무너지면 근육과 관절에 과부하가 생깁니다. 부적절한 동작으로 생긴 충격과 과부하는 부상을 유발합니다'. 이 외에도 다른 기본 원리(대전제)가 더 있습니다. 기본 원리(대전제)는 누구에게나 동일하게 적용되는 법칙입니다. 기본 원리(대전제)를 익히는 것이 '등산 방법의 객관화'를 이루는 것입니다. 객관화를 이룬 후에는 다치지 않고 안전하게 등산을 할 수 있을 것입니다.

'등산 방법의 객관화'가 이루어진 다음에 자신의 스타일대로 등산을 즐기면 됩니다. 산에서 마음을 건강하게 하는 명상을 할 수도 있고, 좋아하는 사람들과 함께 자연을 즐길 수도 있을 것입니다. 즉 기본 원리(대전제)는 있지만, 등산을 즐기는 방식에 정답은 없습니다.

또한 기본 원리(대전제)도 100% 완벽하게 같을 수는 없습니다. 앞에서 '척추 중립'에 관해 이야기할 때 과신전은 허리에 나쁘다고 말했습니다. 그런데 '운동에 정답은 없다.'라는 말이 있습니다. 언젠가 본 유튜브 영상에서 스쿼트 250kg 가까이하는 사람을 보았습니다. 그 사람은 하단 자세에서 허리를 단단히 잡기 위해 약간의 과신전을 사용하고 있었습니다. 그것을 본 다른 유명 코치들이 신기하다는 듯 보며, '역시 운동에는 정답이 없습니다.'라고 합니다

산길은 일상의 평탄한 길과 다릅니다. 또한 사람의 몸도 각자 다릅니다. 몸에 대한 기본 원리(대전제)는 있지만, 사람에 따라 약간의 차이는 있을 수 있습니다. 누구는 '척추 중립' 자세에서 '무게 중심'을 '미드풋'보다는, 아주 미세하게 약간 앞에 두는 것이 더 편하더라. 또 누구는 '척추

중립'을 유지한 상태에서 허리를 약간 굽히는 것이 더 편하더라. 이런 차이는 있을 수 있습니다. 앞에서 설명한 제 방식은, 단지 기본 원리(대전제)의 일반적인 내용을 소개한 것입니다. 모든 배움의 과정이 그렇듯이 남에게 배우면서 자신의 것을 찾아가야 합니다. 그러니 억지로 100% 따라할 필요는 없습니다. 하지만 기본 원리(대전제)의 핵심은 지켜야 합니다.

언젠가 TV에서 중식으로 유명한 이연복 셰프가 탕수육 만드는 비법을 공개했습니다. 그 방송에 출연한 사람들이 '이 비법을 TV에 공개해도 되나요?'라고 물어봅니다. 이연복 셰프가 이렇게 말합니다. '괜찮아요! 어차피 알려줘도 못해요.' 좋은 방법을 알려줘도 배우려고 노력하며 따라 하지 않는다는 뜻입니다. 사실 그 말이 맞을 수도 있습니다. 가정에서는 냉동 탕수육을 사서, 간단하게 소스만 TV에서 본 방법대로 만들어 먹을 수도 있습니다. 또는 고급 중식당을 운영하는 것도 아닌데, 음식 가격에 맞춰 편하게 만들겠다고 생각할 수도 있습니다.

이 책의 활용도 마찬가지입니다. 20년 넘게 경험으로 배운 것들을 최대한 많이 알려드리고자 노력하며 쓰고 있지만, 꼭 이대로 따라 할 필요는 없습니다. 이 책에서 자신에게 필요한 것만 원하는 만큼 참고하면 됩니다. 일 년에 한두 번 친구들과 즐기는 등산을 위해 많은 시간을 들여가며 배울 필요는 없습니다. 하지만 그래서 책을 쓰는 것에 더 아낌없이 몰입할 수 있습니다. 누군가 진정으로 배움을 원하며 이 책을 읽는다면, 그 사람에게는 내게 공들여 쓴 만큼 큰 도움이 될 것이기 때문입니다.

'대전제는 있지만, 정답은 없습니다.'
자신에게 편하게 활용하면 됩니다.

| 설악산 천불동 계곡에서 |

4-14. 시간을 주고 무릎을 얻어라.

몇 해 전에 설악산에 갔다가, 한눈에 봐도 등산 고수로 보이는 50대 중후반 정도의 남자분을 만났습니다. 대청봉에서 한계령으로 내려가는 길에서 그분과 함께 걸으며 대화를 나눴습니다. 그분은 어머니가 돌아가신 슬픔을 달래기 위해 오래전부터 설악산에 자주 왔다고 합니다. 지금은 국립공원에서 야영하는 것이 금지되어 있지만, 그분의 학창 시절에는 친구들과 설악산에서 야영을 많이 즐겼다고 합니다. 그래서 사람들이 모르는 경치 좋은 장소를 안다고 합니다. 지금은 흥미가 사라졌지만, 그분을 만났을 때는 설악산 멋진 장소에서 하는 백패킹을 경험담을 듣고 싶었습니다.

설악산을 주제로 대화하며 걷다 보니, 자연스럽게 등산에 대한 노하우도 들을 수 있었습니다. 그중에 한 가지는 보법에 관한 이야기입니다. 그분도 저처럼 걷는 중에는 먹을 때가 아니면 거의 쉬지 않는다고 합니다. 몸이 힘들면 반보로 걷는다고 합니다. 반보로 걷는 것이 걸으면서 쉬는 것이라고 합니다. 반보는 평소 산에서 걷는 보폭의 반이라는 뜻입니다. 제 생각에는 등산이 어느 정도 수준에 이르렀다는 것을 보여주는 것 중 하나가, 바로 걸으면서 쉴 줄 아는 것입니다.

그런데 하산길에서의 반보는 힘든 몸을 쉬는 것이 아니라, 무릎 건강을 지키는 방법입니다. 반보로 걸으면서 시간을 내어주고, 그 대신 오랫동안 등산이나 다른 신체활동을 즐길 수 있는 무릎을 얻는 것입니다. 어떻게 생각하십니까? 남는 장사인가요? 아니면 손해 보는 장사인가요? 제 생각에는 아주 크게 남는 장사입니다. 하산길 모든 구간에서 반보로 걷는 것도 아닙니다. 가파르고 무릎에 무리가 갈만한 곳에서만 반보로 걷는 것입니다. 하산길에서 그 구간의 비중이 몇 %나 될까요? 아마 대한민국 어떤 산도 50%가 넘는 곳이 없을 것입니다. 많아도 30% 아닐까요? 반보로 걷는데 시간을 좀 더 쓴다고 해도, 그 시간이 절대 많지는 않을 것입니다.

또한 하산길에서 관절에 느낌이 좀 이상하다 싶으면, 자주 쉬어 주는 것도 무릎 건강을 지키는 남는 장사입니다. 그 역시 그리 많은 시간을 소모하지 않습니다. 오히려 그 시간을 여유롭게 여기고 즐기면, 하산길에서 모르던 재미를 찾을 수도 있습니다.

4-15. 마음의 여유는 즐거움과 안전의 보장.

안내산악회를 아시나요? 아마도 우리나라에만 있는 특이한 것으로 생각합니다. 안내산악회를 인터넷에 검색해 보면 이렇습니다. 예를 들면 '출발 날짜와 비용, 설악산 한계령 코스 8시간 제공, 몇 시 도착' 이런 식으로 나와 있습니다. 그러니깐 대중교통이나 자기 차량으로 가기 불편하고 먼 산을, 서로 모르는 사람들이 단체버스로 함께 가는 것입니다. 그것을 주관하는 회사가 안내산악회입니다. 참가한 사람들과 함께 등산하는 인솔자도 있습니다.

저는 안내산악회를 지리산 노고단에서 출발해 뱀사골로 내려오는 약 20km 거리의 가을 단풍산행에서 처음 이용해 봤습니다. 그 후로 다시는 안내산악회를 이용하고 싶지 않았습니다. 이유는 주어진 시간 안에 등산을 완료하고, 집결지로 모여야 한다는 생각에 마음의 여유가 없었습니다. 등산을 좀 해본 사람인데도 시간이 별로 여유롭지 않았습니다. 어쩌면 제가 남들보다 여유롭게 즐기며 등산하기에 그럴 수도 있습니다. 또는 그 안내산악회는 많은 사람을 대상으로 다년간 운영되고 있는 회사라서, 대한민국 사람들의 등산 스타일을 반영하여 시간을 정했을 것입니다. 그렇게 본다면 여전히 많은 사람이 이용하는 안내산악회는 아무런 잘못이 없습니다. 단지 대한민국 등산 스타일이 좀 빠르게 걷는 것일 수도 있습니다.

그때의 기억을 떠올려 보면, 마치 사람들이 무슨 훈련이라도 뛰듯 경치도 안 보고 앞만 보며 걸어갑니다. 멋진 경치가 나오면 잠시 머물며 사진 찍고 즐기는 것이 등산의 재미인데, 이건 뭐가 그냥 앞으로 전진만 합니다. 대한민국 사람들의 빨리빨리 성격 때문인지도 모르겠습니다. 그래서 아마도 20km가 넘는 코스에 그렇게 짧은 시간을 줬나 봅니다.

거의 모든 것들이 그렇겠지만 마음의 여유가 없으면 즐길 수 없습니다. 그래서 저는 20km 이상 걸어야 하는 설악산 공룡 코스를 처음 도전하는 사람들에게 이렇게 조언합니다. "시간 부담 가지지 말고 그냥 별을 보며 산속에 들어가 머물다가, 별을 보며 나온다고 생각하세요. 배낭 안에 랜턴과 식량 있는데 뭐가 문제인가요? 걷다가 멋진 경치 나오면 여유로운 마음으로 사진도 찍고 즐기세요." 이렇게 여유로운 마음으로 등산해야, 산에서 느낄 수 있는 즐거움을 조급함 때문에 놓치지 않습니다. 사고가 나거나 다치지도 않습니다.

반면에 시간에 쫓겨 걷는 조급한 산행은 아주 위험합니다. 산에 오를 시간이 늦었다면 굳이 올라갈 필요 없습니다. 그런 마음으로 올라가봤자 즐기지도 못하며 힘민 더 들고 위험합니다 다음에 다시 찾아왔을 때도, 산은 여전히 그곳에 있습니다.

4-16. 등산 체력은 먹는 것에서 나온다.

등산은 좀 과장해서 먹는 것이 반입니다. 알아차림이든 다른 테크닉이든, 몸에 에너지가 부족해 힘들면 잘 안됩니다. 또한 힘든 몸은 마음에도 영향을 끼칩니다. 그래서 등산하는 동안 몸은 사용할 에너지를 항상 보유하고 있어야 합니다. 좀 더 쉽게 말하면 등산 중에 배가 고프면 안 됩니다.

먹는 양보다는 방법이 중요합니다. 아침 식사 후 산을 오르기 시작할 때 배가 고프지 않아도 탄수화물 행동식을 먹습니다. 아침을 먹고 시간이 별로 지나지 않았다면 행동식을 조금만 먹거나, 오르기 바로 전에 아침을 먹었다면 행동식을 먹지 않습니다. 그리고 핸드폰 알람으로 두 시간을 맞춥니다. 탄수화물이 소화되어 에너지로 쓰이기까지 약 두 시간 정도 걸리기 때문입니다. 걷다가 알람이 울리면 다시 행동식을 먹습니다. 이때는 두 시간 전에 먹은 탄수화물이 에너지로 쓰이고 있는 시점입니다. 점심 식사는 별도로 하고 계속해서 두 시간 단위로 먹어줍니다. 에너지 공급의 흐름이 끊기지 않는 것이 중요합니다.

만약 타이밍을 놓쳐 두 시간 간격으로 행동식을 먹지 못했고, 걷다가 에너지 부족으로 힘이 든다면 그때는 탄수화물을 먹어도 이미 늦습니다. 그런 경우는 먹는 즉시 에너지로 쓰이는 단당류를 먹어야 합니다. 요즘은 포도당 사탕처럼 간편한 것들이 있습니다. 주의할 것은 지방이 섞인 초콜릿 에너지바 같은 것은, 순수 단당류보다 혈당을 빠르게 올려주지 못한다고 합니다. 포도당 사탕 같은 순수 단당류가 좋습니다. 단당류를 먹고 난 후 탄수화물도 같이 먹어야 합니다. 단당류는 혈당을 순간적으로 높이지만, 다시 빠르게 떨어뜨려서 힘에 지속력을 받지 못합니다. 또한 포만감도 컨디션에 중요한 요소라서 위장에 음식물이 어느 정도 있어야 합니다.

그러면 두 시간 단위로 행동식을 먹을 때 무엇을 얼마나 먹어야 할까요? 천천히 소화되는 다당류 탄수화물이면 무엇이든 좋습니다. 저는 떡을 좋아합니다. 속에 팥앙금이 없는 것으로 준비합니다. 격렬한 운동 후에는 쌀 종류가 가장 빠르게 몸을 회복시킨다고 합니다. 실제로 먹어보니 그렇습니다. 그래서 밀가루가 주식인 외국에서도 웨이트 트레이닝 후에는 쌀밥을 가장 선호한다고 합니다. 그런데 떡은 시간이 지나면 굳고 여름에는 빨리 상하기 때문에, 봄이나 가을 외에는 쉽게 이용하지 못합니다. 그래서 가장 만만한 것이 빵입니다. 두 시간 단위로 자주 먹으려면 달고 기름진 것은 피합니다. 자극적이지 않아 먹기에 부담 없고 물에 잘 녹아 부드럽게 넘어가는 것이 좋습니다. 맛은 그리 중요하지 않습니다. 가장 간편하게 에너지를 보충할 수 있으면 됩니다.

보통 점심 식사 후 세 시간 정도 지나면, 에너지는 충분한데 위장이 비고 허한 느낌이 들 때가 있습니다. 이것도 몸에 컨디션을 떨어뜨리는 요소입니다. 원인은 점심 식사를 빠르게 소화되는 탄수화물 위주로 먹어서 그렇습니다. 위장에 소화 중인 음식이 어느 정도 있어야 이런 현상이 생기지 않습니다. 그래서 점심은 단백질과 지방이 들어간 것으로 준비하면 좋습니다. 저는 이런 경우를 대비해서 견과류를 준비합니다. 캐슈너트가 먹기에 가장 무난한 듯합니다. 공복감이 느껴질 때 견과류를 조금 먹으면 괜찮아집니다. 하지만 견과류보다는 점심을 잘 먹는 것이 위장 느낌에 더 좋습니다. 또는 땅콩버터를 조금 가져가서 공복감이 느껴질 때 행동식과 함께 먹어도 간편하고 좋습니다.

힘들고 긴 산행에서는 점심 식사를 좀 더 신경 써서 준비하는 것이 좋습니다. 맛보다는 탄수화물과 지방, 단백질이 골고루 갖춰진 것이 좋습니다. 그래야 천천히 소화되고 공복감이 생기지 않습니다. 정말 뭘 먹어야 할지 고민된다면, 편하게 준비할 수 있는 식사에 허브 소금과 삶은 계란 두 개 정도 추가하면 좋습니다. 단백질과 지방뿐만 아니라 염분 공급도 할 수 있습니다.

어쩌면 등산에서 먹는 재미를 빼놓을 수 없을 것입니다. 그런데 등산이 편하고 힘들어지는 원인의 반은 무엇을 어떻게 먹느냐에 달렸습니다. 식사는 단지 먹는 재미와 맛의 차원을 넘어서, 등산을 쉽고 편하게 만드는 테크닉으로 이용할 수 있어야 합니다. 혀를 즐겁게 하는 것은 하산 후에 먹어도 됩니다.

| 영축산에서 |

4-17. 느린 걸음이라도 황소걸음이 이긴다.

학창 시절에 많이 들어본 이야기일 것입니다. '느린 걸음이라도 황소걸음이 이긴다.' 또는 '꾸준함이 성공의 비결이다.' 조급하게 마음먹고 컨디션 헤쳐 가며 벼락치기 공부해봤자, 오래가지 못하고 지친다는 뜻입니다. 반면에 체력과 스트레스 관리하면서 무리하지 않는 학생이, 오히려 긴 수험생활 끝까지 무탈하게 공부합니다. 결과적으로 이런 학생이 더 좋은 성적을 내고 입시 전쟁에서 승리한다는 것입니다.

수험기간뿐만 아니라 인생에서도 비슷하게 적용됩니다. 30대 또는 40대 어느 한 시기에 무리해서 돈 벌고 남보다 성공한 듯하지만, 그 때문에 50대에 건강이 무너지고 큰 병에 걸립니다. 또는 잘나가던 흐름을 타고 무리한 투자를 해서 큰 손실을 보는 경우가 생깁니다.

물론 '물 들어올 때, 노 저어라.' 하는 속담도 있기는 합니다. 하지만 물이 들어올 때 노를 저어서 성공하든, 욕심내서 몰아붙이다가 그 대가를 치르든, 그것과 상관없이 꾸준하게 자기 일을 성실히 하는 사람들에게는 반드시 그에 합당한 결실이 있을 것입니다.

등산에서도 비슷합니다. 제3장 '지리산 등산 미리보기'에서 이야기한 것처럼, 초반부터 열심히 남을 추월해 가는 사람은 결국 더 빨리 지치고 중간에 계속 쉬게 됩니다. 시간이 지나면 천천히 꾸준히 걸어간 사람들이 힘들지 않게 그들을 추월합니다. 어느 순간 추월과 쉬는 것을 계속한 사람들은 뒤처져 보이지 않게 됩니다. 체력을 안배하며 꾸준히 걷는 사람들은 등산 마지막까지 크게 달라진 모습 없이 한결같습니다. 이걸 가지고 등산에 고수라고 표현하기는 이상하지만, 최소한 등산을 큰 무리 없이 수월하게 했다고 말할 수는 있을 것입니다.

공부든 인생이든 등산이든 어느 한 구간에서 아주 큰 힘을 소모하면, 반드시 곧 그 대가를 치러야 합니다. 대가를 한번 치르고 나면 다음 과정은 더 힘듭니다. '오늘 걷지 않으면 내일은 뛰어야 한다.'라는 말이 있습니다. 이 말의 의미에 따르면 오늘 걷는 대신 더 힘내서 열심히 뛰면, 내일은 좀 더 편하게 걷거나 하루 쉴 수도 있을 것 같습니다.

반은 옳다고 봅니다. 그런데 오늘 무리해서 뛰면 내일은 피곤해서 쉬어야 하거나, 풀리지 않은 몸으로 더 힘들게 걸어야 할 수도 있습니다. 천천히 꾸준히 체력을 안배하며 걷는 것은, 크게 무리한 다음에 치러야 하는 대가를 피하기 위함이기도 합니다. 그래서 '오늘 적절한 강도로 걸으면, 내일도 별 탈 없이 꾸준히 걸을 수 있다.'도 맞는 것 같습니다.

4-18. 산에서는 안전이 우선
절대로 무리하지 말기.

저는 바벨 운동을 좋아합니다. '스쿼트, 데드리프트'의 대근육 쓰는 느낌이 좋습니다. 그런데 제가 드는 무게는 그리 무겁지 않습니다. 인터넷에 보면 여자들도 100kg 중량으로 '스쿼트, 데드리프트'를 합니다. 언제부터인가 파워리프팅 열풍이 불어서 그런지, 이제는 200kg 데드리프트는 흔하게 봅니다. 많은 사람이 고중량을 들며 과시합니다.

그런데 저는 제 몸무게 정도까지만 들며 만족합니다. 그 정도로도 충분히 운동 됩니다. 물론 더 들리면 할 수도 있습니다. 하지만 중요한 것은 얼마나 무겁게 들 수 있나가 아니라, 얼마나 안전하고 정확한 자세로 들 수 있는가입니다. 제가 볼 때는 고중량 드는 사람 중에 완벽한 자세로 드는 사람이 많지 않습니다. 그들 중에 운동 후 허리나 무릎에 약간의 이상한 느낌도 없는 사람들이 몇이나 될지 궁금합니다.

어떤 운동이든 하고 나서 약간이라도 몸이 상한다면 의미 없습니다. 오히려 적당한 중량을 들거나 운동하지 않은 것만도 못하게 됩니다. 요리사들도 마찬가지라고 합니다. 아무리 맛있게 음식을 만들어도 주방 도구에 몸을 다치면 그건 빵점이라고 합니다.

등산도 마찬가지입니다. 제아무리 어떤 높은 산을 가서 멋진 사진을 찍고 했어도, 등산 중에 다치면 그건 빵점입니다. 보통 등산에 조금 자신감이 붙었을 때 무모한 시도를 합니다.

한가지 예를 들면 처음 가보는 산의 등산 코스를 계획할 때, 국립공원 홈페이지에 있는 등산 지도를 보면서 합니다. 그런데 그 등산 지도에 나와 있는 난도와 거리만 봐서는, 실제 등산에서 어떨지 알 수 없습니다. 다녀온 사람들의 후기도 봐야 합니다. 하지만 무모할 때가 있습니다. '내가 하루 몇 km는 걸을 수 있으니, 이 멋진 산을 이 코스로 타다가 다시 저 코스로 옮겨가면 총 몇 km가 되니깐, 걸을 수 있는 능력치를 조금 더 넘는 수준이겠지. 그 정도야 좀 더 힘내면 문제 되지 않을 거야.'라고 생각하며 계획을 세웁니다. 그런데 실제로 가보면 완전히 다른 경우가 많습니다. 보통 이렇게 계획하고 갔다가 아주 힘든 고생을 하는 경우가 많습니다. 고생만 하면 다행인데 위험할 때도 있습니다. 그래서 등산은 무조건 안전을 고려하는 것이 우선입니다.

이런 이유에서라도, 산에서는 내 생각으로 남에게 오지랖을 떨어서는 안 됩니다. 정말 '내가 잘 아는 코스라도, 남이 묻지 않는 이상 침묵하는 것이 좋습니다. 사람마다 체력이 다르기 때문입니다. 산에서는 문제가 생기면 생명과 직결될 수 있습니다.

가끔 설악산 대청봉에서 오색코스로 내려오다 보면, 한 가족이 대청봉으로 올라가는 것을 봅니다. 한번은 이런 경험이 있습니다. 한눈에 봐도 등산을 모르는 사람들입니다. 땀에 젖으면 쉽게 마르지 않는 면티를 입었고, 등산화가 아닌 내구성 떨어지는 운동화를 신었습니다. 나와 마주친 시간에 오색 코스의 그 지점을 오르는 중이라면, 도무지 답이 나오지 않습니다. 어린애와 나이 든 어르신도 함께한 가족이 정상에 오르려면, 아마도 오후 3시는 넘을 것 같습니다. 조금 걱정스러운 마음으로 그들을 지나쳐갔습니다.

조금 걷다 보니 뒤에서 남자 둘이 나를 추월해가며 하는 이야기를 들었습니다. 그들 중에 한 사람이 올라가던 가족에게 어디로 하산할 계획인지 물었다고 합니다. 한계령으로 내려간다기에 랜턴은 가져왔냐고 물었더니, 그게 꼭 필요하냐며 시큰둥하게 말했다고 합니다. 그 상황에 더 이상 할 말이 없어 그냥 내려왔다고 합니다. 이런 경우가 바로 경험 없이 등산 지도의 거리만 보고 짐작해서 그렇습니다. 산을 갈 때는 안전을 고려하는 것이 가장 우선입니다.

안전에 관해서는 '제5장 등산 후기' 두 편을 보면 좀 더 공감할 것입니다. '무모한 자신감의 겨울 소백산 어의곡 환종주'와 '겸손을 가르쳐준 대설의 소백산'을 보면 됩니다.

| 한라산 영실코스에서 |

4-19. 한번 발목을 다쳐 보면
　　　 중등산화를 신는다. (등산화 끈 매는 법)

　등산을 시작하면 가장 먼저 갖춰야 할 것이 무엇일까요? 등산은 걷는 것이니 당연히 등산화일 것입니다. 그다음이 땀을 관리할 수 있는 기능성 옷입니다. 그리고 스틱이나 배낭 등이 후 순위 같습니다. 언제부터인가 등산화가 변하기 시작했습니다. 디자인도 등산화 같지 않고 마치 운동화처럼 가볍습니다. 사용 후기를 보면 '가벼워서 걷는 것이 편하다.' 또는 '쿠션이 있어 걷는 느낌이 좋다.' 이런 후기가 대부분입니다. 사람들은 그런 장점을 보고 구매합니다. 하지만 어느 순간부터 등산화의 본래 목적이 잊힌 듯합니다.

　사실 저도 약 10년 전에는 가볍고 바닥 쿠션이 부드러워 걷는 느낌이 좋은 등산화를 신었습니다. 발목까지 올라오지 않는 경등산화만 신어도 충분할 것 같은데, 도대체 왜 발목까지 감싸는 중등산화를 신는지 이해가지 않았습니다. '남에게 보여주려고 그러나?' 하는 생각도 했었습니다. 그런데 한 번의 사건으로 인해 바로 중등산화를 구매하였습니다. 그 후로는 발목을 보호하는 중등산화만 신습니다.

어느 여름, 문경에 있는 대야산을 갔습니다. 계곡 옆으로 등산로가 이어지는데 계곡이 꽤 아름답고 물 흐르는 소리도 경쾌합니다. 그래서 여름 산으로 인기가 좋습니다. 정상에 이르니 풍경도 참 아름다웠습니다. 평평하게 펼쳐진 넓은 바위 위에서 정신 놓고 주변 풍경을 두리번거리다가, 전혀 위험해 보이지 않는 아주 낮고 좁은 틈에 발이 끼여 넘어질 뻔했습니다. 그 순간에 발목을 삐었습니다. 어이가 없었습니다. '어떻게 이런 곳에서 다칠 수가 있나?' 하며 정신 놓고 주변 풍경을 두리번거린 것도 참 부끄러웠습니다.

보통 이렇게 알아차림이 없을 때 다칩니다. 그런데 다친 발목의 느낌이 꽤 고통스러워 걷기가 힘들었습니다. 정상의 경치고 뭐고, 다 떠나서 당장 하산을 어떻게 해야 할지 막막했습니다. 이걸 가지고 구조 요청을 할 수도 없으니 그냥 아픈 것을 참고 겨우 내려왔습니다. 내려오면서 남들이 신은 중등산화에 눈이 계속 갔습니다. '아 당신들이 왜 그 무겁고 불편한 중등산화를 신는지 이제 알겠습니다.'

그 후 바로 중등산화를 구매하였고, 왜 딱딱한 고무바닥 밑창에 쿠션감 없는 무거운 중등산화를 신는지 알게 되었습니다. 한국산은 돌로 된 길이 아주 많습니다. 바닥이 딱딱한 고무로 된 중등산화를 신으니, 평소에는 미끄러질까 봐 조심스럽게 디뎌야 했던 돌 위를 좀 더 안정감 있게 걸을 수 있었습니다. 딱딱한 등산화 고무가 바위를 움켜쥐듯 아주 잘 잡아 주었습니다. 또한 바위가 울퉁불퉁하고 뾰족한 너덜길에서도 걱정 없이 걸을 수 있었습니다.

바로 이런 경험 때문에, 요즘 인기 있는 이쁘고 착화감 좋은 등산화에 관심이 가지 않습니다. 사람들이 불편을 감수하며 중등산화를 신는 이유가 있습니다. 하지만 어쩌면 제가 부드러운 느낌의 최신 등산화를 신어보지 않아 잘 모를 수도 있습니다. 만약 독자께서 등산화를 처음 구매한다면, 여러 가지 의견을 들어보고 구매하기를 바랍니다.

등산화 끈 매는 법

등산화의 가장 윗 고리에서 끈을 위에서 아래로 건다. 그렇게 해야 매듭 위치가 중앙에 온다. 끈이 굵기 때문에 두 번 묶어서 1차 고정해도 나중에 쉽게 풀 수 있다.

일반적인 양쪽 나비 매듭에서 표시한 부분을 반쪽 나비가 되도록 밖으로 완전히 빼낸다.

밖으로 빼낸 끈을 다시 안으로 한 번 더 넣어 양쪽 나비 매듭으로 만든다.
동그라미 표시한 부분을 꽉 조이면 절대로 풀리지 않는 매듭이 된다.

나비 매듭의 날개가 등산화의 쇠고리 부분을 넘지 않게 조절한다. 매듭 날개가 길면 걷다가
다른 발 등산화 고리에 걸려 넘어질 수 있다. 또한 긴 끈은 밟히지 않도록 조절한다.

☞ **등산화 사이즈 고르는 법** : 등산화는 직접 신어보고 사는 것이 좋습니다. 또한 일반 운동화보다 5~10mm 정도 큰 것을 고릅니다. 그 이유는 운동화를 신고 경사진 길에서 오래 걸으면 발이 앞으로 밀려 발가락이 아픕니다. 등산화는 운동화와 다르게 발목 끈을 조여서 발을 고정합니다. 그래서 등산화 안에서 발이 앞으로 밀리지 않습니다. 발가락이 등산화 앞부분에 닿아 아프지 않으려면 운동화보다 여유 있는 사이즈로 골라야 합니다.

4-20. 배낭이 가벼워지면
풍경이 눈에 들어온다.

오래전 TV에서 산악인 엄홍길 씨와 연예인들이 함께 등산하는 예능 프로를 보았습니다. 연예인들이 각자 꾸려온 배낭을 점검받는데, 어느 사람의 배낭을 열어보니 그 안에서 책이 나옵니다. 그때 그 책을 보던 사람들의 표정은 가지각색이었습니다. 엄홍길 씨는 한심하다는 표정이고, 산에서 책을 보는 교양인으로 보는 사람도 있고, 또 어떤 사람은 자신이 좋아하는 물건 하나 넣은 것쯤으로 대수롭지 않게 보는 것 같았습니다.

그런데 엄홍길 씨가 그 책을 마치 던지듯 옆으로 빼내 버립니다. 그 태도를 본 사람들은 얼굴이 달라지며 책은 왜 가져가면 안 되냐고 묻습니다. 아마도 기억에 엄홍길 씨가 이렇게 말했던 것 같습니다. '배낭은 등산에 꼭 필요한 것만 챙겨서 최대한 가볍게 꾸리는 것입니다.'

그래도 등산은 무게에 조금 여유를 부릴 수 있는 편입니다. 왕복 5시간 이내의 산행에서는 이것저것 욕심껏 꾸려봐도 그리 무겁지 않은 편입니다. 아마도 무게에 최고의 사치를 부린다면 뜨거운 물을 넣는 보온 물통과 컵라면 아닐까요? 보온 물통과 컵라면 무게는 합쳐서 1kg 가까이 될 것 같습니다. 그 무게를 빵과 음료수로 채운다면, 빵 세 개에 음료수 하나 정도 가능할 것입니다.

산에 텐트를 지고 올라가서 하룻밤 자고 내려오는 백패킹에는 이런 말이 있습니다. '불필요한 것은 1g의 무게도 사치다.' 백패킹에서는 무게와의 전쟁이 아주 실감 납니다. 처음에는 물병 하나까지도 디자인을 따지며 마음에 드는 것을 사서 다니다가, 나중에는 플라스틱 물병의 무게도 줄이려고 시중에 파는 500ml 생수를 그대로 가져갑니다. 500ml 생수를 가슴에 단 물병 주머니에 넣고 다니면 정말 모양새가 나지 않습니다. 그 외에도 무게를 줄일 수 있는 것은 모두 다 줄입니다. 그런데 무턱대고 줄이는 것이 아니라 줄이는 기준이 있습니다.

어떤 기준으로 줄이나 하면 '꼭 필요한 것, 없으면 불편한 것, 있으면 편한 것.'의 기준으로 줄입니다. 무게를 따질 수 없는 '꼭 필요한 것'이 있을 것입니다. 이것은 꼭 챙겨야 합니다. 예를 들면 '배낭, 식량, 물' 같은 것입니다. 그다음에 '없으면 좀 불편한 것'이 있을 것입니다. 하지만 없어도 심각한 문제가 일어나지 않는 것들입니다. 없어도 전혀 불편하지 않지만, 자기만족에 즐기려고 가져가는 것들이 '있으면 편한 것'들입니다.

저는 백패킹도 즐깁니다. 주로 산 정상에서 자고 내려오는 것을 좋아합니다. 처음에는 '있으면 편한 것'의 사치를 넘어, 조금 더 무거워도 디자인까지 고려했습니다. 그렇게 무겁게 짊어지고 몇 번 다녀보니 생각이 바뀌기 시작했습니다. 정상에 이르러 즐기는 만족으로 보상받기에는 무겁게 걷는 힘겨움이 너무 컸습니다. 무거운 배낭에 몸이 힘드니 걸으며 경치를 즐길 수 없었습니다. 그냥 인내하며 걷기만 합니다.

그러다가 '있으면 편한 것'을 다 빼버렸더니, 걸으며 풍경에 관심을 조금 둘 수 있었습니다. 그다음에는 '없으면 불편한 것' 중에서도 여러 가지를 빼버렸습니다. 약간의 불편함을 감수하며 무게를 줄이니 눈에 풍경이 들어와 즐길 수 있게 되었습니다.

이렇게 배낭이 가벼워질수록 더 많은 풍경이 눈에 들어옵니다. 걷는 것을 즐길 수 있습니다. 왕복 8km 이내의 등산에서는 실감을 별로 못할 수도 있습니다. 아마 그 정도 거리의 산행에서 꾸린 배낭이 무겁고 힘들어 재미없었다는 사람은 별로 없을 것입니다.

그런데 설악산이나 지리산 급 정도로 긴 거리의 산행에서는, 물과 식량이 늘어나 살짝 부담스러운 무게가 됩니다. 날이 추워지면 만약을 대비해서 좀 더 챙기게 됩니다. 설악산 지리산처럼 코스가 가파르고 긴 산에서 1kg 차이는 아주 큽니다. 사람마다 다르겠지만, 배낭 무게 때문에 조금 힘들어서 경치가 눈에 온전히 들어오지 않을 수도 있습니다.

하지만 등산을 즐기며 어느 수준에 이르기 전까지는, 배낭 무게가 등산에 주는 영향을 크게 인식하지 못하기도 합니다. 그냥 일단 챙기고 봅니다. 남에게 보여주기 위해 산에 가는 것도 아닌데 디자인까지 신경 씁니다. 집에 돌아와 배낭을 정리하다 보면, 등산하며 손 한번 안 댄 것들도 있습니다. 무거운 배낭을 메고 힘겹게 걷다 보면, 어느 날 욕망을 내려놓으며 무게도 같이 내려놓게 됩니다.

사람마다 '꼭 필요한 것, 없으면 불편한 것, 있으면 편한 것.'의 기준이 다를 수 있습니다. 이 사람에게는 '없으면 불편한 것'이 저 사람에게는 '있으면 편한 것'이 될 수도 있습니다. 하지만 누구에게나 확실한 것은 '배낭이 가벼울수록 풍경이 눈에 들어온다.'라는 것입니다. 점차 마음에 욕망을 내려놓게 된다면, 배낭을 잘 꾸리는 것은 꼭 필요한 것들로 최대한 가볍게 꾸리는 것임을 깨닫게 됩니다.

저는 맛있는 것은 하산 후에 먹고, 산에서는 가볍고 간단하게 먹으며 풍경을 더 즐기렵니다.

4-21. 산에서는 오지랖을 부리지 말자.

오래전 처음으로 설악산에 갔을 때의 일입니다. 인터넷으로 설악산 단풍 상황을 알아보다가, 절정이라고 예상되는 시기에 보러 갔습니다. 강원도 전방 산악부대 출신의 자부심에 어떤 산도 훈련보다 더 힘들겠냐고 생각했지만, 그래도 설악산이라서 작은 부담과 함께 설레는 마음으로 준비했습니다.

한계령으로 올라 중청대피소에서 머물고, 다음 날 대청봉 일출을 보았습니다. 하산 계획은 단풍이 아름답기로 유명한 천불동 계곡 소공원 코스로 내려갈 생각이었습니다. 하산을 시작하고 중청대피소에서 멀지 않은 소청에 이르러 경치를 구경하다가, 조카와 함께 온 50대로 보이는 남자분과 대화하게 되었습니다. 그 사람은 설악산에 자주 온다고 합니다. 나는 단풍을 보러 설악산에 처음 왔는데, 정상은 이미 다 떨어져서 아쉽다고 말했습니다. 천불동 계곡으로 내려갈 생각인데 그곳은 아직 있겠냐고 물어봤습니다. 그 사람이 자신감 있게 말하기를 천불동 계곡은 거의 다 떨어졌을 것 같고, 오히려 백담사 코스에 단풍이 많이 남아 있을 것 같다고 합니다. 그 사람은 백담사로 내려갈 계획이라고 합니다. 그 말을 듣고 잠시 고민하다가 백담사 코스로 방향을 돌렸습니다.

소청대피소까지 내려오는 길에는 단풍이 없었습니다. 좀 더 내려와 봉정암에서 사리 탑을 구경하며 쉬다가, 그 사람을 다시 만나 이야기를 나눴습니다. 봉정암에도 낙엽뿐이었고, 조금만 더 내려가면 단풍이 있을 거라고 말합니다.

봉정암에서 해어지고 각자 내려가기 시작했습니다. 내려가며 고도가 더 낮아져도 단풍은 다 떨어지고 없었습니다. 하지만 단풍은 없어도 계곡이 너무 아름다워 만족스러웠습니다. 낙엽 진 고요한 길을 걷는 것도 운치 있었습니다.

긴 하산길을 거의 다 내려와 수렴동 대피소에서 빵을 먹으려고 앉았는데, 내게 백담사 코스를 권했던 사람이 조카와 함께 라면을 끓이고 있었습니다. 그 사람도 곧 나를 보았고 얼굴은 아주 불편한 표정이었습니다. 짐작하건대 단풍이 다 떨어진 백담사 코스를 내게 추천한 것이 마음에 걸렸던 것 같습니다. 단풍을 보려고 처음 설악산에 온 사람이 자신에 말 때문에 코스를 변경했는데, 단풍이 다 떨어지고 없으니 얼마나 마음에 걸렸을까요? 하지만 저는 설악산의 낙엽 진 백담사 코스도 너무 좋았습니다. 그 마음이 다시 만나 인사하는 내 얼굴에 드러났습니다. 만족하는 내 표정을 보고는 그 사람의 얼굴도 밝아졌습니다.

산에서는 가끔 이런 일이 일어납니다. 그래서 산에서는 비록 잘 아는 것이라도, 상대의 안전을 위한 것이 아니면 굳이 말하지 않는 것이 좋습니다. 내 말 한마디에 상대는 그날 일정을 변경할 수도 있습니다.

또 사소하게는 이런 일도 있습니다. 하산하다가 앞에서 천천히 걸어가는 사람을 만납니다. 걷는 모습을 보니 무릎이 조금 불편해 보입니다. 스틱은 들고 있는데 파지법을 몰라서 사용하지 못하고 짐만 되는 상황이었습니다. 그래서 말을 걸고 스틱 파지법을 알려줬더니, 시큰둥한 표정으로 꼭 그렇게 쥐어야 하냐고 말합니다. 뭐라고 더 설명할 마음이 사라져 그냥 인사하고 내 갈 길 가는데, 그 기분이 좀 별로입니다. 상대가 요청하지 않은 호의를 베풀고 불만족이 생긴 것입니다.

앞의 두 이야기에서 하고 싶은 말은, 산에서 남에게 참견하고 오지랖을 부리면 상대도 피해를 볼 수 있지만, 오지랖을 부린 나 역시 그날 기분이 불편해질 수 있다는 것입니다. 그래서 산에서는 나의 행복을 위해서라도 웬만하면 오지랖 부리지 않는 것이 좋습니다.

| 신불재에서 |

4-22. 너무 비싼 옷과 장비는 생각해 볼 문제.

처음 등산을 배우기 시작하면 대부분 옷과 장비에 대한 환상이 생깁니다. 어떤 유명 브랜드의 비싼 옷을 입으면 산에서 전천후로 아주 쾌적한 성능을 보일 것 같습니다. 또 어떤 등산화를 신으면 안전하면서도 발이 아주 편할 것 같습니다. 어떤 배낭은, 어떤 스틱은, 또 어떤 장비는 그러할 것 같습니다. 마치 옷과 장비가 등산 능력을 크게 올려줄 것 같습니다.

하지만 제가 수년간 경험하고 또 주변에서 사용하는 것을 본 결과, 유명 브랜드의 비싼 옷과 장비가 아주 큰 차별화된 성능을 보여주지는 않는다는 것입니다. 한번은 어느 유명 브랜드의 바람막이 재킷이 큰 인기를 끌었던 적이 있습니다. 가격도 다른 바람막이 재킷보다 훨씬 비쌌습니다. 그거 하나만 입으면 비를 막아주는 하드 셸 기능에 통풍까지도 좋아 쾌적하다는 것입니다. 그래서 큰 기대감에 구매하였습니다. 설악산에 갈 때 무게를 줄이기 위해 레인 재킷 없이 그 바람막이 옷만 가져갔다가 소나기를 만났습니다. 결과는 30분 정도 비를 맞고서 베이스레이어까지 완전히 젖었습니다. 비를 완벽하게 막아주지 못합니다.

젊은 사람들은 그 옷을 보면 모두 알아봅니다. 요즘 인기 절정이며 성능이 기가 막히게 좋은 비싼 옷이란 것을 압니다. 그런데 뒤에서 따라오며 본 젊은 사람들이 수군댑니다. '저것 봐 비가 샌다.' 옆 사람이 대수롭지 않다는 듯 말합니다. '비 올 때는 레인 재킷 아니면 빗물이 다 스며들어.' 제 경험은 단지 비싼 옷에 관한 하나의 사례에 불과합니다. 옷 외에 다른 것도, 가격이 높은 만큼 그 성능도 특별히 뛰어난 것은 없다고 생각합니다.

하지만 가격을 따지지 말고 갖춰야 하는 꼭 필요한 것들이 있습니다. 등산할 때 베이스레이어는 땀을 잘 흡수하고, 빠르게 마르는 것이어야 합니다. 그런 소제로 된 기능성 의류를 구매해야 합니다. 베이스레이어로써 기본 기능을 갖춘 옷은 꼭 필요하고 비싸더라도 사야 합니다. 유명 브랜드는 기본 기능에 신기술이라며 약간 변형해서 가격을 높게 받지만, 그렇게 큰 성능의 차이는 없습니다.

미드레이어 역시 보온성과 땀을 잘 배출하는 기능이 필요합니다. 이 기능 때문에 옷의 재질과 만드는 방식 등이 결정됩니다. 그런 재질과 방식으로 만들어진 옷이 비싸디면 어쩔 수 없이 사야 합니다. 미드레이어도 기본 기능에 약간의 신기술을 추가해 가격은 높여놨지만, 그렇게 차별화된 성능의 차이는 없습니다. 물론 경제적 여유가 있어 디자인 좋고 비싼 옷을 입으면 기분은 좋습니다. 삶을 행복하게 만드는 취미 생활에 돈을 지출하는 것은 건전한 소비입니다.

그래서 단지 더 좋은 성능을 기대하며 꼭 비싼 것을 살 필요는 없습니다. 남자분들은 군 복무 경험을 떠올려보십시오. 군대에서 보급품으로 받는 면 소재 내의와 전투복은 땀 흘리는 활동에 부적합합니다. 그런데 전투복 입고서 한 겨울에 혹한기 훈련하며 버텼습니다. 시중에 파는 등산복은 필요한 기능에 맞게 산다면, 어떤 것도 군대에서 입었던 것과 비교할 수 없을 만큼 훨씬 더 좋은 성능을 발휘합니다.

하지만 기능의 문제가 아니라 디자인과 감성의 문제라면 달라집니다. 롤스로이스라는 비싼 차를 기능 보고 사는 사람은 없을 것입니다. 언젠가 롤스로이스 회사 관계자에게 어떤 사람이 이런 말을 했다고 합니다. '자동차에 어떤 부분을 어떻게 바꾸고, 뭘 어떻게 하면 연비가 훨씬 좋아질 것입니다. 그것을 연구해 보세요.' 그 말을 들은 롤스로이스 관계자가 이렇게 답했다고 합니다. '그 분야에 연구비를 투자할 바에는, 어떻게 하면 핸들을 좀 더 고급스럽게 만들까 연구하겠습니다.'

등산복과 장비도 마찬가지입니다. 감성에 대한 욕망으로 구매한다면 한동안 꽤 많은 돈을 쓰게 될 것입니다. 산에 가서도 남이 입은 옷과 사용하는 장비의 브랜드에 눈이 갈 수도 있습니다. 하지만 등산 고수들은 압니다. 그게 단지 브랜드일 뿐 성능에 큰 차이가 없다는 것을 알고 있습니다. 오히려 멋진 경치를 배경으로 찍은 인생 사진이 더 큰 가치를 지니지 않을까요?

등산이 인생의 취미로 바르게 자리 잡다 보면 불필요한 욕망이 점점 놓아집니다. 걸림 없는 자유로 취미를 누리게 됩니다. 그러니 너무 비싼 옷과 장비 때문에 고민하지 마십시오. 성능에는 별로 큰 차이가 없습니다.

| 선자령에서 |

4-23. 사계절 중 가장 힘든 여름 등산 조언.

　사계절 중 등산하기 가장 힘든 계절은 언제일까요? 겨울 등산? 아마 겨울 등산을 해보지 않은 분들은 그렇게 생각할지도 모릅니다. 저는 사계절 중에서 여름 등산이 가장 힘들다고 생각합니다. 그리고 위험합니다.

　'왜 힘들까요? 더워서?' 더워서 힘든 것은 사실 크게 문제가 안 됩니다. 아무리 더워도 산속 나무 그늘은 바람 불면 시원합니다. 하늘을 빼면 온통 콘크리트로 둘러싸인 도심과는 다릅니다. 여름 등산의 문제는 '탈수와 탈진'입니다. 땀을 너무 많이 흘려 수분과 전해질이 빠져나가 부족해지는 것이 탈수 증상입니다. 탈수 증상으로 인해 몸에 기운이 다 빠져나가는 것이 탈진 증상입니다. 괜찮은 것 같다가, 어느 순간 갑자기 맥이 확 풀리며 몸이 이상해집니다. 산속 깊은 곳에서 갑자기 그런 상황을 경험하면 당황하고 겁도 납니다. 탈진 증세는 살면서 잘 느껴보지 못하는 것이라서 더 그렇습니다. 운동선수가 아닌 이상, 누가 여름에 그렇게 될 정도로 무리하며 움직일까요?

등산 중에 탈진 증상이 일어나면 당황하지 말아야 합니다. 그늘에서 쉬며 영양 보충하면 회복된다는 것을 상기시켜야 합니다. 그런데 대처 방법보다는 예방이 더 중요합니다. 예방이라고 해서 비법 같은 것이 아닙니다. 너무나 상식적이고 간단한 것입니다. 땀을 많이 흘려 몸에서 염분과 전해질이 빠져나가는 만큼, 미리 염분과 전해질을 충분히 섭취하면 됩니다. 아침 식사 역시 염분이 충분한 것으로 합니다. 어떤 이들의 말에 의하면, 전날 미리 염분을 섭취하지 않으면 효과가 없다고도 합니다. 글쎄요. 탈진 증세가 와서 머리가 핑 돌 때, 그늘에 앉아 쉬며 스포츠 이온 음료를 마시고 영양 보충하면, 효과가 있는 걸로 봐서 정확한 이야기는 아닌 것 같습니다.

여름 등산은 염분이 포함된 사탕이라든지, 또는 스포츠 이온 음료 같은 것을 반드시 가져가야 합니다. 식사도 염분이 좀 있는 것으로 준비해야 합니다. 그렇다고 생수가 아닌 스포츠 이온 음료만 가져가면 안 됩니다. 등산하며 지나치게 염분을 많이 섭취하면 갈증이 더 일어납니다. 갈증은 너무 심한데, 염분이 들어간 스포츠 이온 음료는 쳐다보기도 싫은 신기한 경험을 하게 됩니다. 그렇게 되면 하산 후 편의점에서 시원한 생수 한 병을 단숨에 들이켜며, 지금까지 살며 몰랐던 물맛을 경험하게 됩니다.

또한 햇볕에 노출되는 능선을 긴 시간 걷는 코스는 피해야 합니다. 맑은 여름날에 능선을 긴 시간 걷는다면, 얻게 되는 것은 자외선에 상한 피부뿐입니다. 덥고 힘들어서 경치가 눈에 들어오지도 않습니다. 설령 능선 코스를 가려고 계획해도 평소 자신의 등산 능력을 생각하면 안 됩니다.

살며 경험해 보지 못한 허약한 자신을 만나게 됩니다. 그래서 맑은 여름날 멋진 경치를 보겠다고 긴 능선 코스를 가는 것은 잘 몰라서 하는 생각입니다.(초가을 맑은 날도 여름처럼 따가운 햇볕에 대비해야 합니다. 여름에 피부관리 잘했다가 초가을에 아깝게 다 상합니다.)

뒤에 겨울 등산과 관련해서도 말하겠지만, 결국 여름이든 겨울이든 땀이 문제입니다. 차이점은 여름은 날씨가 원인이라서 내 의지대로 조절이 안 되고, 겨울은 내가 어떻게 움직이는가에 따라서 조절이 된다는 것입니다.

하지만 여름 등산이 힘들기는 해도, 비가 그친 후 산에서 피어나는 운무(雲舞)는 환상의 쇼입니다. 이런 날은 탈수, 탈진 증세가 좀 덜한 편이라서 비교적 안전합니다. 다만 날씨를 잘 볼 줄 알아야 합니다. 숲길에서 적은 양의 비는 불편함을 별로 느끼지 못합니다. 나뭇잎이 떨어지는 비를 대부분 막아줍니다. 오히려 숲속이 하얀 안개 같은 것으로 휩싸여서, 걷다가 발걸음을 멈출 만큼 몽환적인 아름다움도 있습니다.

전날 비가 많이 왔고 등산 당일 오전까지 적은 양의 비가 잠깐 오다가, 오후에 맑아진다면 국립 공원 같은 곳은 한번 가볼 만도 합니다. 국립 공원은 등산로가 잘 정비되어 있고, 만약 위험하다면 미리 등산로를 통제시켜 버립니다. 그리고 기상청 홈페이지에 들어가면 '초단기 강수 예측'을 확인할 수 있습니다. 몇 시간 동안 비구름이 어떻게 이동할지 예측하는 영상이 있습니다. 많은 등산 애호가가 초단기 강수 예측을 활용합니다. 정확도가 꽤 높습니다.

이 외에 옷을 어떻게 입고 먹을 것은 무엇을 가져가는지는 크게 중요하지 않습니다. 등산을 좀 해보고 그 경험과 상식선에서 준비해 가면 됩니다. 몇 번 해보면 자신의 등산 스타일에 맞게 준비할 수 있습니다.

그래도 한두 가지 권하자면, 뿌리는 모기 기피제를 배낭에 챙기고, 돌아올 때 갈아입을 티셔츠 정도는 차에 두라고 권하고 싶습니다. 이 두 가지를 생각보다 잘 잊어버립니다. 등산할 때 모기가 따라오며 달려들면 그만큼 불편한 것도 없습니다. 부채로 몇 번 크게 바람을 일으켜 모기를 쫓아버리면, 다시 달려들지 않는다는 이야기도 있습니다. 아직 해보지는 않았는데 효과가 있다면 접는 부채도 하나 챙겨볼 만합니다.

그리고 하산 후 땀에 흠뻑 젖은 옷으로 아끼는 차 시트에 앉고 싶지 않다면, 갈아입을 티셔츠를 꼭 챙기길 바랍니다. 토시를 착용하는 것과 자외선 차단 크림을 바르는 것도 중요합니다. 피부관리를 잊은 한 번의 등산으로, 여름 내내 짙은 구릿빛 피부로 지내야 할 수도 있습니다.

4-24. 사계절 중 가장 아름다운 겨울 등산 조언.
(등산복 레이어링)

'추운데 산에 왜가?'라고 생각하는 사람이 있습니다. 제가 바로 그랬습니다. 하지만 강원도 전방 부대 높은 산에서 눈꽃을 한번 보게 된 순간, 전역하면 꼭 겨울 등산을 경험해 보리라 마음먹었습니다. 산을 좀 다녀보니 저는 겨울 산이 가장 아름답습니다. 그런데 저뿐만 아니라, 산을 즐기는 많은 사람이 겨울 산을 가장 좋아합니다.

물론 가을 단풍도 아름답긴 한데 멀리서 봐야 아름답습니다. 산에 올라 가까이서 보면 마르고 별로 아름답지 않습니다. 또한 즐길 수 있는 시기도 너무 짧습니다. 단풍은 산보다는 오히려 유명하지 않은 시골 노인복지센터 앞 큰 은행나무가 아름답습니다. 또는 학생들이 공부한다고 관심 가질 겨를도 없이, 학교 귀퉁이에서 조용히 물든 나무들이 더 아름답습니다.

겨울 산은 여름 산보다 할 이야기가 더 많습니다.
그래서 주제를 세 가지로 나눠 말해야 할 것 같습니다.

첫 번째는 저체온증과 낙상사고 예방에 관해서입니다. 아마도 보통 겨울 산은 추워서 아주 위험할 것으로 생각할 것입니다. 그런데 몇 가지만 주의하면 의외로 안전합니다. 겨울 산에서 생명과 직결된 가장 큰 문제는 저체온증입니다. 신체활동으로 땀을 많이 흘린 후 어떤 조건에 의해 땀이 빠르게 식으면, 그 과정에서 체온을 급격히 빼앗깁니다. 추운 날씨에 체온이 갑자기 내려가면 위험할 수 있습니다.

예를 들면 땀을 뻘뻘 흘리면서 아주 열심히 정상에 이르렀습니다. 그 때문에 체온이 올라 덥다고 윗옷을 벗습니다. 이때 강하게 부는 찬 바람에 땀이 증발하며 몸은 빠르게 식어버립니다. 혹은 땀에 젖은 옷이 갑자기 얼어버릴 수도 있습니다. 젖은 옷은 마른 옷보다 무려 230배 정도 빨리 체온을 빼앗아 간다고 합니다. 이 때문에 차가운 바람이 부는 곳에서 젖은 옷을 입고 있으면 체온이 급격히 내려갑니다. 한순간에 저체온증으로 생명까지 위험할 수 있습니다. 오래전 겨울 선자령에서 훈련하던 특수부대 군인들이 죽었던 이유도 바로 이 때문입니다. 그런데 저체온증은 겨울에만 일어나지 않습니다. 위에서 설명한 조건에 해당하면 계절에 상관없이 일어납니다.

그래서 여름이나 겨울이나 안전한 등산의 핵심은 땀 관리입니다. 여름에 땀을 많이 흘리면 탈수 증상이 일어나고, 겨울에 땀을 많이 흘리면 저체온증 위험이 있습니다. 땀 관리를 잘하며 걷는 사람이 등산을 잘하는 사람입니다. 여름은 땀 관리를 잘하려 해도 날씨 때문에 저절로 땀이 나서 조절하기 어렵습니다. 하지만 겨울은 땀 관리가 여름보다 쉽습니다.

걷는 속도를 잘 조절하면 됩니다. 최소한 몸이 흠뻑 젖을 만큼 마음껏 흘리는 어리석은 짓은 피할 수 있습니다. 몸이 좀 후덥지근하거나 땀이 난다 싶으면 상의 재킷 지퍼를 열거나 벗어서 조절합니다. 체온이 떨어져 서늘하다 싶으면 다시 입어 줍니다. 좀 귀찮아서 그렇지 이렇게 하면 쾌적하고 안전합니다.

또 한 가지는 아이젠을 꼭 착용하는 것입니다. 이건 너무 당연해서 말하는 것이 좀 이상한 듯하지만, 겨울 산에 가보면 의외로 아이젠을 착용하지 않는 사람들이 꽤 있습니다. 저는 멋진 눈꽃 산행을 기대하며 새벽에 출발해 먼 거리의 산에 도착했어도, 아이젠을 챙기지 못했으면 등산하지 않습니다. 배낭을 멘 상태로 미끄러져 넘어지는 것은 아주 위험합니다. 특히 겨울 배낭은 평소보다 무겁습니다. 보통 배낭 메고 넘어져 심각하게 다치는 것은 배낭 때문에 척추를 다쳐 그렇다고 합니다.

그 외에 속 장갑을 챙기거나 목에 착용하는 워머를 잊은 것처럼, 크게 위험하지 않은 것들은 고생 좀 해보며 경험으로 배우면 됩니다. 영하 10도 이상의 날씨에 준비 잘해서 산에 가보면, 생각했던 것보다 등산할 만하다고 느낄 것입니다. 그리고 걸음을 멈추지 않는 이상 얼어 죽기도 힘들겠다는 것을 느낍니다. 하지만 나이와 체력에 따라 다르게 느낄 수도 있습니다. 영하 10도 이하로 내려간 극 동계 날씨는 조금 다릅니다. 극 동계 산행의 또 다른 재미가 있지만 사람들이 잘 가지 않습니다. 극 동계에 갈 정도면 겨울 산행 지식이 충분하고 전문적으로 즐기는 사람들입니다.

두 번째는 레이어링과 등산의류에 관해서입니다. 레이어링이란 상황에 따라 옷을 겹쳐 입는 방법입니다. 미군이 연구한 방법이 체계적이라서 많이 참고하는 것 같습니다. 인터넷으로 검색해 보면 한국전쟁 당시에, 미군이 겨울 산에서 많이 얼어 죽었다고 합니다. 한국의 겨울 산을 쉽게 생각했던 것입니다. 단지 위도만 보면 온대 기후에 속해 별로 춥지 않을 것으로 생각했는데, 막상 경험해 보니 예상과 달랐던 것입니다. 그때부터 미군이 본격적으로 레이어링 시스템을 자체 개발했고, 지금까지 외국에서 전쟁할 때 이용한다고 합니다. 인터넷에 검색된 내용으로는 그렇습니다. 이런 점에서 볼 때 강원도에서 근무하는 대한민국 젊은 장병들은 정말 대단합니다. 정신력이 강해지지 않을 수 없습니다.

그런데 레이어링이라고 해서 어렵고 특별한 것은 아닙니다. 중요한 기본 원리만 이해하면 되고, 가끔은 상황에 맞게 변칙적으로 적용할 수도 있습니다. 그러면 중요한 기본 원리는 무엇일까요? 바로 땀 관리입니다.

영하 5도 정도의 날씨에 등산한다고 가정해 봅시다. 한국 산은 초입부터 가파른 경우가 많습니다. 바로 몸이 데워지고 땀 나기 시작합니다. 그래서 평탄한 길로 이어지는 초입까지는 춥지 않을 정도로만 재킷 입고 걷다가, 등산로 입구를 지나서는 약간 서늘할 정도로 겉옷을 벗는 게 좋습니다. 활기찬 마음에 본격적으로 오르기 시작하면 금세 열이 나서 서늘한 느낌이 사라집니다. 만약 따뜻하게 입은 상태에서 오르기 시작한다면 곧 땀이 나서 옷을 벗게 됩니다. 등산로 입구에서 옷과 배낭을 걸기 좋게 세팅한 후 출발했는데, 얼마 가지 않아 옷을 벗기 위해 다시 배낭을 여는 것은 귀찮습니다. 이렇게 땀 관리 때문에 입고 벗어야 합니다.

피부에 직접 닿는 옷은 '베이스레이어'입니다. 그러면 베이스레이어는 어떤 기능이 필요할까요? 땀을 빠르게 흡수하고 잘 말려야 합니다. 만약 피부에 난 땀을 그대로 두면 어떻게 될까요? 이미 여러분들은 경험으로 알고 있습니다. 겨울에 맨손으로 눈을 만지거나 고드름을 만져 젖게 되면, 조금 지나서 손이 깨질 듯 시립니다. 바람이 분다면 더 시립니다. 그 때는 손에서 수분을 제거하는 것이 첫 번째 할 일입니다. 과학적 원리를 떠나 직관적으로 알고 있습니다.

이와 같은 현상입니다. 피부가 땀에 젖은 채로 찬 공기에 닿으면 체온이 내려갑니다. 그래서 베이스레이어는 땀을 빠르게 '흡수, 건조'하는 재질로 되어 있어야 합니다. 이런 기능을 '흡습속건'이라고 합니다. 면으로 된 의류를 베이스레이어로 사용할 수 없는 이유가 여기에 있습니다. 면은 땀을 잘 흡수하지만 쉽게 건조되지 않습니다.

그런데 베이스레이어가 빠르게 마르는 기능은 있어도, 완전히 마르기 전까지는 땀에 젖어 피부에 붙어 있는 시간이 있습니다. 이 문제를 해결하기 위해 만든 것이 '고소내의'입니다. 아마도 많은 분께 생소한 단어일 것입니다. 다른 말로 '망사내의'라고 하면, 어떤 것일지 대충 상상이 될 겁니다. 망사 형태로 된 고소내의는 피부와 닿는 표면적이 훨씬 줄어듭니다. 젖은 내의에 체온을 덜 빼앗긴다는 의미입니다. 고소내의는 땀을 빠르게 흡수해서 피부와 분리합니다.

고소내의 위에 얇은 베이스레이어를 하나 더 겹쳐 입는다면, 겹쳐 입은 베이스레이어와 피부 사이에 고소내의 두께만큼 망사 구멍 공간이 생길 것입니다. 이 공간에 갇힌 공기가 보온 역할을 도와줍니다. 또한 고소내의는 피부에서 흡수한 땀을 겹쳐 입은 얇은 베이스레이어로 이동시켜 버립니다. 결론적으로 최대한 피부에 땀이 닿지 않게 하여 체온을 유지합니다.

이런 원리 때문에 고소내의가 유용합니다. 저는 사계절 내내 고소내의를 착용합니다. 여름용 고소내의도 있습니다. 예전에는 브랜드가 한정적이라서 고가로 구매할 수밖에 없었지만, 요즘은 만드는 회사가 늘어나 예전보다는 저렴하게 구매할 수 있습니다. 그런데 고소내의가 피부에 닿는 느낌이 불편하다는 사람들도 있습니다. 호불호가 있는 베이스레이어입니다. 하체는 추위를 조금 덜 타고 땀도 잘 안 납니다. 땀이 잘 안 난다면 망사 형태의 고소내의 보다는, 몸을 다 가려주는 울 내의가 더 좋다고 생각합니다. 그래서 저는 정말 추운 겨울에만 얇은 울 내의를 입습니다.

그러면 베이스레이어가 흡수해서 머금고 있는 땀은 어떻게 처리해야 할까요? 움직여 데워진 몸의 체온으로 말려야 합니다. 땀을 말린다는 것은, 그 땀은 어디론가 전달되고 사라져야 한다는 뜻입니다. 당연히 땀은 공기 중으로 사라져야 합니다. 하지만 젖은 베이스레이어를 공기에 노출하기 위해, 그 위에 아무것도 입지 않는다면 추위에 견딜 수 없습니다. 땀을 흡수하고 처리하는 것이 베이스레이어의 역할이라면, 보온을 책임지는 것이 미드레이어의 역할입니다.

'미드레이어'는 보온 기능과 더불어, 베이스레이어가 머금은 땀이 밖으로 빠져나갈 수 있게 통기성이 있어야 합니다. 통기성이 있다는 것은,

옷에 공기가 빠져나갈 공간이 많다는 뜻입니다. 역으로 생각하면 그 공간에 공기를 가둘 수도 있다는 뜻입니다. 즉 상황에 따라 보온에 좋기도 하고 나쁘기도 합니다. 또는 활동 중에 생기는 열을 적절하게 배출해서, 땀이 나는 것을 방지합니다. 이런 기능에 적합한 것이 플리스 재질입니다. 플리스 재질로 만든 미드레이어가 보편적입니다.

　이런 경우를 생각해 봅시다. 불어온 바람이 통기성 있는 미드레이어를 뚫고 체온을 떨어뜨려 버립니다. 이렇게 되면 땀을 말리기 위한 통기성이 오히려 보온 역할을 못 하게 만드는 원인이 됩니다. 바람의 세기와 미드레이어의 촘촘함에 따라서 기능성과 쾌적함이 달라집니다. 이런 변수는 지역과 날씨에 달렸습니다. 그래서 미드레이어는 상황에 따라 기능의 균형을 맞춰 만듭니다. 어떤 것은 통기성이 좋게, 어떤 것은 통기성을 좀 낮추고 보온이 잘 되게 만듭니다. 또한 자신의 체질에 따라 입어야 합니다. 땀이 많고 적음과 추위를 느끼는 정도에 따라 선택해야 합니다. 이렇게 단지 변수에 따른 기능의 차이지 어떤 회사 제품이 절대적으로 좋은 것은 아닙니다.

　상황에 따른 변수를 해결하기 위해, 온도 조절이 쉽도록 가슴 지퍼를 명치 아래까지 길게 만들기도 합니다. 또는 옷에 일부분만 통기성 있게 만들기도 합니다. 이런 디자인 요소로도 미드레이어의 종류가 늘어나는 것입니다. 하지만 가장 쉽게 해결하는 방법은 더우면 벗고 추우면 입는 것입니다. 조금 귀찮지만 가장 확실한 방법입니다.

이렇게 베이스레이어와 미드레이어가 있다면, 가장 겉에 입는 '셸 (shell)'이 있습니다. 단어의 의미상 껍데기라는 뜻입니다. 그런데 반드시 셸을 입을 필요는 없습니다. 저는 몹시 추운 날 등산할 때 또는 비가 올 때, 찬 바람 맞으며 능선을 탈 때가 아니면 거의 셸을 입지 않습니다. 한겨울에도 미드레이어까지만 입고 오르다가, 중간에 쉬거나 정상에 도착해 체온이 떨어질 것에 대비해 셸을 입는 경우가 많습니다. 하산할 때도 체온이 잘 오르지 않으면 입습니다.

상황에 따라서 '베이스레이어(고소내의)+베이스레이어(울 내의)+미드레이어+미드레이어'의 조합이 될 수도 있고, 또는 '베이스레이어+미드레이어+셸'의 조합도 될 수 있습니다.

그러면 셸은 어떤 기능을 갖춰야 할까요? 셸은 미드레이어로 해결이 안 될 때 몸을 껍데기처럼 감싸주는 것입니다. 정상에 도착해서 찬 바람이 붑니다. 이제 걸으면서 체온을 올릴 수 있는 상황이 아닙니다. 또는 능선길을 걷는데, 세찬 바람이 통기성 좋은 미드레이어를 뚫고 들어옵니다. 걷는 활동으로 올린 체온은 의미 없어집니다. 이때는 바람을 막아서 미드레이어의 통기성 구조를 순수 보온 기능으로 바꿔줄 최종 껍데기(셸)를 입어야 합니다.

그러면 자연스럽게 셸은 어떤 재질로 되어 있어야 할지 짐작됩니다. 바람을 잘 막아주는 재질이어야 할 것입니다. 그런데 방수가 될 만큼 완벽히 막아준다면 어떻게 될까요? 옷 안에 땀이 찹니다. 쾌적함이 떨어지거나, 너무 춥다면 셸 안에서 땀이 얼어버리는 등 문제가 생깁니다. 그래서 어느 정도의 통기성은 있어야 합니다. 이런 재질로 된 것을 '소프트 셸'이라고 합니다.

그런데 비가 오거나 눈이 많이 내린다고 가정해 봅시다. 그 상황에서 긴 시간 걸어야 합니다. 이때는 소프트 셸에 발수 기능이 있어도, 시간이 지나면서 다 젖어 버립니다. 아주 위험해집니다. 제가 소프트 셸의 발수 기능만 믿고 대설주의보 발효된 날에 긴 시간 걷다가, 옷이 다 젖어 위험한 상황까지 갔었습니다. 이런 경우는 방수 기능이 있는 '하드 셸'을 입어야 합니다.

고어텍스 재킷이라고 하면 모두 다 아실 겁니다. 그게 바로 하드 셸입니다. 고어텍스 소재로 된 유명 회사의 하드 셸은 비쌉니다. 저뿐만 아니라 많은 사람이 그렇게 비싼 하드 셸을 꼭 사야 하는지 의문을 가집니다. 입을 상황이 그리 많지 않기 때문입니다. 저는 한겨울에도 하드 셸 입고 등산하면 땀이 차고 더워서 불편합니다. 고어텍스는 방수가 되며 땀도 배출한다고 하지만, 실제로 입어보면 별로 체감되지 않았습니다. 또한 아무리 등산을 좋아해도, 하드 셸을 입어야 할 정도로 눈비가 올 때 산에 가는 경우는 거의 없습니다. 빗속을 하드 셸 입고 걷는 느낌이 어떤지 잘 알기 때문입니다. 그래서 하드 셸보다는 소프트 셸이 더 유용합니다.

예상하지 못한 비에 대비할 수단이 필요하다면, 미드레이어나 소프트 셸 위에 얇은 레인 재킷을 입는 것도 대안이 될 수 있습니다. 그렇지만 사람들은 비싼 돈을 주고 하드 셸을 삽니다. 저 역시도 가끔은 두리번거립니다. 그 이유는 등산복 회사가 하드 셸을 참 이쁘게 잘 만듭니다. 하드 셸은 등산하며 착용하기보다는, 일상에서 디자인 이뻐 착용하는 경우가 더 많다는 것을 알고 만드나 봅니다. 캠핑이나 여행할 때 또는 산책할 때 입기 좋습니다. 그러나 등산이 목적이라면 소프트 셸에 더 신경 쓰는 것이 현명합니다.

이처럼 레이어링은 원리만 알면 됩니다. 감성이 아닌 기능성이 목적이라면, 새로 나온 무슨 옷이 어떻다는 그런 정보를 굳이 찾아다니며 알 필요는 없습니다. 좀 더 비싼 옷이라도 다른 옷보다 엄청나게 뛰어난 성능의 차이는 없습니다. 그런 옷이 있어 산다고 해도, 자신의 등산 스타일에 적합한지 따져보고 결정해야 합니다.

아! 한 가지 더 말할 것이 있습니다. 바로 '패딩 재킷'입니다. 오리털이나 거위 털로 충전한 패딩 재킷은 언제 입을까요? 정상에서 강한 바람을 맞으며 일출을 기다리거나, 또는 식사할 때처럼 활동 없이 머물 때 입습니다. 하드 셸도 걸을 때는 후덥지근해서 못 입는데, 패딩은 당연히 더 그렇습니다.

이런 경우를 가정해 봅시다. 미드레이어까지만 입고 정상에 올랐습니다. 그곳에서 식사하는 둥 한동안 미물러야 합니다. 그런데 미드레이어까지 땀으로 젖은 상태입니다. 셸로 바람만 막아서 될 일이 아니고 패딩으로 보온해야 합니다. 젖은 미드레이어 위에 바로 오리털이나 거위 털 패딩을 입어도 될까요? 물론 안될 것은 없지만 그리 좋은 생각이 아닙니다. 이유는 미드레이어의 땀이 패딩의 털로 전달되어 적신다는 것입니다.

오리털, 거위 털은 장단점이 있습니다. 장점은 가볍고 압축하면 부피를 많이 줄일 수 있습니다. 단점은 젖게 되면 보온 성능이 급격히 떨어진다는 것입니다. 이런 단점을 보완하는 소재가 합성충전제 패딩입니다. 쉽게 말해서 털 대신 솜 같은 것을 사용했다고 이해하면 됩니다. 합성충전제 패딩은 젖어도 보온 성능이 어느 정도 유지되지만, 압축해도 부피가 크게 줄지 않고 무게도 털보다 좀 더 나갑니다.

그래서 저런 경우에는 젖은 미드레이어를 벗고 그 위에 패딩을 입어야 합니다. 또한 패딩을 입었을 때 따뜻해지는 원리는 체온을 잘 보존해서 보온하는 것입니다. 아무리 좋은 패딩을 입었어도 안에 많이 젖은 옷을 껴입은 상태라면, 체온을 기반으로 패딩 안을 따뜻하게 하는 데 시간이 오래 걸리거나 비효율적입니다.

그런데 사실 저는 위에서 설명한 이유보다는, 비싼 패딩이 아까워서 땀에 젖은 옷 위에 입지 않습니다. 비싼 패딩에 땀 냄새가 배면 세탁해야 합니다. TV에서 본 지식으로 말씀드리면 이렇습니다. 패딩은 물세탁 하면 안 됩니다. 드라이클리닝도 좋을 게 없다고 합니다. 패딩은 충전된 털이 젖지 않도록, 더러워진 부분만 빠르게 부분 세탁하는 것이 좋다고 합니다. 오리나 거위는 부리에서 나오는 기름으로 털을 고르며 관리합니다. 털에 바른 기름 때문에 발수 기능이 생겨 보온력이 유지됩니다. 그런데 털을 채집해서 세탁한 후 패딩 재킷을 만듭니다. 이때 털을 고르며 발라두었던 기름이 다 사라져서 다시 기름칠 가공을 합니다. 그래서 패딩을 세탁하면 털에 가공한 기름칠이 사라지게 됩니다. 세탁 후에 보온 성능이 뚝 떨어져 버립니다. 어떤 세탁소에서는 발수가공을 하기도 한다던데 얼마나 효과가 있을지는 모르겠습니다. 효과가 좋다면 저도 한번 맡겨보고 싶습니다.

그래서 저는 레이어링 원리에 좀 맞지 않아도, 땀에 젖은 옷 위에 얇은 방수 재킷을 입고 그 위에 패딩을 입기도 합니다. 최대한 패딩이 땀에 젖어 오염되지 않는 방식으로 착용합니다. 그래도 식사하는 시간 정도는 충분히 보온할 수 있었습니다.

등산용 패딩은 압축이 잘되어 작은 부피로 휴대할 수 있어야 합니다. 또한 가벼워야 하므로 적은 양으로도 크게 부풀어 보온 효과가 좋아야 합니다. 등산용 패딩이 비싼 이유는 그런 기능에 적합하게, '필 파워' 높은 털을 사용하기 때문입니다. 옷의 겉과 속의 재질도 약간의 방수 기능이 있는 최대한 가벼운 것을 사용합니다. 이런 것들이 가격을 높이는 원인입니다.

그런데 아주 높은 산에 가는 것이 아니라서 배낭 무게의 압박이 그리 심하지 않다면, 굳이 너무 비싼 패딩을 살 필요 또한 없습니다. 그냥 일상에서 입는 패딩으로도 충분합니다. 필 파워가 낮아 충전량을 많이 넣었기 때문에, 압축해도 부피가 크고 조금 더 무겁다는 것뿐입니다. 무게의 압박이 심하지 않은 등산에서는 사용할 만합니다. 하드 셸과 패딩을 타운용으로 같이 사용할 계획이 아니라면, 베이스레이어와 미드레이어에 돈을 쓰는 것이 현명합니다.

경험 많은 어느 등산 유튜버가 말하길, 자신은 겨울 산에서 두껍게 입지 않는다고 합니다. 겨울에 입는 레이어링을 보여주는데, 잘 모르는 사람이 보면 거짓말처럼 느껴질 정도입니다. 얇게 입을 수 있는 이유는 걷는 것을 멈추는 순간이 짧기 때문이라고 합니다. 그러니 몸에서 발생하는 체온으로 버틸 수 있는 것입니다. 이 유튜버뿐만 아니라 겨울 산을 즐기는 많은 사람의 공통점입니다. 이 말은 등산 중에 패딩을 안 입을 수도 있고 입어도 잠깐이라는 것입니다. 그러니 비싼 고어텍스 재킷과 마찬가지로 패딩에도 큰돈을 쓸 이유가 없습니다.

저는 정말 추운 한겨울 신년 일출 산행에서, 강한 바람을 맞으며 한자리에 30분 정도 서 있을 때도 종종 있었습니다. 그때도 아주 빵빵한 비싼 패딩을 입지는 않았습니다. 바람만 막을 용도의 저렴한 하드 셸과 그 안에 경량 패딩, 미드레이어, 베이스레이어에 핫팩이면 그럭저럭 괜찮습니다. 백패킹 용도로 빵빵하고 좋은 비싼 패딩을 가지고 있지만, 배낭 무게를 줄이기 위해서 꼭 필요한 등산에만 가져갑니다. 앞으로도 종종 그렇게 다닐 것 같습니다. 하지만 따라 하지는 마십시오. 단지, 등산이 목적이라면 유명 브랜드의 비싼 패딩을 꼭 사야 할 필요는 없다는 것입니다.

산에서는 어떤 일이 일어날지 모르니, 만약을 대비해 항상 비상 보온 대책이 있어야 합니다. 어떤 사람들은 입지 않을 두꺼운 패딩을 비상용으로 가지고 다닙니다. 또 어떤 사람들은 등산하는 코스에 맞는 자신만의 대책이 있습니다. 추운 날씨에 핸드폰 배터리는 쉽게 방전됩니다. 그래서 작은 보온 팩에 핸드폰 배터리와 얼면 안 되는 것을 함께 넣어 보관하기도 합니다. 하지만 제가 생각하기에 가장 중요한 것은, 겨울에는 잘 아는 산과 비상시에 구조받기 쉬운 산으로 가는 것입니다. 그런 면에서 국립공원 산들이 적당합니다. 정해진 등산로를 이탈하지 않으면 웬만해서는 안전합니다.

<u>세 번째는 겨울 산의 숨겨진 위험함에 관해서입니다.</u> 숨겨졌다는 말은 직접 경험하지 않으면 상상이 안 된다는 뜻입니다. 겨울 산의 숨겨진 위험함을 피하는 방법은 간단합니다. 눈이 많이 왔을 때나 한파경보가 떨어질 만큼 추운 날에는, 가보지 않은 산은 안 가면 됩니다. 즉 너무 혹독한 날씨는 피하고 무모한 산행을 하지 않으면, 겨울 산의 숨겨진 위험함을 굳이 체험으로 알게 되는 불필요한 일을 피할 수 있습니다.

'제5장 등산 후기'에 네 편의 겨울 등산 후기를 올려놓았습니다. 특별히 겨울 등산 후기 위주로 적은 이유가 있습니다. 겨울 산의 아름다움을 소개함과 동시에, 필자가 직접 겪은 위험한 상황을 보여주기 위함입니다. 자세한 간접경험으로 안전에 대한 인식이 충분히 생겨날 것입니다.

사실 눈꽃은 산이 높다고 아름다운 것이 아닙니다. 아름다운 눈꽃을 볼 수 있는 몇 가지 조건이 있는데, 그중 산이 높은 것은 결정적 요소가 아닙니다. 아름다운 눈꽃을 안전하게 즐기는 방법은 많으니 무리한 산행은 하지 않는 것이 좋습니다. 겨울 산을 안전하게 즐기시길 바랍니다. 산은 겨울 산이 아름답습니다.

☞ **겨울에 선글라스가 필요할까요?** : 맑은 날 눈꽃을 보러 간다면 꼭 필요합니다. 햇빛이 쌓인 눈에 반사되어 눈알이 따갑습니다. 어느 정도인가 하면 어떤 유명 유튜버가 등산 중에 선글라스를 잃어버렸다고 합니다. 눈이 너무 따가워서 넥워머를 눈까지 가려 봤는데, 걸을 수 있을 만큼은 앞이 보여서 그 상태로 하산했다고 합니다. 하지만 선글라스 역시 비싼 것을 살 필요는 없습니다. 등산뿐만 아니라 다용도로 사용할 것이 아니라면, 저렴하고 렌즈가 큰 일반 안경테에 렌즈만 선글라스용으로 맞추면 됩니다. 렌즈가 굴곡진 디자인의 스포츠 선글라스는 시야가 왜곡돼 보여, 오히려 울퉁불퉁한 등산로에서 걷기에 위험할 수 있습니다.

겨울 산의 아름다움은 마음을 순수하게 만듭니다.

| 남덕유산에서 |

4-25. 혼자 하는 야간 산행의 비법 자애.

처음 간 산에서, 밤에 헤드랜턴 하나에 의지해 혼자 걷는다는 것? 상상해 보셨나요? 저는 산을 좋아해도 그러고 싶은 마음은 없었습니다. 그게 도대체 무슨 재미인지? 오히려 정서가 좀 이상한 사람으로 보일 것 같다고 생각했습니다. 하지만 몇 년 전, 의도치 않게 처음 가본 깊은 산 속을 밤에 혼자 걷게 되었습니다.

백패킹에 한참 재미 들어 배우는 중이었습니다. 가을 단풍 구경도 하고 영남알프스 재약산 정상에서 텐트 치고 밤을 보낼 계획이었습니다. 오후 2시 조금 넘어 표충사에서 출발해, 흑룡폭포와 층층폭포를 거쳐 고사리 분교 터를 지나 정상으로 가는 코스를 걷고 있었습니다. 그런데 코스에 대한 사전 조사가 부족했습니다. 그 코스가 그렇게 계단만 이어지고 가파른지 몰랐습니다. 더군다나 백패킹 초보라서 배낭을 약 17kg 정도로 무겁게 꾸렸습니다. 배낭 지고 올라가는 저를 보고는, 하산하던 분들이 모두 놀란 표정으로 보았습니다. 그렇게 힘든 코스라서 속도가 나지 않아 층층폭포에 다다랐을 즈음에 벌써 해가 지기 시작했습니다.

계획에 없던 야간 산행을 하게 될까 봐 겁이 났습니다. 야간 산행 경험도 없었고 처음 가보는 산에서 혼자 하기는 싫었습니다. 어두워지기 시작해 헤드랜턴 낀 상태로 걷는데, 고사리 분교 터 근처 갈림길에서 어느 길로 가야 할지 혼동이 왔습니다. 잠시 고민하다가 코스로 짐작되는 길로 들어섰는데, 조금 걷다 보니 길이 아닌 듯한 곳을 지나고 있습니다. 그것만도 불안한데 잠시 후 같은 곳을 빙글빙글 돌고 있었다는 것을 알았습니다. 머리가 쭈뼛 섰습니다. 보통 무서운 이야기에서 사람이 귀신에게 홀릴 때, 그렇게 같은 곳을 계속 돈다는 내용 흔하기 때문입니다.

그래서 걸음을 멈추고 마음을 진정시킨 후, 다시 이전 갈림길을 찾아 되돌아갔습니다. 잠시 고민하다가 멀리 돌아가는 길이라도 최소한 정비된 등산로를 걷자고 생각하며 다른 길로 들어갔습니다. 양옆으로 나무만 보이는 칠흑같이 어두운 숲길이었습니다. 스틱을 돌 위에 찍는 소리가 마치 뒤에서 누가 따라 오는 것처럼 들려, 가끔 뒤를 돌아보며 걸었습니다.

재약산 정상으로 가는 길이 맞는지 확신도 없어 불안한 마음으로 걷고 있있습니다. 그래서 명상 테크닉을 이용하기로 했습니다. 발걸음에 명칭을 붙이고 알아차리면서 걸었습니다. 마음이 불안함으로 향하지 않도록 최대한 발걸음에 붙여두었습니다. 곧 마음이 고요해지며 어느 정도 걸을 만했습니다. 저녁 먹을 시간이 지나서 배가 고팠습니다. 알아차림으로 마음이 고요해지니, 긴 터널 같은 어두운 숲길 속에 멈춰서서 에너지바를 먹는 여유도 생겼습니다.

그렇게 걷다 보니 숲을 뚫고 능선길로 올라섰습니다. 올라서는 순간 반대 방향에서 걸어오는 랜턴 불빛 두 개가 보입니다. 하산 중인 젊은 남자 둘을 만났습니다. '아, 정말 야간 등산하는 사람들이 있기는 하구나.' 생각했습니다. 너무 반가워서 인사하고, 재약산 정상으로 가는 길이 맞는지 또 얼마나 남았는지 물어보고 헤어졌습니다. 조금 더 걸으니, 이번에는 젊은 남녀 한 커플이 대형견 래브라도 리트리버 검둥이를 데리고 나타났습니다. 기분이 묘했습니다. 한밤중 산꼭대기 능선에서 젊은 남녀 커플에 큰 검둥이 개를 만나니, 이 커플은 도대체 산을 얼마나 좋아하는 건지? 개가 주인을 지키려고 경계하지 않게 미리 부드러운 목소리로 인사를 건넸습니다. 몇 가지 궁금한 것을 물어보고 헤어졌습니다.

조금 더 능선길을 걸으니 사방으로 시야가 트였습니다. 넓은 밤하늘에 둥근 달, 달빛에 반사된 구름이 마치 예술 작품처럼 아름다웠습니다. 이제는 오히려 재약산 정상으로 이어지는 이 길이 좀 더 길었으면 좋겠다는 생각이 들었습니다. 멋진 풍경을 더 오래 즐기고 싶어서 발걸음 속도가 느려졌습니다. 달빛이 그토록 편안한 느낌을 줄 수 있다는 것을 처음 알았습니다. 하늘 전체가 은은한 빛을 내는 전등 같았습니다.

조금 전 어두운 숲길을 걸으며 무거웠던 마음은 완전히 사라지고, '아! 이런 풍경을 보려고 야간 등산하는구나.'라는 생각이 들었습니다. 아름다운 경치를 보며 평온한 마음으로 사진 찍고 즐기며 걸었습니다. 밤에 처음 가본 산 능선을 혼자서 그렇게 즐길 수 있는 것이 신기했습니다.

재약산에서 첫 야간 산행을 경험한 후에도, 의도치 않게 몇 번 혼자 야간 산행하게 되었습니다. 야간 산행을 몇 번 해보니, 사방이 막히고 어두운 숲길에서는 으슥하지만 능선에 올라서면 다른 분위기가 된다는 것을 알았습니다. 맑은 하늘에 달이 떠 있거나 또는 산 아래로 도시의 멋진 불빛이 보이면 완전히 다른 산이 됩니다.

경험이 쌓이며 마음에 여유가 생겼습니다. 어두운 숲길을 지날 때 알아차림으로 마음을 강제로 발걸음에 묶어 두기보다는, 자애를 일으켜 주변으로 방출하는 방법을 사용하게 되었습니다. '이 산에 살아있는 모든 존재들, 항상 평온하고 행복하기를……'하며 자애를 일으켜, 마음을 부드럽게 안정시키는 쪽으로 노력했습니다. 자애로 마음을 평온하게 하는 것이 훨씬 자연스럽고 효과도 좋았습니다. 자애로 마음이 평온해지면 자연스럽게 알아차림도 커졌습니다.

가끔은 산 정상에서 혼자 텐트 치고 잘 때도 있습니다. 그런 때는 산행 자체가 자애 수행이 됩니다. 산 아래에서 출발할 때부터, 산속의 모든 생명체에게 자애를 보내며 걷습니다. 또한 지친 일상에서 벗어나 휴식할 여유가 있고, 몸이 건강해서 취미를 즐길 수 있는 것에 감사한 마음을 가집니다. 진심으로 감사하면 자애 수행하며 산에 머무는 것이 즐겁습니다.

어떤 때는 산속에서 혼자 자며 좋은 꿈을 꾸기도 합니다. 자애를 계속 일으켜서 유지하기 때문에 그렇습니다. 사실 자애를 놓는 순간, 무서운 마음이 든다는 것을 알아서 놓지도 못합니다. 하지만 자애의 마음으로 머물다 보면 행복해서 유지하게 됩니다. 일상에서는 오랜 시간 자애를 유지하고 싶어도 여건이 안 될 때가 많습니다. 그래서 일상에서 벗어나 산에 머무는 것이, 자애로써 힐링 되는 치유의 시간입니다.

꼭 야간 산행이 아니더라도, 여러분들도 산에 들어오면 산에 있는 모든 생명체에게 따뜻하고 친절한 자애의 마음을 일으키십시오. 자애의 마음으로 살아있는 모든 존재들을 친근하고 소중하게 여기십시오. 그러면 산에서 보호받을 것입니다. 어떤 으슥한 곳을 혼자 지나가더라도 무서운 마음이 들지 않을 것입니다. 뱀이 지나가든 뭐가 지나가든 그런 대상들에게도 '저 동물이 안전하기를……' 하고 마음으로 기원해 주십시오. 그러면 산은 내 편이 됩니다.

' 산에서든 어디에서든,
자애의 마음은 두려움에서 벗어나게 도와줍니다. '

백패킹에 관한 생각

　산과 캠핑을 좋아하는 사람이라면, 자연 속에서 혼자 머무는 멋진 백패킹 사진에 눈길이 갈 것입니다. 저 역시 그랬습니다. 언젠가는 한번 해봐야지 고민만 하다가 용기를 내서 시작했습니다. 백패킹을 준비한다고 약 300만 원 가까이 들어간 비용을 첫 백패킹에서 모두 보상받았습니다. 운이 좋아서 너무나 아름다운 경험을 했습니다. 그래서 백패킹을 시작하길 정말 잘했다고 느꼈습니다.

　그런데 두 번째부터는 첫 경험과 다른 백패킹의 실상을 보게 되었습니다. 조금 유명하다는 곳은 마치 난민촌처럼 텐트가 많았고, 화장실이 없는 산속에 여기저기 휴지가 널려있었습니다. 술과 음식을 배낭 가득히 짊어지고 올라와 밤늦게까지 즐기며 떠들었습니다. 높은 산처럼 오르기 힘들거나 유명하지 않아서, 사람들이 잘 오지 않는 곳에 가야 자연을 즐길 수 있었습니다.

　첫 야간 산행을 하게 된 재약산 백패킹도 마찬가지였습니다. 당시에는 도립공원 산에서는 백패킹이 금지되어 있다는 것도 몰랐습니다. 산에서 화기를 사용하면 안 된다는 상식 정도만 있었습니다. 그럴 수밖에 없는 이유는, 인터넷에 보면 '영남알프스의 신불산, 영축산, 천황산, 재약산' 등에서 백패킹하는 사진이 너무 많았기 때문입니다. 저 날도 능선에서 멋진 밤하늘을 즐기다가 정상 아래 데크에 도착하니, 어느 백패킹 팀이 데크 전체를 점령해 술판을 벌이고 있었습니다. 도대체 그 많은 술을 어떻게 짊어지고 올라왔는지도 궁금했습니다. 텐트 칠 곳이 없어 서서 두리번거리고 있는데, 데크가 아닌 약간의 경사진 자리가 눈에 보였습니다. 너무 늦은 시간이라 내려갈 수도 없어, 그곳에다 텐트를 치고 하룻밤을 보냈습니다.

다음날 하산하며 천황재 데크를 지나는데, 데크 주변에 버려진 휴지가 널려있어 눈살을 찌푸리게 했습니다. 백패킹하는 입장에서도 그런데 등산객들 눈에는 더 보기 안 좋았을 듯합니다. 그 때문인지 지금은 데크마다 '야영 금지'라는 표지판이 달려 있다고 합니다. 일부 산에서 백패킹이 금지된다는 법적 근거에 대한 해석이 사람마다 다르기도 합니다. 또는 지자체에서 '야영 금지' 팻말을 달면 법적 효력이 있다는 주장도 있습니다.

그런데 그런 법적 근거에 상관없이 등산이나 백패킹을 즐기는 사람이라면, 자연을 함께 공유하며 갖춰야 할 기본적인 상식과 에티켓은 당연한 의무라고 생각합니다. 자신이 머물던 자리에 쓰레기 하나라도 놓고 마음 편하게 발걸음이 떨어진다면, 자연을 즐길 자격이 없는 사람입니다.

'자연에 머물던 자리는 흔적을 남기지 맙시다.'

자애를 일으키는 순간
내 마음이 먼저 평온하고 행복해집니다.
자애는 자신을 사랑하는 것입니다.

| 재약산에서 |

4-26. 상황에 맞게 즐기는 등산.

산에서 항상 명상만 하는 것은 아닙니다. 때로는 몸을 활발하게 움직이며 즐기는 스포츠맨이 되기도 하고, 또는 아름다운 풍경을 감상하며 걷는 여행자가 되기도 하고, 또 어떤 때는 멋진 사진을 찍는 예술가가 되기도 합니다.

어느 겨울날 컨디션 좋은 시기에 몸에 힘이 넘쳐 격한 활동을 하고 싶습니다. 그래서 스포츠 모드로 배낭을 가볍게 꾸립니다. 평소에는 단맛이 싫어서 잘 즐기지 않는, 빠르게 에너지로 사용되는 단당류 행동식도 많이 챙깁니다. 불필요한 것들은 모두 빼고 배낭도 몸에 밀착되는 작은 것으로 준비합니다.

오르기 전에 핸드폰으로 출발 시간을 체크 합니다. 이제 알아차림에 신경 쓰지 않고 빠르게 올라갑니다. 중요한 것은 정상까지 약 3km 거리를 쉬는 시간 없이 오르는 것입니다. 중간에 오르다가 헉헉대며 쉬는 것은 실패입니다. 정상에 발을 디딜 때 기분 좋게 숨이 차야 합니다. 숨을 가쁘게 몰아쉬지는 않지만 몸이 에너지를 충분히 사용하도록 효율적으로 심박수를 올리며 페이스 조절하는 능숙함을 발휘해야 합니다.

그래야 무슨 고수라도 된 듯 자아도취에 빠질 수 있어 기분 좋습니다. 재미있으면 다음 주는 시간을 조금 더 줄여보려고 도전합니다.

그렇게 스포츠 모드로 등산하고 내려오면, 온몸의 근육이 터질 것 같은 느낌에 철인이 된 것 같고, 강한 신체의 자신감에 무엇이든 할 수 있을 것 같습니다. 등산을 배우며 수없이 와본 모산(母山)이라서 가능한 일입니다.

매년 가을 단풍산행에서는 어유롭게 풍경을 즐기는 여행자가 됩니다. 고개를 들면 마음을 흔드는 아름다운 경치가 사방으로 이어지는데, 어떻게 발걸음 앞에 시선을 두고 알아차림 하며 걸을까요? 일 년 중 짧은 가을에만 볼 수 있는 단풍 속에서는, 차라리 고요한 알아차림은 내려놓고 들뜬 마음으로 두리번거리며 즐기는 여행자가 되렵니다. 힘든 몸을 알아차림으로 다스릴 필요도 없습니다. 계속해서 이어지는 멋진 경치가 보상해 주기 때문입니다. 하지만 다치지 않을 정도의 알아차림은 둡니다. 힘들지만 멋진 경치를 즐기며 등산한 후에는, 알아차림으로 번뇌를 내려놓은 고요함이 아닌 만족스러운 여행 중에 느끼는 행복을 경험하게 됩니다.

겨울이 되면 거의 매일 날씨를 검색합니다. 눈꽃 좀 즐긴다는 사람들은 날씨 보는 노하우가 있습니다. 그 노하우는 많은 경험으로 배우는 것입니다. 드디어 여러 조합이 맞아떨어져, 멋진 눈꽃 산행을 하게 됐습니다. '스틱? 몸의 정렬? 알아차림?' 머릿속에서 다 지워진 상태입니다.

셀카봉을 들고 사방을 두리번거리며 사진 찍는다고 정신없습니다. 걷다 보니 허리가 불편하기도 합니다. 셀카봉을 들고 척추 정렬을 점검하지 않은 채 정신없이 걷다 보니 그렇습니다. 불편한 느낌이 있어도 그냥 무시해 버립니다. 지금 중요한 것은 저 멋진 설경을 최대한 사진에 잘 담는 것입니다. 환상의 설경을 즐기며 걷다 보면, '여기가 대한민국이 맞나? 아니 인간 세상이 맞나?' 싶기도 합니다.

그 정도로 멋진 설경을 핸드폰에 가득 담아 내려오면, 만족스러운 작품을 얻은 예술가가 된 기분입니다. 이제 얼른 집에 가서 찍은 사진을 보며 정리하고 싶습니다. 사진으로 영상을 만들며 또다시 영화감독이 됩니다.

이 외에도 다양한 방식으로 등산을 즐길 수 있을 것입니다. 한 가지 방식으로만 즐기면 아쉽지 않을까요? 등산은 그때그때 상황에 맞게 즐기는 것이 가장 잘 즐기는 것입니다.

어제저녁 6시 라디오 '배철수의 음악캠프'에서 이런 내용을 들었습니다. 어떤 유명인이 했던 말인데, DJ 배철수 씨는 그 말을 좋아한다고 합니다. 내용은 대충 이렇습니다. '삶에서 재미를 느낄 수 있는 다양한 방법을 갖추면, 운명에서 벗어나기가 좀 더 수월해진다.' 그 말을 듣는 순간 격하게 동감했습니다. 정말 재미나게 즐길 줄 아는 취미 세 가지만 있어도, 매주 하나씩 즐기고 한 주는 쉰다고 하면 한 달이 행복하게 지나갈 것입니다.

처음 등산에 빠지면 인터넷으로 옷과 장비를 구경한다고 시간이 참 잘 갑니다. 그런 취미가 세 개라면? 마음이 밖으로, 남으로 방황할 일이 없을 것입니다. 취미는 단지 시간을 보내는 수단이 아닙니다. 삶을 '나에 대한 관심'으로 살아갈 수 있게 만드는 소중한 활력소가 됩니다.

' 취미는 소중한 삶을
나에 대한 관심으로 살아갈 수 있게 해줍니다. '

4-27. 산에서 필요한 에티켓.

산은 일상에서 벗어나 자유롭게 마음을 쉬러 가는 곳입니다. 나에게만 그런 것이 아니라 남에게도 그렇습니다. 내 자유로움을 누리며 남을 불쾌하게 한다면, 그것은 자유로움이 아니라 오만불손으로 민폐를 즐기는 것입니다. 그래서 등산에도 에티켓이 필요합니다. 이상하게도 일상에서보다 산에서 에티켓을 지키지 않으면 더 꼴불견으로 보입니다. 무의식중에 산은 청정한 곳이라고 여기기 때문일까요?

그러면 산에서 지켜야 할 에티켓은 어떤 것들이 있을까요? 단지 제 기준에 불쾌한 순으로 나열해 보겠습니다. 첫 번째는 등산로에서 노래를 크게 틀어놓고 걷는 것입니다. 아마도 제가 산에 명상하러 다녀서 더 그럴지도 모르겠습니다. 저는 산속 자연을 그대로 느끼고 싶습니다. 조용함 속에 가끔 들려오는 새 소리, 바람에 나뭇가지 흔들리는 소리, 물 흐르는 소리 또는 등산하며 자연스럽게 생기는 걷는 소리 등을 좋아합니다. 사람들의 평범한 대화 소리도 좋아합니다.

그런데 갑자기 저 멀리 앞에서 노랫소리가 들려오기 시작합니다. 어떤 사람이 스피커로 노래 들으며 걸어오고 있습니다. 더군다나 그 노래는 내 취향이 아닙니다. 자연을 그대로 즐기는 것에 방해됩니다.

'왜! 자기 혼자 듣는 노랫소리로 자연을 가려버리나요?' 저는 이게 가장 불쾌합니다. 그래도 서로 걷는 방향이 반대라면 조금만 참으면 되기 때문에 별로 신경 쓰지 않습니다. 만약 같은 방향으로 걷는 사람이 저렇게 하면 단지 잠깐 참는 것으로 해결되지 않습니다. 그럴 때는 걸음을 멈추고 잠시 쉬면서 노래 듣는 사람을 먼저 보냅니다. 노랫소리가 안 들릴 즘에 다시 걷거나 아니면 속도를 내서 뒤로 멀리 떨궈 놓고 걷습니다.

두 번째는 음식 냄새입니다. 대부분 산은 쉬며 음식 먹는 장소가 있습니다. 제 모산(母山) 문장대는 정상에 꽤 넓은 평지가 있고 테이블이 몇 개 비치되어 있습니다. 그런데 가끔 산악회에서 그 자리를 모두 점령한 후 음식을 펼쳐놓고 먹습니다. 그건 하나도 잘못된 게 아닙니다. 건전하게 등산하는 취미 모임이라면 오히려 권장해야 합니다.

그들은 가져온 음식을 서로 나눠 먹으며 즐겁게 시간 보내지만, 정작 다른 사람들은 손수건으로 코 막고 지나가야 할 때가 있습니다. 참 특이합니다. 일상에서는 음식점 옆을 지나거나 또는 같은 음식점에서 다른 메뉴 냄새를 맡아도 별로 자극적이지 않은데, 이상하게 산에서는 몇 가지 종류의 음식 냄새가 참 거북합니다. 김치 냄새와 고추장 무침 종류의 냄새가 조합되면, 먹는 당사자가 아닌 옆을 지나가는 입장에서는 참 별로입니다. 거의 모든 사람이 좋아하는 라면 냄새도 내가 먹는 것이 아니라면 평소와 다르게 자극적입니다. 그래도 라면은 조금 나은 편입니다. 산악회에서 종류별로 싸 온 한식과 막걸리 냄새의 조합은, 정말 손수건으로 코를 막고 지나가게 만듭니다.

등산의 기술

어떤 유명한 등산 강사가 저와 비슷한 말을 하더군요. 산에서는 그냥 김밥이나 빵 종류로 간단하게 먹고, 내려와서 고추장볶음이나 김치찜 같은 맛있는 것 먹으라고 합니다. 아마도 저와 같은 생각을 했나 봅니다. 하지만 그래도 그분들의 즐거운 마음은 이해합니다. 친한 사람과 오랜만에 온 등산 모임인데 불편한 사람이 자리를 피하는 것도 배려라고 생각합니다.

세 번째는 정상석에서 인증사진을 너무 오래 찍는다는 것입니다. 가끔 그 때문에 사람들끼리 싸우는 것도 봅니다. 설악산이나 지리산, 한라산 같은 유명산에서 종종 경험하는 일입니다. 사람들은 정상석에서 사진 찍기 위해 줄 서 기다립니다. 오래전 한라산에서 정상석 앞에 줄 서 있는 사람에게 물어보니, 한 시간 기다려서 그 위치에 왔다고 합니다. 저는 그냥 멀리서 정상석과 사람들이 다 보이게 셀카로 한 컷 찍고 말았습니다. 그게 도대체 뭐라고 한 시간씩 기다려 찍는지 모르겠습니다. 등산을 자주 즐기는 않는 사람들에게는 한 컷의 인증사진이 소중할 수도 있습니다. 그래서 이해는 갑니다.

문제는 한 서너 장 찍었으면 기다리는 사람들을 위해 비켜주면 되는데, 무슨 모델 화보 촬영처럼 계속 찍는다는 것입니다. 그러면 기다리던 사람이 참다 못해서 한마디 합니다. 그리고 싸움이 납니다. 자기도 사진 찍으려고 몇십 분을 기다렸는데, 왜 빨리 비키라고 하냐며 따집니다.

가장 꼴불견은 단체로 온 사람들이 깡패처럼 정상석을 점령해 버리고, 자기들끼리 느긋하게 즐기며 찍는다는 것입니다. 줄 서 기다리는 사람이 한마디 하면 단체로 공격합니다. 또는 자기들 사진 뒤에 사람 나오는 게 싫다고 다른 곳에서 경치를 구경하라 합니다. 그때 주변에 있던 한 어르신께서 하신 말씀이 기억납니다. '사람 사는 세상에서, 사진에 사람 나온 것이 뭐가 어떻다는 것이여!'

저는 그렇게 생각합니다. 등산을 잘하고 싶고, 산에서 유익한 것을 얻길 원합니까? 세상 모든 것은 마음이 이끄는 것입니다. 산에서 지키는 등산 에티켓이 바른 마음의 조건(원인)으로 작용해서, 원하는 것을 얻는 데 도움 될 것입니다.

영화 '킹스맨'의 대사가 떠오릅니다.
'매너가 사람을 만든다(Manners makes man).'

4-28. 국립공원 대피소 이용법.

국립공원 대피소를 아십니까? 등산에 관심이 없었다면 들어보지 못한 분이 많으실 겁니다. 국립공원 대피소에 대한 이해를 가장 쉽게 설명해 보면 이렇습니다.

새해가 되면 TV에서 신년 일출 영상이 나옵니다. 그중에는 설악산이나 지리산 같은 높은 산 정상에서 일출을 맞이하는 사람들도 있습니다. 그분들은 어떻게 그곳에 있을까요? 추운 겨울밤에 몇 시간 등산해서 해 뜨는 시간에 그곳에 있을까요? 지리산 천왕봉 중산리 코스에서 그런 분들을 만난 적은 있습니다. 중년의 여성분이 혼자 새벽 두 시에 올라가 일출을 보시더군요. 하지만 저분들은 거의 다 정상과 가까운 대피소에서 1박 하신 분들입니다. 설악산 같으면 지금은 사라진 중청대피소에서 1박 하고, 30분 거리의 대청봉에 올라서 일출을 봅니다. 이제는 소청대피소에서 1박 하고 대청봉 일출을 봐야 합니다. 지리산 같으면 장터목 대피소나 로타리 대피소에서 1박 하고 천왕봉 일출을 볼 것입니다.

대피소는 이름에 맞짝 본래 목적도 있겠지만, 등산객들이 긴 코스를 등산하거나 일출을 보는 용도로도 사용됩니다. 코로나로 대피소 운영이 중단되었을 때는, 설악산 공룡능선을 타려면 하루 20km 이상 걸어야 했습니다.

이야기하고자 하는 것은 대피소 이용의 마음가짐입니다. 이용 안내는 국립공원 예약시스템 홈페이지에 자세하게 나와 있으니, 대피소를 이용해 본 경험담으로 분위기와 주의 사항 등을 이야기하겠습니다.

대피소 객실의 내부 구조는 마치 옛날 군대의 막사처럼 생겼습니다. 중앙에 통로가 있고 양옆으로 2층 나무 침상이 있습니다. 칸막이는 없고 여러 사람이 함께 사용합니다. 자리마다 번호가 있고, 한자리의 침상 넓이는 성인 한 명이 자기에 그리 넓지 않습니다. 싱글 침대보다는 당연히 더 좁습니다. 키가 크다면 침상 밖으로 발이 조금 나갈 수도 있습니다.

최근에 설악산 소청대피소를 이용했습니다. 60대 이상으로 보이는 어떤 부부가 왔었는데, 서로 나누는 이야기를 들어보니 좀 부유하게 사는 분들 같았습니다. 대피소는 처음이라고 하며 경치도 좋고 이 정도면 괜찮다며 신기해했습니다. 취침 시간이 되어 전등이 꺼진 후, 어떤 등산객이 계속 소리 내며 들어왔다 나갔다 반복했습니다. 처음 와본 그 여자분은 '남들 다 자는데 예의를 좀 지켜주세요!' 하며 큰소리로 훈계했습니다. 그 말을 들으니 살짝 걱정되었습니다. '혹시 저분들끼리 싸움 나지 않을까? 나이 많은 분 편에서 말려줘야 하나?' 보통의 경우는 누가 소음을 일으켜도 원래 그런 곳이라고 여기며 반응하지 않습니다. 제가 경험한 대피소 분위기는 이렇습니다.

하루 이용료 1만 3천 원 내고 쉬는 대피소에서 무얼 바라겠습니까? 신년 일출이나 가을 단풍철에는 정말 다양한 사람들을 보게 됩니다. 저는 중청대피소를 여러 번 이용해 봤지만, 한 번도 깊게 잠들어 본 적이 없습니다. 그냥 눈 감고 쉰다는 마음으로 누워있습니다. 아마 다른 분들도 같은 마음일 것 같습니다. 사방에서 들리는 코 고는 소리, 잠이 안 오니 뒤척이거나 물건 만지는 소리, 들어왔다 나갔다 하는 소리 등과 딱딱한 바닥 때문에 잠이 오지 않습니다. 혹시 대피소를 이용하게 된다면 일부러 잠을 청하려고 노력하지 마십시오. 그래봐야 잠자려는 노력에 스트레스만 받습니다. 수면 연구 결과로 증명된 사실인데 눈 감고 누워만 있어도 어느 정도 피로가 풀린다고 합니다. 그러니 눈 감고 쉰다는 생각으로 마음 편하게 누워있으면 순간순간 잠들기도 합니다.

그런데 소백산 연화봉 대피소에서는 편하게 잠들었습니다. 그곳은 사람들이 잘 예약하지 않습니다. 그래서 밤에 조용합니다. 지리산 세석대피소도 조용했던 것 같습니다. 이렇게 대피소는 일출 산행이나 긴 코스를 타는 목적으로 잠시 묵는 곳입니다. 또는 사람들이 잘 찾지 않는 한가한 시기에, 예약자가 적은 곳에서 하룻밤 묵고 청량한 새벽 산을 즐기는 용도로도 이용합니다. 친한 사람들과 친목을 다지며 재미 삼아 이용하는 것도 괜찮을 것 같습니다. 편안함과 낭만을 기대한다면 후회하기 쉽습니다.

만약 설악산에 간다고 하면, 차라리 개인 숙소에서 편하게 자고 새벽 일찍 일어나 당일치기 등산하는 것도 괜찮습니다. 상쾌한 기분으로 시작해서 '오색 ~ 한계령' 코스 등산을 마치고, 샤워 후 편하게 쉬는 것이 더 만족스러울 수도 있습니다. 대피소를 이용하게 되면 불편한 것이 많습니다. 음식을 포함한 준비물이 많아 배낭은 무거워지고 씻지도 못합니다. 밤에 깊게 잠들지 못해 다음 날 피곤한 몸으로 등산해야 합니다. 그래서 저는 대피소 이용을 별로 좋아하지 않습니다.

그런데 여유 있게 천천히 즐기며 대청봉에 올라, 한두 시간 경치 보며 쉬고 싶다면 대피소가 괜찮습니다. 산 정상에서 여유를 마음껏 즐기다가 좀 불편하게 자고 다음 날 바로 하산하면 됩니다. 한 번도 경험이 없다면, 큰 기대 없이 재미 삼아 이용해 볼 만도 합니다. 이 외에 다른 자세한 정보들은, 인터넷 검색으로 여러 사람의 생각과 경험담을 들어보는 것이 좋습니다.

그리고 대피소에서는 술을 마시지 마십시오. 규정상 술을 마실 수 없기도 하지만, 술을 마시면 다음 날 사진 속 얼굴이 이쁘게 안 나옵니다. 힘들게 일출이나 새벽 산을 즐기려고 갔는데 사진이 잘 나와야 기분 좋지 않을까요? 평소 경험을 떠올려 보십시오. 음주한 다음 날 거울로 본 얼굴이 어땠는지? 그 얼굴을 사진에 담고 싶지는 않을 것입니다.

4-29. 놓아버릴 때 얻게 되는 것.

혹시 '등산부심'이란 말을 들어본 적 있습니까? 아마 이제 막 등산에 관심 가진 분이라면 처음 듣는 단어일 것입니다. 등산부심이란 등산인들이 만들어낸 단어입니다. 부심(負心)은 '어떠한 것에 대하여 그 가치나 능력을 믿고 당당히 여기는 마음'이란 뜻입니다. 부심이 단어에 접미사로 사용되면 '어떤 대상에 대해 가지는 자부심이나 허세의 뜻'이 됩니다. 예를 들면 자주 사용되는 단어인 자부심(自負心)이 있습니다. 또는 키가 큰 것을 잘난 체하는 '키부심'도 있습니다.

사람은 함께 모여 사는 사회적 동물입니다. 세상 사람들과 소통하며 자신의 재능과 장점을 보여주며 만족을 느끼고, 또는 타인의 재능과 장점을 보고 칭찬하기도 합니다. 하지만 꼭 순기능만 있는 것은 아닙니다. 가장 쉽게 볼 수 있는 역기능은 SNS에서 드러납니다. 남에게 잘나 보이고 인정받고 싶은 마음 때문에, SNS에 올릴 사진 한 장을 위해 큰 노력과 시간을 투자합니다. 사진을 찍기 위해 여행을 가고, 맛집을 가고, 보디빌딩하며, 실재 삶과 다른 모습을 연출하기도 합니다.

인간이란 욕망을 원동력으로 살아가는 존재들이라서 어쩔 수 없는 부분이기도 합니다. 욕망이 존재하기 때문에 인류가 발전할 수 있었습니다. 더 많이 얻고 편하기 위해, 더 큰 만족을 누리기 위해 과학과 산업이 발달했습니다. 하지만 그 이면에는 욕망 때문에 생겨난 고통도 아주 많습니다. 그래서 사회학자들은 이렇게 말합니다. '인간의 욕망을 실현하고자 과학과 산업이 발달하고 삶의 수준도 높아졌지만, 과연 과거에 비해 행복감도 함께 높아졌나?' 반드시 그렇지는 않다고 말합니다.

등산을 비롯한 모든 취미생활도 마찬가지입니다. 어떤 취미에 관심이 생겨 배우다 보면, 남들의 멋진 사진을 보게 되고 자신도 그와 같이 되고 싶어 노력합니다. 그 과정에서 소통하며 발전합니다. 자신의 사진을 남들에게 보여주고 만족을 느낍니다. 하지만 이러한 순기능이 집착으로 넘어가게 되면, 초심이었던 순수한 즐김의 목적은 사라지고 어느 순간 욕망의 노예가 되어 있습니다. 내가 즐기려고 산에 가는 것이 아니라, 남에게 보여줄 사진을 찍기 위해 산에 갈 수도 있습니다. 그러면 취미는 더 이상 내 삶에 휴식을 제공하고 에너지를 채워주는 활력소가 아닙니다. 남들에게 드러내 보일 무거운 자아(에고, ego)를 취미 버전으로 하나 더 만든 것에 불과합니다. 또는 남과 비교하며, 시기와 질투를 일으키는 번뇌를 하나 더 만든 것입니다.

이런 변화의 과정을 경험하는 이유는, 인간은 욕망의 힘으로 살아가는 존재이기 때문입니다. 어떤 취미를 배움에 있어서 욕망의 힘으로 발전하는 것도 하나의 과정이지만, 지나친 욕망이 집착으로 변질하는 것 역시 피하기 어려운 과정입니다. 또한 그 욕망의 집착을 알아차리고, 다시 내려놓을 줄 아는 것도 배움이라는 과정입니다. 배움이라는 과정에 들어서면, 집착을 내려놓았을 때 오히려 더 큰 이익이 있다는 것을 알게 됩니다.

저는 등산이나 백패킹, 여행을 가면 사진 찍는 것을 좋아합니다. 혼자 셀카봉으로 즐기며 찍습니다. 찍은 사진을 정리하며 음악이 들어간 영상을 만들기도 합니다. 그렇게 영상으로 만들지 않으면 찍은 사진을 잘 보지 않기 때문입니다. 소중한 인생의 순간이 단 한 번의 즐김으로 잊히는 것이 아쉽기도 합니다. 영상으로 만들어 놓으면 가끔 보며 행복했던 기억이 떠올라 기분 전환도 됩니다. 이런 추억의 영상들이 하나씩 쌓이면 무엇과도 바꿀 수 없는 소중한 보물이 됩니다. 내 삶을 보여주는 나만의 기록영상이 됩니다.

나 역시 세상과 어울려 살고 싶은 평범한 인간이기에, 때로는 이런 사진과 영상들을 주변 사람들에게 보여주기도 합니다. 그렇게 하며 만족감을 느끼다 보면, 어느 때는 더 멋진 사진을 찍고 싶은 욕망과 찍은 사진을 빨리 남에게 보여주고 싶은 마음이 일어날 때도 있습니다. 그렇게 되면 멋진 풍경을 자유로운 마음으로 온전히 즐기는 데 방해됩니다. 그래서 가끔은 핸드폰을 넣고 풍경만 즐기고 싶어집니다.

드물지만 아주 좋은 날씨에 핸드폰을 차에 두고 등산하기도 합니다. 멋진 풍경이 나타나 사진 찍으려고 핸드폰을 찾다가, 차에 두고 왔다는 것을 알게 됩니다. 눈에 보이는 멋진 풍경을 사진에 담지 못하는 아쉬움이 일어나기도 하지만, 한편으로는 핸드폰을 놓고 와서 오히려 좋다는 생각도 듭니다. 멋진 사진을 찍고 싶고 남에게 보여주고 싶은 욕망 또한 내려놓게 됩니다. 그럴 때 오히려 마음이 모든 속박에서 벗어나 자유로워지고, 멋진 풍경을 더 깊게 음미하며 즐길 수 있습니다. 그래서 어떤 때는 순수하게 나 혼자 즐기기 위해 사진 찍기도 합니다. 아무리 잘 나온 멋진 사진이라도 남에게 보여주지 않습니다. 그렇게 등산하면 오히려 더 즐거울 때가 많습니다.

꼭 사진뿐만 아니라 삶의 많은 부분에서 욕망과 집착을 내려놓으면, 그때 오히려 걸림 없는 자유와 행복을 얻게 됩니다. 취미를 즐기는 과정에서 욕망과 집착을 내려놓는 마음가짐을 배울 수 있습니다. 여전히 사진 찍으며 즐기지만, 집착 없이 가볍고 자유로운 마음으로 즐길 수 있게 됩니다.

'등산이란 취미를 즐기며,
많은 유익함이 있기를 기원합니다.'

4-30. 등산을 핑계 삼아 운동을 시작하자.

아주 오래전 TV에서 본 내용입니다. 어느 대학교 교양수업에서 교수님이 학생들에게 특이한 과제를 냈습니다. 한 학기 동안 학생들에게 달리기를 시킨 것입니다. 아마도 건강과 관련된 교양수업이었나 봅니다. 수업 평가도 달리기를 꾸준히 했다는 것을 인증하는 형식이었습니다.

학기가 끝나갈 즈음에, 교수님이 학생들에게 달리기하며 느낀 점을 말해보라고 합니다. 어떤 학생은 하기 싫은 달리기가 너무 힘들었다고 합니다. 또 어떤 학생은 달리기하니 복근이 생겨 신기하고 몸이 전체적으로 좋아졌다고 말합니다. 또 어떤 학생은 일상에서 몸이 찌뿌둥하거나 마음이 답답할 때 달리기하니 상쾌해져서 좋다고 말합니다.

학생들의 소감을 듣고서 교수님이 이렇게 말합니다. '내가 여러분에게 달리기시킨 목적은, 수업을 핑계 삼아 운동의 효과를 경험하게 만들기 위해서였습니다.' 또한 학생들에게 헬스클럽 등록을 권했습니다. 이번 기회에 평소 운동하는 습관을 들이면 평생 큰 도움이 될 것이라며, 자신이 계획한 교양수업의 목적을 말했습니다.

운동을 꾸준히 즐기는 분들의 사연을 들어보면 대부분은 어떤 동기가 있습니다. 성격을 활발하게 바꿔보고 싶어 시작했다든지, 또는 몸이 불편해 치료하기 위해 시작했다든지 각자 이유가 있습니다. 그런데 정작 운동해 보니, 그 운동을 시작한 이유를 넘어 더 큰 이익을 경험하게 되었다고 합니다. 그래서 운동을 좋아하게 되었고 즐기며 오랜 기간 할 수 있었다는 것입니다. UFC 정찬성 선수도 조용한 성격을 바꾸고 싶어 격투기를 시작했다 하고, TV에 출연한 유명 몸짱 할머니도 허리가 아파 헬스를 시작했다 합니다.

제 생각에는 취미로 즐기는 등산도, 평소에 운동하며 건강을 관리할 충분한 이유가 될 수 있습니다. 등산하려는데 무릎이 약간 불편하다든가? 또는 등산을 좀 수월하게 하고 싶어서 체력을 기른다던가? 그 핑계로 주중에 헬스장 다니며 운동을 시작하는 것입니다. 아픈 무릎을 고치기 위해 스쿼트를 시작할 수도 있고, 스쿼트를 잘하기 위해 매일 스트레칭할 수도 있습니다. 또는 운동하다 보면 신체에 약한 부분을 알게 될 수도 있습니다. 자신에게 필요한 운동을 찾아서 하게 됩니다. 또는 노후에 연금보다 더 중요하다는 근육량을 유지하는 방법을 배울 수도 있습니다. 그렇게 주중에는 운동으로 몸을 관리하다가, 주말에 등산 다니며 운동의 효과를 체험합니다.

결국 인간의 가장 기본적인 신체 활동인 걷는 동작을 무리 없이 하기 위해, 약해진 근력을 강화하고 주동근 쓰는 법을 배우며 몸의 불균형을 개선하고, 몸을 전반적으로 점검하게 됩니다. 그렇게 시작해서 꾸준히 몸 관리한다면, 인생에 피할 수 없는 노화(老化)라는 게임에서 나를 든든하게 지켜줄 아이템(건강법)을 얻게 될 것입니다.

  살면서 몸을 관리하는 수단 한 가지와 마음을 관리하는 수단 한 가지는 있어야 합니다. 자신이 좋아하는 취미로 몸과 마음을 관리할 수 있으면 더 좋습니다. 그리고 태어난 이상, 이미 피할 수 없는 노화(老化)라는 살벌한 게임에 강제 참여하게 되었습니다. 어느 운동학자이자 의사가 쓴 책에 보니 운동한다고 타고난 수명이 연장되지는 않는다고 합니다. 하지만 운동하면 살아 있는 동안 건강하게 살다가 죽을 수 있다고 합니다. 운동의 목적은 바로 그것입니다. 죽기 전에 병상에 누워있는 시간을 최소화하는 것입니다. 수명이 다해 눈 감기 몇 시간 전까지, 평소처럼 걸으며 일상생활 하는 것이 운동으로 기대하는 최고의 삶입니다. 등산을 취미로 하고 있거나, 관심 가지게 되었다면 이제 운동을 시작해 봅시다.

| 바래봉에서 |

4-31. 설악산을 처음 가는 분들께 드리는 노하우(knowhow).

아래의 글은 제가 몇 년 전 어느 인터넷 카페에 썼던, 설악산 등산에 관한 글을 조금 수정한 것입니다. 저 글을 쓸 때 사람들에게 도움을 주고 싶은 선한 의도로 순수했기에, 지금 새로 쓰는 것보다 그대로 활용하는 것이 좋을 것 같습니다.

코로나 감염증 유행으로 대피소 운영을 중단한 시기에 쓴 글입니다. 대피소를 이용하지 않는 당일치기 등산 계획에 참고하시기를 바랍니다. 글의 후반부에 대피소 이용의 장단점과 설악산 등산 코스의 대략적인 이해에 관해서 말씀드리겠습니다.

~~~ 글의 내용 ~~~

좀 전에 제가 쓴 설악산 등산 후기 글에 어느 분께서 댓글로 조언을 구하셔서, 아직 설악산 등산 경험이 없는 분들에게 도움 될 수 있도록 글을 써봅니다.

코로나 유행 전에는 긴 코스라도 대피소를 이용하면 되기 때문에, 처음 가시는 분들도 별로 걱정할 게 없었습니다. 그런데 지금은 대피소 운영을 중단했기 때문에, 설악산 첫 등산은 거리가 짧고 무난한 코스가 좋습니다.

저는 [오색 - 대청봉 - 한계령] 코스를 추천합니다. 가장 짧은 거리입니다. 이 코스는 설악산 서북 능선을 타는 코스로 경치도 아름답습니다. 문제는 '오색으로 올라가느냐? 한계령으로 올라가느냐?'입니다. 한계령으로도 오색으로도 몇 번씩 올라가 본 경험으로 조언하자면, 오색으로 올라가서 한계령으로 내려오는 것을 추천합니다.

그 이유는 오색으로 내려올 때 무릎이 많이 상할 수 있습니다. 특히 오색 코스 정도의 가파른 길을 처음 경험해 보는 분들이라면, 만약을 대비해 안전을 우선순위로 두어야 합니다. 그래서 오색 코스 구간은 차라리 올라가는 것이 낫습니다. 더군다나 한계령에서 대청봉까지 8km를 고도를 높이며 걷는 것은 힘듭니다. 반대 방향으로 고도를 낮추며 내려가는 것과 비교하면 많이 다릅니다. 힘이 빠진 상태에서 시간에 쫓기며 오색의 가파른 길을 내려가다가 무릎을 다치기 쉽습니다.

'설악산은 힘든 산이라기보다는 먼 산이다.'라는 말이 있습니다. 가파른 경사도에 비견할 만큼 코스 거리도 길다는 뜻입니다. 등산 중에 한 번 무릎이 아프기 시작하면 걷는 것이 너무 고통스럽습니다. 오색 코스같이 가파른 하산길에서 무릎이 아프면 해결책이 없습니다. 무릎에 이상한 느낌이 들 때, 바로 알아차려서 해결하는 노하우(knowhow)를 익히는 것은 많은 등산 경험이 필요합니다. 그래서 등산을 배우는 중인 분들은 무릎을 다치지 않게 안전한 코스로 가는 것이 좋습니다. 가을 단풍이 아름다울 때 다른 산도 많이 즐겨야 하는데, 오색 코스로 내려오다가 무릎을 다치면 회복하는 동안 가을은 다 가버립니다.

'오색 코스는 최단 거리라서 경사도가 만만치 않다고 하던데, 이제 막 등산을 배우기 시작한 내가 올라갈 수 있을까?' 하며 걱정할 수도 있습니다. 몇 달 전에 대청봉에서 70대 노인 분을 뵈었습니다. 오색 코스로 올라오셨다고 합니다. 초등학생 아이 둘을 데리고 오색 코스로 올라오는 가족도 봤습니다. 어느 등산 카페에서 말하길, 일 년에 한두 번 카페 정기 산행할 때 오색 코스로 올라가는데, 아무리 천천히 올라가는 사람도 4시간 30분 정도면 다 올라가더라고 합니다. 아마 좀 더 늦어도 5시간이면 다 올라갈 겁니다. 천천히 꾸준히 힘들지 않게 5시간입니다.

저는 오색 코스로 처음 하산하던 기억이 아직도 생생합니다. 당황스러울 정도로 놀랐습니다. 이건 뭐가 계속해서 급경사 내리막이 이어지는데, 도대체 그동안 이 길을 어떻게 올라왔나 싶었습니다. 하지만 올라갈 때는 그렇게 느껴지지 않습니다. 천천히 꾸준히 가면 됩니다.

그래서 추천하는 [오색 ~ 대청봉 ~ 한계령] 코스로 등산 조언을 드리자면 이렇습니다.

1. 가을철 기준으로 오색에서 늦어도 5시 전에는 출발해야 합니다. 가능하다면 4시도 좋습니다. 출발할 때는 아직 해가 뜨지 않아 어둡습니다. 하지만 가을이라서 등산하는 사람들이 많을 테니, 이번 기회에 야간등산을 한번 경험해 보는 것도 재미있을 것입니다. 헤드 랜턴은 필수입니다. 손전등은 한 손이 자유롭지 못해 위험합니다. 5시 전에 출발해야 충분히 경치를 즐기며 사진도 찍고, 해지기 전에 여유롭게 한계령으로 내려옵니다. 시간에 쫓기면 다칠 위험이 있고 등산에 감흥이 떨어집니다. 오색에서 대청봉 구간은 약 70~80% 정도 오르기 전까지는 조망 없는 숲길만 계속됩니다. 해가 뜨고 적당히 밝아져 새벽 특유의 자연 색감이 아름다울 때, 조망이 터지는 지점에 이를 것입니다.

(헤드 랜턴은 가벼운 것을 사기보다는 빛이 밝은 것으로 사는 것이 좋습니다. 보통 야간 산행은 그리 길게 하지 않습니다. 당일치기 등산에서 해봐야 일찍 출발하면 해뜨기 전 2시간, 늦게 출발하면 해가 진 후 2시간 정도 하게 됩니다. 그래서 무게가 불편함에 큰 영향을 주지 않습니다. 가벼운 것을 사면 밝지 않아서 불편합니다. 야간 산행에서는 랜턴의 밝기가 마음의 안정에 큰 영향을 줍니다. 특히 중국산 저가 랜턴처럼 빛이 넓게 퍼지지 않는 것은 야간 산행에 사용할 수 없습니다. 헤드 랜턴은 한번 사면 다용도로 오래 사용하니 좋은 것으로 구매하기를 바랍니다.)

2. 초반부터 가파른 오르막이 시작되고, 중간에 약간의 쉬운 구간을 빼면 5km 정도를 계속 올라가기만 합니다. 힘들다고 느끼는 것은 체력도 어느 정도 작용하겠지만, 더 중요한 요소는 에너지 관리입니다. 에너지가 고갈되지 않고 꾸준히 사용될 수 있게 흐름을 끊지 않는 것이 중요합

니다. 새벽에 일어나 뭘 먹기에 좀 이른 시간이지만, 가능하다면 산행 한 시간 전에 미리 탄수화물을 먹어두고, 오르기 시작하는 시간에 탄수화물 행동식을 먹으며 핸드폰 알람으로 1시간 30분에서 2시간 정도 맞춰놓습니다. 알람이 울리면 탄수화물 행동식을 또 먹어야 합니다. 위가 부담스럽지 않게 적당량을 먹어야 합니다.

  빠르게 흡수되는 사탕 같은 단당류가 아닌, 천천히 소화되는 다당류인 빵이나 밥, 떡 이런 종류로 먹어야 합니다. 탄수화물이 소화과정을 거쳐 에너지로 쓰이려면 2시간 정도 걸립니다. 만약 먹는 것을 잊어서 몸에 에너지가 부족하다면, 그때는 빠르게 에너지로 전환되어 쓰이는 단당류를 먹어야 합니다. 그리고 다당류 탄수화물도 같이 먹고 다시 알람을 2시간 후로 맞춰야 합니다.

  등산 중에 지치고 힘들면 의욕이 떨어져 흥미를 잃게 됩니다. 지치고 힘든 것은 에너지 공급 흐름이 끊겨서 그렇습니다. 5시간 정도의 가벼운 산행에서는 크게 문제 되지 않습니다. 하지만 그 이상의 긴 거리 산행에서는 지속적인 에너지 공급은 필수입니다. 하산할 때까지 계속 1시간 30분이나 2시간 단위로 탄수화물을 먹어야 합니다. 그런데 너무 단것을 자주 먹으려면 질리고 힘들 수 있습니다. 달고 자극적인 것보다는, 물에 쉽게 분해 되고 무난하게 먹을 수 있는 것으로 준비하면 좋습니다. 저는 맛보다 먹기 편한 것을 선호합니다. 앉아 쉬면서 먹는 것이 아니라, 걷다가 알람 울리면 선 상태로 얼른 먹고 다시 움직입니다. 점심 식사는 별도로 준비해서 먹어야 합니다.

3. 준비물에 관한 사항입니다.

1) 만약 등산 시간을 8시간으로 잡으면, 1시간 30분이나 2시간 단위로 탄수화물을 먹는다고 가정할 때 4~5회분의 행동식을 준비합니다.

2) 중청대피소가 사라지면서 가장 큰 문제는 물을 살 수 없다는 것입니다. 등산 배낭에서 물이 가장 무겁습니다. 예전 같으면 1리터를 준비해서 올라간 후 중청대피소에서 판매하는 생수로 보충했는데, 지금은 불가하니 최소 1.5리터 정도 준비하면 좋을 것 같습니다. 중청대피소 자리에 새로 짓고 있는 건축물이 완공되면 물을 판매할지는 모르겠습니다. 물은 만약을 대비해 안전하게, 조금 남겨 내려온다는 생각으로 여유 있게 준비하면 좋습니다.

3) 울 양말을 준비하면 좋습니다. 여러 종류의 울 양말을 신어본 결과 너무 비싼 것 필요 없습니다. 인터넷 쇼핑으로 찾아보면 한 켤레에 1만 원 근처의 가성비 있는 울 양말이 있습니다. 그 정도면 됩니다. 유명 브랜드의 비싼 울 양말이 꼭 필요한 것은 아닙니다. 울 양말을 신으면 발 냄새가 안 나고 폭신합니다. 긴 거리 산행에서 발의 느낌은 중요합니다. 두 켤레를 사서 하나는 올리갈 때 신고, 다른 하나는 하산할 때 중청봉에서 갈아신으면 발이 뽀송합니다.

4) 장갑은 얇은 반 장갑과 얇은 긴 장갑 두 개를 준비하면 좋습니다. 바람 세기에 따라 체감 기온이 많이 달라집니다. 능선에서 바람에 손이 시리면, 그것도 등산의 재미를 많이 떨어뜨립니다. 또 손이 더워도 불편

합니다. 그래서 간절기에는 두 가지 종류의 장갑을 준비하면 좋습니다.

5) 복장은 긴팔 셔츠에 통기성 있는 얇은 바람막이를 준비합니다. 저는 만약을 대비해 안전용으로 경량 패딩을 가지고 다닙니다. 하지만 혼자가 아닌 여럿이 간다면 경량 패딩까지는 챙기지 않아도 될 것 같습니다. 통기성 있는 얇은 바람막이가 없다면 가벼운 남방셔츠도 괜찮을 것 같습니다. 비가 오지 않는다면 고어텍스 같은 너무 무거운 바람막이는 필요 없습니다.

6) 스틱을 제대로 사용할 줄 안다면 체력과 무릎 관절에 아주 큰 도움이 됩니다. 스틱은 파지법을 모르면 손에 들고 다니는 짐만 됩니다. 인터넷으로 배울 수 있습니다. 스틱 손잡이를 손으로 잡는 게 아니라, 스틱 끈에 손을 넣어서 엄지와 중지 사이로 끈을 눌러 하중을 지지하는 것입니다.

7) 능선에서 바람막이 지퍼를 다 올리면 덥고, 내리면 부는 바람이 목으로 들어와 불편할 때가 있습니다. 그럴 때 손수건 같은 것을 하나 더 준비해서 목에 두르면 좋습니다.

8) 저는 모든 산행에서 항상 발목까지 감싸 보호하는 중등산화를 신습니다. 산에서 발목을 다치면 어떤 상황이 벌어지는지 상상해 보면 압니다. 저는 안타깝게도 상상이 아닌 경험으로 배웠습니다. 없으면 이참에 하나 구매하는 것을 권합니다.

9) 하산 후 갈아입을 옷을 준비해야 합니다. 옷이 땀에 절여있기 때문에 그 상태로 대중교통 이용하기에 불편할 것입니다. 만약에 자차를 이용한다면 차에 갈아입을 옷을 두고 등산하면 좋습니다.

10) 날씨가 맑으면 가을에도 얼굴에 가벼운 화상을 입습니다. 날씨를 보고 자외선 차단 크림이나, 선글라스 등은 개인의 취향에 맞게 준비하면 됩니다.

4. 운행 조언입니다. 오색으로 올라갈 때는 힘을 비축한다는 생각으로 천천히 올라가야 합니다. 왜냐하면 대청봉에서 한계령으로 하산할 때 서북 능선을 따라 내려갑니다. 하산 코스는 맞지만 대부분 산 능선은 올라갔다 내려갔다를 반복합니다. 그래서 하산이라고 내리막길만 이어지는 것이 아닙니다. 거리 또한 8km 정도로 깁니다. 하산할 때도 역시 천천히 힘들지 않게 꾸준히 내려가야 합니다. 조급하면 더 힘듭니다. 새벽 5시 전에 출발했으면 여유 있게 내려가도, 해 지기 전에 하산할 것입니다.

하지만 경치를 즐기는 것이 아닌 너무 여유를 부리며 오래 쉬는 것은 좋지 않습니다. 오래 쉬면 뇌가 몸 상태를 판단하기 어려워 더 힘들다고 합니다. 피곤하면 속도를 줄이더라도 꾸준히 움직여야, 걷는 활동에 맞는 신체 리듬을 유지합니다.

5. 가기 전에 미리 알아두면 좋은 것이 있습니다. 대청봉 아래로 보이는 것 중에, 뭐가 공룡능선이고 용아장성이며 울산바위인지 등을 미리 알고 가서 보면 더 재미있습니다. 대청봉에서 서북 능선을 따라 내려갈

때, 한계령 삼거리까지는 경치가 멋지고, 한계령 삼거리를 지나면 순수 하산을 위한 등산이 됩니다. 서북 능선에서 오른쪽으로 보이는 내설악의 비경에서 뭐가 용아장성인지 알아보고, 한계령 방향 쪽에 멀리 보이는 귀때기청봉은 어느 봉우리인지 알고 가면 더 재미있습니다.

그냥 마음 편하게 새벽 4~5시 정도에 산길을 걷기 시작해서 힘을 비축하며 여유 있게 오르고, 대청봉에서 한계령 삼거리까지 충분히 경치를 즐기며 가벼운 마음으로 걷다가, 오후 5시 이전에 한계령으로 내려온다고 생각하고 조급하지 않게 걸으십시오. 목적의식 없이 그냥 걷고 보는 것을 즐기십시오. 정상 정복 또는 완주 같은 목표를 설정하고, 그것을 성취하기 위해 등산하는 것은 몸과 마음을 피곤하게 만듭니다.

5. 한계령 휴게소에서 오색까지는 택시로 이동할 수 있습니다. 보통 자차로 가면 오색에 주차합니다. 만약 하산 후 숙박하려면, 설악산 근처보다는 양양의 낙산 해수욕장이 가깝고 비싸지 않은 숙박시설이 많습니다. 낙산 해수욕장이 아니더라도 찾아보면 적당한 곳이 있을 것입니다.

6. 반드시 날씨를 확인해야 합니다. 구름이 많은 날에는 구름 속에서 대청봉 정상석만 보고 내려오게 될 것입니다. 다른 곳에서는 하기 어려운, 구름이 내 몸을 스쳐 지나가는 신기하고 재미난 경험을 할 수도 있지만, 멋진 조망은 잠깐씩 드러나거나 포기해야 합니다. 또한 한계령 능선 코스는 바람의 세기가 중요합니다. 너무 바람이 강하게 불면 경치를 보며 즐기는 등산이 아니라, 바람을 극복하면서 완주를 달성하는 챌린지(challenge) 등산이 될 것입니다.

그럼 안전하고 즐거운 산행이 되길 기원합니다.

~~~ 끝. ~~~

[오색 - 대청봉 - 한계령] 코스로 등산할 때, 대피소 이용에 관해 이야기해 보겠습니다. 대피소 이용의 장점은 시간 여유가 많다는 것입니다. 오색에서 오르는 경우 새벽 4~5시에 출발하지 않아도 됩니다. 8시에 출발해 여유롭게 즐기며 천천히 올라도 오후 2시면 도착합니다. 그러면 대청봉에서 경치를 즐기며 한 시간 넘게 머무를 수 있습니다. 대청봉의 경치는 그만한 가치가 있습니다. 단! 바람이 많이 불지 않는 날씨에 대기질이 좋아 멀리까지 잘 보여야 합니다. 이런 조건이 된다면 정상에서 머무는 것이 즐겁습니다. 정상석에서 사진 찍기 위해 줄을 설 필요도 없습니다.

충분히 즐기다가 소청 대피소로 가서 배낭을 내려놓고, 물과 핸드폰 정도만 챙겨 바로 아래에 있는 봉정암 구경을 갈 수 있습니다(봉정암에 내려갈 때 사용할 작고 가벼운 가방을 준비하면 좋습니다.). 봉정암 역시 그만한 가치가 있습니다. 특히 사리답 뒤쪽으로 조금만 더 올라가면, 멋진 풍경이 펼쳐집니다. 대웅전에 들어가면 사리탑을 향한 앞 벽면이 유리로 되어 있습니다. 조용히 앉아서 사리탑 쪽을 바라보고 있으면 마음이 저절로 고요해집니다. 사리탑에서 대웅전 등 봉정암 건물의 배치를 보면, '어떻게 이 험한 산기슭에 건축물 지을 생각을 했을까.'라는 생각이 들며 신기하기도 합니다. 사리탑 정면으로 보이는 높은 산 능선이 바로 한계령으로 내려가는 서북 능선입니다. 그 능선길에서도 봉정암이 보입니다.

대피소 이용의 장점이 있다면 단점도 있습니다. 당연히 배낭은 더 무거워집니다. 저녁 식사와 다음 날 아침 식사, 행동식 등을 더 준비해야 합니다. 대피소를 가끔 이용하거나 백패킹을 즐기는 사람이라면, 가벼운 버너나 식기류 등이 있고 가볍게 짐 싸는 요령도 알고 있습니다. 침구류가 없으니 대신 사용할 적당한 것을 가져가야 합니다. 그 배낭을 지고 오색에서 올라갈 생각 하면 보통 일이 아닐 것입니다. 또 대피소에서는 숙면이 힘듭니다. 다음 날 아침에 좋은 컨디션으로 깔끔하게 씻고 기분 좋게 등산하는 것은 어렵습니다. 대피소에서는 '즉석밥과 초코바, 물, 랜턴' 같은 필수품만 팝니다. 화장실을 이용하는 것도 불편합니다.

그러면 대피소를 이용하지 않고 하산하는 것은 어떤 장단점이 있을까요? 일단 배낭이 가볍습니다. 그리고 하루 종일 걸어 좀 피곤해도, 하산 후에는 샤워하고 맛있는 음식을 먹으며 푹 쉴 수 있습니다. 힘든 산행을 마치고 먹는 맛있는 음식과 비교할 만한 것은 없습니다. 단점은 새벽 일찍 출발해야 하는 것과 일찍 출발했어도 여유를 즐기는 것에 한계가 있다는 것입니다.

설악산 첫 산행으로 대피소를 이용하지 않고 당일치기 산행할 생각이라면 [오색 - 대청봉 - 한계령] 코스 외에는 추천하지 않습니다. 소공원에서 출발해 대청봉을 찍고 오색으로 내려갈 생각이라면, 저는 설악산에 많이 가봤어도 소공원에서 대청봉까지 힘들어서 하루 만에 안 갑니다.

너무 거리가 멀고, 희운각 대피소를 지나서 소청까지는 거의 오색 코스 수준으로 가파르고 힘듭니다.

백담사에서 대청봉까지도 너무 멉니다. 하지만 소공원에서 오르는 것에 비하면 경사가 그렇게 가파르지는 않은데, 다시 백담사로 내려간다면 왕복 거리가 너무 긴 것에 비해서 볼 것이 없습니다. 오색으로 내려간다고 해도 그냥 가파른 숲길만 걷습니다. 오색에서 자동차 회수를 위해 다시 백담사로 가야 한다면 편하게 이동할 교통편도 없습니다. 택시를 타려면 요금이 많이 나옵니다.

한계령에서 올라 대청봉을 찍고 소공원으로 내려가는 것도, 첫 설악산 산행으로는 거리가 멉니다. 가을 단풍철이라서 아무리 힘들어도 천불동 계곡 단풍을 꼭 봐야겠다면, 그러면 각오하고 추억만들기 삼아 한번 가볼 만도 합니다. 그런데 가을 단풍은 햇살 조명을 잘 받아야 아름답습니다. 그 시간을 잘 맞출 수 있는지도 알아봐야 합니다.

만약 대청봉에 오르지 않아도 된다면, 소공원에서 출발해 여유롭게 천불동 계곡 단풍을 즐기다가 희운각 대피소에서 하루 묵습니다. 다음날 공룡능선 코스의 신선대 앞까지만 갔다가 다시 소공원으로 내려가는 것도 괜찮습니다. 신선대 앞에 공룡능선 전체를 바라볼 수 있는 멋진 곳이 있습니다. 그곳에서 사진을 많이 찍습니다. 가을 단풍철에 오직 단풍을 즐기는 것에만 목적 둔다면 이 코스도 괜찮습니다. 희운각 대피소에는 공룡능선 타려는 등산객들이 많을 텐데, 분위기와 사람 구경하는 것도 재미있을지 모릅니다.

그래서 첫 설악산 산행에서 대피소를 이용하지 않겠다고 생각한다면, 사실 [오색 - 대청봉 - 한계령] 코스 외에는 선택지가 없습니다. 설악산을 좋아해 자주 가는 분들에게는 너무 당연한 이야기일 수 있지만, 아직 가보지 않은 분들이 이런 정보를 검색하자면 쉽지 않습니다. 그렇기에 도움이 될 수 있을 것 같아 조금 덧붙여 봅니다. 아! 그리고 귀때기청봉은 그 힘들다는 공룡능선보다 더 힘듭니다. 귀때기청봉은 대청봉과 충분히 친해진 다음, 공룡능선도 타본 후에 가기를 바랍니다.

| 설악산에서 |

자애 연민

등산 후기

연민(憐憫)

자애(慈愛)

5장　등산 후기

5-1. 설악산 공룡능선
별 보며 들어가서 별 보며 나오다.

2020년 10월 17일 설악산 공룡능선

지난주 금요일 오후, 직장에 연가(年暇) 내고 자차를 이용해 설악산으로 출발했습니다. 가을이라서 사람들이 붐빌 것 같아 주중에 가려고 했지만, 시간이 나지 않았습니다. 저녁 9시쯤에 양양의 어느 바닷가 캠핑장에 도착해 백패킹 텐트를 치고, 새벽 2시 30분까지 약 5시간 정도 잠을 잤습니다. 일어나 간단히 씻은 후, 편의점에서 김밥을 먹고 설악산 소공원 입구로 향했습니다.

소공원 근처에 오니 상상도 못 했던 상황이 벌어졌습니다. 소공원 주차장 몇 km 앞에서 차들이 줄지어 거북이걸음을 하고 있습니다. 시계를 보니 새벽 3시입니다. 아무리 가을 설악산이 인기 좋고 토요일이라지만, 그 시간에 산악회 관광버스와 자가용들이 줄지어 있을 거라곤 생각지 못했습니다. 주차하고 등산할 채비를 마치니, 거의 4시가 다 되어 등산로를 향해 걷기 시작했습니다.

　천천히 걸으며 이런 생각을 했습니다. '오늘 걸어야 할 거리는 약 21km, 몇 시 안에 내려오자? 이런 생각은 하지 말고, 그냥 저 산에 랜턴 끼고 들어가서 랜턴 끼고 내려올 생각으로 마음 편하게 즐기자.' 21km가 넘는 긴 공룡능선 코스를 완주하는 것이 목표가 아니라, 첩첩산중 깊은 자연 속에 잠깐 몸을 담고 있다가, 날이 저물면 돌아온다는 생각으로 걷기 시작했습니다.

　등산을 시작하며 이렇게 마음가짐을 점검하는 이유가 있습니다. 몇 시까지 완주하겠다는 목표를 가지면 마음이 조급해집니다. 그렇게 되면 쉽게 올 수 없는 설악산에 즐기려고 온 것인지? 아니면 '힘들기로 유명한 설악산 공룡능선 코스를 내가 완주했다.' 하며, 자신을 증명하고 밖으로 자랑하기 위해 온 것인지 목적이 불분명할 수 있습니다.

저는 그렇게 생각합니다. 빨리 걸어야 할 이유가 있습니까? 산에 무슨 등산 실적 내러 온 것도 아니고 체력 훈련하러 온 것도 아닌데, 앞만 보고 나아갈 이유가 있습니까? 걷는 중에 정말 멋진 경치가 나왔는데도 잠깐 머물며 사진 찍고 즐길 여유도 없이, 급하게 앞으로 앞으로 나갈 이유는 없습니다. 저는 그런 등산 솔직히 이해 안 갑니다.

그런 생각으로 천천히 몸을 깨우며 걷고 있는데, 뒤에서 사람들이 무리를 지어 마치 행군하듯 빠르게 나를 추월해 지나갑니다. 주차장까지 차들이 그렇게 많이 줄지어 있었는데, 사람들은 또 얼마나 많았겠습니까? 그 사람들이 서로 경쟁하듯 빠르게 걸어갑니다.

완연한 가을이지만 낮에는 더울 것 같아, 베이스레이어는 고소내의 하나만 입고 미드레이어는 등에 땀 배출 구멍이 숭숭 난 얇은 것을 입었습니다. 새벽이라서 쌀쌀한 기온 때문에 얇은 레인 재킷을 그 위에 입고 걸었습니다. 출발한 지 조금 지나니 평지를 걷는데도 몸에 열이 나서 후덥지근합니다. 그래서 재킷을 벗어 배낭에 넣었습니다. 그 이후로는 하산할 때까지 그 상태로 걸었습니다. 10월 초인데 맑은 날씨에 바람이 안 부니 낮에는 조금 더웠습니다.

본격적으로 등산이 시작되는 비선대에 이르면, 천불동 계곡 방향과 마등령 방향의 갈림길이 나옵니다. 가파르고 힘들기로 유명한 마등령 방향으로 올라갔습니다. 이유는 가파른 구간은 내려오기보다는 올라가는 것이 낮기 때문입니다. 천불동 방향으로 올라가서 공룡능선을 타며 무릎이 피로해진 상태에서, 가파른 마등령으로 내려오려면 부담이 클 것 같았습니다. 그런데 마등령 코스로 올라가며 느낀 것은, 15kg 백패킹 박배낭으로 영남알프스 신불재 건암사 코스를 오르는 것과 표충사 흑룡폭포 코스로 재약산에 오르는 것이 더 힘들었습니다.

이날 배낭 무게는 이것저것 많이 챙겼는데도 9kg이 나왔습니다. 제 기준에는 별로 안 나온 무게입니다. 백패킹 하기 전에는 9kg 배낭으로 대청봉을 오를 때 가볍다는 느낌이 없었는데, 백패킹 박배낭을 매고 산 정상을 오르기 시작하면서부터 9kg 정도의 등산 배낭은 가볍게 느껴졌습니다. 배낭 무게가 부담스럽지 않으니, 마등령 코스의 가파른 구간도 그리 험하고 힘들게 느껴지지 않았습니다. 마등령까지 가며 가장 힘든 구간은 비선대에서 시작되는 크고 작은 바위로 이루어진 길입니다. 그런데 밟기 편하게 생긴 바위들로 이루어져서 올라가기 편했습니다.

새벽 2시 30분에 기상했지만, 주차장 입구에서 차가 밀려 거의 4시가 다 되어 출발했기에 조금 걷다 보니 벌써 여명이 밝아 옵니다. 어둠이 사라지고 밝아지려 할 때 앞만 보며 오르던 가파른 길에서 뒤를 돌아보니, 산줄기가 마치 거대한 병풍처럼 펼쳐져 있습니다. 마등령 올라가는 길은 가파르기만 하고 볼 게 없다고 들었는데, 제 눈에는 멋진 길이었습니다. 역시 자연은 새벽과 해 질 녘에 운치 있습니다.

산은 약이다

마등령으로 오르다 보면 왼쪽으로 공룡능선이 보이기 시작합니다. 산줄기가 조각칼로 깎아 놓은 듯이 날렵한데 처음에는 그게 공룡능선인지 몰랐습니다. 서서 사진을 찍고 감상하다가 다시 걷기 시작했습니다. 마등령으로 가는 중에 오랫동안 공룡능선이 옆으로 보이는데 대단한 장관이었습니다. 제게는 공룡능선 코스에서 보는 풍경 중에 세 손가락 안에 들어가는 듯합니다. 오히려 마등령을 지나서 공룡능선 안으로 깊게 들어가면 시야가 막혀서 볼 게 없습니다. 1275봉 정상 외에는 넓게 한눈에 펼쳐진 멋진 조망이 별로 없는 듯합니다. 공룡능선 들어가기 직전과 나온 직후에 공룡능선을 전체적으로 볼 수 있는 멋진 조망이 펼쳐집니다.

산은 약이다

　아마도 공룡능선에서 일출을 보기 위해 더 일찍 출발했던 사람들은, 어두운 길을 걸으며 이 멋진 풍경들을 모두 놓쳤을 것 같습니다. 저도 마등령에서 일출 볼 생각을 했었는데, 오히려 조금 늦게 출발한 것이 다행이라 생각됩니다. 마등령까지 가면서 나오는 멋진 풍경들을 볼 수 있었던 것이 행운입니다.

　마등령에 도착해서 느낀 것은 비선대에서 마등령까지의 구간이 힘들다고 하지만, 마음에 여유를 가지고 체력 안배를 잘하면 그렇게 어려운 산길은 아닙니다. 가파른 길에서 힘들면 조금 더 천천히 가면 됩니다.

보통 마등령 근처에서 식사하게 됩니다. 공룡 능선 안에서는 길도 좁고 식사할 곳이 마땅치 않기 때문에, 조금 이른 점심이라도 먹고 출발하는 게 낫습니다. 만약 혼자나 두세 명이 간다고 하면 굳이 마등령 삼거리 넓은 곳에서 식사하기보다는, 마등령에 도착하기 전 경치 좋은 적당한 곳에서 하는 것이 좋습니다. 넓고 식사하기 좋은 마등령 삼거리 같은 곳은 사람들이 많아서 도떼기시장같이 어수선합니다.

산을 다니며 좋은 장소는 붐빈다는 것을 종종 경험했기에, 마등령에 거의 다다라서 혼자 식사할 적당한 곳을 찾으며 걸었습니다. 걷다 보니 공룡능선의 멋진 조망이 펼쳐지는 장소가 나타나서, 그곳에서 풍경을 즐기면서 식사했습니다. 제가 생각하기에는, 긴 산행에서 허기지고 힘들다고 느끼면 낭패입니다. 제때 먹어줘야 합니다. 먹을 것은 비화식 비빔밥 세 봉지와 훈제 닭 다리 두 개, 생수 1.5L와 500ml 이온 음료 두 개에 행동식을 충분히 챙겨왔습니다. 뭐 랜턴 끼고 들어가서 랜턴 끼고 나올 생각을 했으니, 한겨울도 아닌데 먹을 것만 있으면 무슨 일이 생기겠냐는 생각에서 잔뜩 챙겨왔습니다.

이날 비화식 비빔밥을 처음 먹어봤습니다. 건조된 쌀이 담긴 봉지에 비빔 양념 수프와 물을 넣고, 또 겉봉지도 발열체와 물을 넣어야 합니다. 하나 만드는데 물이 700ml 정도 들어갑니다. 등산 배낭에 들어가는 것 중에 물이 가장 무겁습니다. 그 무거운 물을 식사 한 끼 만든다고 700ml나 써버리니 아까웠습니다. 또 비빔 양념 수프를 다 넣으면 짠데, 그것도 모르고 다 넣고 비벼버렸습니다. 이미 저질러 놨으니 안 먹을 수 없어 다 먹긴 했는데, 그 후로 계속 물 생각이 납니다.

남은 물이 500ml 정도 됐을 때, 비상시를 대비해 배낭에 넣고 이온 음료를 꺼냈습니다. 짜게 먹어 갈증이 나고 능선길은 햇살로 더운데, 물이 아닌 염분 있는 이온 음료를 마시려니 고역이었습니다. 마치 군대에서 훈련 중인 것처럼, 걷는 중에 눈앞에 시원한 생수가 아른거립니다. '하산하면 편의점으로 달려가서, 시원한 생수부터 한 병 원샷 하리라.'하며 마음먹었습니다. 굳이 지금 걷는 목적을 따지자면 20km가 넘는 공룡능선 코스를 완주하는 것이 아니라, 하산 후에 시원한 생수 한 병 들이켜는 것일 정도로 간절했습니다.

　이렇게 갈증이 심한데, 아직 공룡능선은 시작도 안 했습니다. 이제 겨우 공룡능선의 시작점인 마등령을 지났을 뿐입니다. 원래 기대는 울긋불긋 단풍잎 가득한 공룡능선을 타는 것이었습니다. 그런데 마등령 근처까지 오니 단풍은 거의 다 떨어졌습니다. 하지만 조금 늦게 와서, 이미 단풍잎 떨어진 것이 오히려 더 좋게 작용한 듯합니다. 만약 단풍잎이 달려있었다면 시야를 가려서, 마등령 오르는 길옆으로 공룡능선의 멋진 모습을 볼 수 없었을 것입니다. 어디서나 볼 수 있는, 단풍잎 달린 좁은 산길을 걷는 것과 다를 게 없었을 것입니다. 잎이 떨어진 가지 사이로 시야가 트이니 멀리 비경들이 눈에 들어온 것입니다. 그런데 또 행운인 것은 저 멀리 보이는 공룡 능선 전체 모습은 어느 정도 울긋불긋합니다.

　마등령을 지나 공룡능선 초입에 들어서니 조망이 넓게 펼쳐진 곳이 나옵니다. 너무 풍경이 멋진 곳이라서 나무 의자까지 만들어 놓았습니다. 셀카봉으로 사진 찍으며 감탄하고 있는데, 사람들이 이 멋진 곳을 한번 쳐다보지도 않고 행군하듯 앞만 보며 지나갑니다. 아마도 몇 시까지 소공원에 도착해야 하는 산악회 버스를 타고 왔거나, 또는 저녁 늦게라도 집으로 돌아갈 대중교통 시간을 맞춰야 하나 봅니다. 그래도 이 멋진 장면을 두고 저렇게 빨리 걷는 것이 끝내 안타까웠습니다. 제가 좀 오래 머물며 풍경을 감상하는 동안 몇 사람이 사진 찍고 갔지만, 그들도 마치 시간을 쪼개서 아껴 쓰듯, 한두 장 급하게 찍고 빠른 걸음으로 갔습니다. 부부끼리 온 사람들은 여유 있어 보였습니다. 서로 웃으면서 사진도 찍고 즐기듯 걸었습니다. 하지만 어쩌면 그런 빠른 행군 행렬 속에서, 혼자 온 남자가 셀카봉 하나 들고서 천천히 걸어가고 있으니, 그들의 눈에는 오히려 내가 이상해 보였을지도 모릅니다.

　이제 본격적으로 공룡능선에 진입했습니다. 그 거칠다는 공룡능선이 시작됐는데, 점심을 짜게 먹어 갈증이 너무 심했습니다. 하지만 염분 있는 이온 음료는 쳐다보기도 싫었습니다. 전혀 예상하지 못한 낭패였습니다. 그런 대도 불구하고 걸으며 눈은 계속 즐겁습니다. 입은 갈증에 타들어 가는데 눈은 즐겁고, 참 이런 산행은 또 처음이었습니다.

　과연 공룡능선은 이름값 했습니다. 공룡 지느러미 같은 능선이 반복해서 오르락내리락 이어지는데, 힘들다기보다는 다이내믹해서 심심하지 않게 만들어줬습니다. 능선에 진입하고 처음 나온 급경사 내리막에서 안전을 위해 바위에 심어 놓은 철봉 대를 보았을 때, 나도 모르게 웃음이 피식 나왔습니다. 마치 어린아이가 놀이동산에 가서 당연히 있을 거라고 예상했던 재미난 놀이기구를 보았을 때, 웃음이 나오는 그런 느낌과 비슷했습니다. 또 한편으로는 '그래 공룡능선아! 얼마나 험한지 한번 보자!' 이런 기대를 하다 보게 되니, 살짝 시시하기도 했습니다. 가파른 곳에 로프가 하나 달려있다든가? 또는 자연석으로 된 길인데 아주 거칠고 험하다든가? 이런 정도는 되어야, '오! 공룡 너 좀 센데?' 했을지 모릅니다.

비화식 비빔밥을 테스트도 한번 안 하고 가져와 조리하며 물을 많이 써버리고, 간 조절에 실패해 짜게 먹고 갈증에 시달렸지만, 그런데도 이렇게 재미난 산행은 처음이라고 생각하며 걸었습니다. 평소 먹던 것을 가져와 속이 편했다면, 정말 즐기기만 할 수 있는 재미난 산행이었을 텐

데 아쉬웠습니다. 이번 일로 또 한 가지 배웠고, 앞으로는 이런 실수를 다시 하지 않겠다고 다짐했습니다. '산에서는 익숙한 것을 먹자!'

능선의 중간쯤에 다다랐을 때, 반대쪽에서 오던 30대 후반이나 40대 초반으로 보이는 남자가 힘든 표정으로 마등령까지 얼마나 남았냐고 묻습니다. 좀 더 가야 한다고 답하니 한숨을 쉬며 무릎이 아파 큰일이라고 합니다. 사실 제가 천천히 걷는 이유 중 하나는 바로 무릎 관리 때문입니다. 설악산처럼 긴 코스에서 무릎이 아프기 시작하면 거의 지옥이나 다름없습니다. 저분은 지금 마등령까지 가는 것이 문제가 아니라, 마등령에서 비선대까지 이어지는 그 급경사를 저 무릎으로 어찌 내려갈지 걱정입니다. 배가 고파도 갈증이 나도, 산이 선사해 주는 멋진 풍경을 보고 있으면 잠시나마 감탄사가 나오며 기쁨이 일어납니다. 그런데 무릎이 아프면 너무 고통스러워서, 아무것도 눈에 들어오지 않고 어떻게 내려갈지 걱정만 됩니다. 사실 저는 빠르게 행군하듯 걷는 사람들을 보고 있으면 신기합니다. '어떻게 무릎이 안 아플 수 있을까? 저 중에 아픈 것을 참고 가는 사람들은 없을까? 아니면 곧 아프려나?'

공룡능선을 타다가 코스의 치명적인 단점 하나를 발견했습니다. 걷다가 생리현상이 일어나면 해결할 만한 곳이 없어 보였습니다. 능선 아래로는 거의 깎아 지른 듯한 급경사라서, 어디 가서 해결할 수도 없습니다. 능선의 반 이상을 지나면, 걸어서 들어갈 만한 숲들이 조금 있었습니다.

아무튼 천천히 힘들지 않게 즐기며 걷다 보니, 저 멀리 보이는 높고 거대한 바위 위에 빨간 텐트 하나가 처져있습니다. 저기를 어떻게 올라갔을까? 신기했습니다. 허용된 탐방로를 벗어나 백패킹하는 사람들이 많아 보였습니다. 희운각 대피소까지 오면서 박배낭 메고 가는 사람들을 10명은 본 것 같습니다. (저 때는 멋져 보였는데, 백패킹을 어느 정도 해본 지금은 너무 위험해 보이고 별로 해보고 싶지도 않습니다. 저기서 생리현상을 어찌 해결할지? 아무리 멋진 곳에 텐트 치고 있어도, 그곳에서 생리현상 해결하는 자신을 보고 있자면 참 기분이 이상할 것 같습니다. 굳이 금지된 위험한 곳에서 할 정도로 만족스러운 경험은 아닐 것 같습니다.)

　공룡능선에 진입하고 나타나기 시작한 몇 개의 가파른 봉우리를 오르내릴 때는 재미있었는데, 계속해서 이어지니 슬슬 힘들고 지겨워졌습니다. 공룡능선 중간에 있는 1275봉에서 보는 경치가 아주 멋지다고 해서 꼭 올라가 볼 생각이었는데, 걷다 보니 그냥 지나쳐버렸습니다. 1275봉 앞에서 오르는 길이 눈에 명확히 들어오지 않아, 걷다 보면 이정표라도 있을 줄 알았는데 못 봤습니다. 어느 순간 보니 이미 신선대 근처까지 와 버렸습니다.

　신선대 근처까지 와서는 솔직히 인제 그만 봉우리를 오르내리고 싶었습니다. 앞에 나타난 봉우리를 보니 '몇 개나 더 남았을까? 저게 마지막일까?' 이런 생각이 듭니다. 그 봉우리를 넘고 나니 또 다른 봉우리가 나타났습니다. 끝이 아니었습니다. 하나 더 남았나 봅니다. 순간 오기가 발동하며 '뭐! 까짓거 올라가라면 올라가지.' 이런 생각으로 갑자기 후다닥 파워풀하게 속도를 냅니다. 아마도 남들이 보면, '도대체 체력이 얼마나 좋길래 공룡능선 끝자락에서 저속도로 올라가나?' 생각했을 겁니다. 하지만 그동안 즐기며 여유 있게 걸어왔다는 비밀을 모르기 때문일 겁니다.

또다시 봉우리를 넘으며 이런 생각을 했습니다. '뭐! 이거 넘고 하나 더 나오면 또 넘어가 주지. 그게 어렵나? 힘들면 속도를 늦추면 되지.' 이런 마음으로 산행해야 조급하지 않고 덜 힘듭니다. 그런데 넘고 나니 다른 봉우리는 더 이상 나오지 않았고, 기대하지 않았던 아주 근사한 곳에 도달했습니다.

바로 신선대 앞으로 공룡능선 전체가 보이는 그 유명한 포토존입니다. 아마도 인터넷에 공룡능선 사진을 검색하면 여기서 찍은 사진이 가장 멋질 것입니다. 공룡능선이 시작되는 마등령부터 끝나는 신선대까지, 갈증에 시달리며 한편으로는 멋진 풍경에 감탄하며 걸어온 코스를 한눈에 다 담으니, 감회가 새로웠습니다.

셀카봉으로 사진 찍고 있는데 지나가던 등산객들이 사진 찍어달라고 부탁합니다. 부탁하는 사람이 나타날 때마다 찍어주며, 공룡능선의 멋진 모습을 여유롭게 감상하며 한동안 머물렀습니다. 서서히 해가 떨어지는 것이 느껴졌습니다. 시간이 조금 지나면, 아름다운 단풍으로 유명한 천불동 계곡은 단풍이 아닌 별을 보며 걸어야 할 것 같았습니다. 공룡능선을 빠져나와도 아직 걸어야 할 거리가 8km 정도 남아있습니다. 거리는 멀어도 다행히 난도는 낮은 길입니다. 별을 보며 나올 생각은 했었지만, 너무 늦으면 안 될 것 같아서 공룡능선의 멋진 풍경을 뒤로 하고 다시 걷기 시작합니다. '아... 이게 공룡능선이구나. 만족스럽다.'

아주 일찍 출발해서 조금 빠르게 걸으면, 해지기 전에 천불동 계곡에 도착해 단풍도 즐길 수 있습니다. 하지만 저는 산에서 욕심내지 않습니다. 공룡능선이 목적이면 공룡능선에 충실하고, 천불동 계곡 단풍이 목적이면 단풍에 충실해야, 어느 것 하나라도 온전히 여유 있게 즐길 수 있습니다. 욕심을 과하게 부리면 조급하게 시간에 쫓기며 어느 것도 충분히 즐기지 못합니다. 그리고 단풍은 햇살 조명이 없으면 아름답지 않습니다. 단풍이 목적이라면 햇살 조명이 좋을 때 시간 맞춰 보아야 합니다.

공룡능선을 빠져나와 대청봉과 소공원의 갈림길에 도착하니 해가 많이 내려갔습니다. 곧 있으면 어두워질 것 같습니다. 얼마 걷지 않아 양폭 대피소 근처에 이르니, 완전히 어두워져 헤드 랜턴을 착용하고 걸었습니다.

제가 느끼기에 천불동 계곡의 기운은 참 강하고 날카롭습니다. 계곡을 따라 날카롭게 깎아지른 듯한 암벽의 형세는, 마치 무협지에 전설의 고수가 은둔하며 수련하는 그런 배경에 어울릴 것 같습니다. 또는 세속인들은 함부로 접근할 수 없는, 신선과 용이 사는 숨겨진 신성한 곳이라고 할까요? 낮에 가도 기가 센데, 밤에 혼자 랜턴에 의지해서 걸으려니 만만치 않았습니다. 너무 늦어서 지나가는 사람도 없었습니다.

양폭대피소에 도착해 혹시나 하는 마음에, 카드 결제로 생수 하나 살 수 있는지 물어봤습니다. 현금만 받는다고 합니다(지금은 카드 결제가 되지만, 당시는 현금만 받았습니다.). 현금을 가져오지 않아 후회하며 아쉬움에 돌아섰습니다. 등산객 없는 대피소 앞 어두운 테이블에 앉아, 헤드 랜턴 불빛에 의지해 행동식으로 에너지를 보충하고 있는데, 남자 둘이 와서 말을 겁니다. 자신들은 천불동 계곡에서 철계단 공사하는 사람들이라고 합니다. 천불동 계곡 단풍이 절정이라 너무 멋져 안보고 가면 아쉬우니, 내일 낮에 다시 단풍 구경하러 오라고 합니다. 자기들이 사진도 찍어주겠다고 합니다. 행동식 먹으며 잠깐 나눈 대화에 친해져 그런 이야기까지 진행되었습니다. 혼자 다니는 것을 좋아하지만 처음 보는 사람들하고도 쉽게 친해지는 편입니다. 아마도 그건 상대방도 마찬가지 일 겁니다. 잠시 일상에서 벗어나 모든 것을 내려놓은 가벼운 마음으로, 새롭게 만난 사람들과는 서로 엮인 어떤 기억도 없으니 오히려 쉽게 친해질 수 있습니다.

그렇게 대화를 나누다가 일어섰는데, 마침 다섯 명 정도의 사람들이 내려오고 있습니다. 잘 됐다 싶어 합류했습니다. 그들 뒤에서 따라가는데, 그들 중 한 사람만 제대로 된 등산 복장에 헤드 랜턴이 있었습니다. 나머지 사람들은 랜턴이 없거나, 있으나 마나 한 손전등을 들고 있고 또는 성능이 떨어져 잘 안 보이는 헤드 랜턴을 끼고 있었습니다. 아마도 랜턴이 없어 걷기 어려워 늦었나 봅니다. 제가 뒤에서 성능 좋은 헤드 랜턴으로 그들의 발 앞을 비춰주며 걸었습니다. 순간 그런 생각이 들었습니다. '아직도 내려갈 길이 먼데, 저분들이 나와 동행해 주니 나는 저분들을 보호해 줘야겠다.' 울퉁불퉁한 돌이 많아 걸려 넘어지기 쉬운 길이었습니다. 참 신기하게도, 앞에 걸어가는 분들은 불빛을 비춰줘도 가끔 돌에 걸려서 넘어지려 하는데, 나는 그분들 앞길을 비춰주며 내 발걸음을 신경 쓰지 않아도 돌에 걸리지 않았습니다. 아마도 앞에 가는 분들이 넘어지지 않게 머리를 이리저리 움직이며 랜턴을 비춰주는 동안, 집중력이 높아져 앞길의 정보가 무의식중에 머리에 입력되나 봅니다. 신기한 경험이었습니다.

걷다가 잠시 쉬며 서로 고맙다고 인사하던 중에 들어보니, 그분들 모두 60대가 넘었고 가장 나이 많은 분은 70대였습니다. 한계령에서 출발해 대청봉을 찍고 소공원으로 내려가는 중이라고 합니다. 대단한 분들이었습니다. 설악산에 가끔 오는 사람에게도 그 긴 거리는 좀 힘든데, 저 연세에 등산을 취미로 즐기지도 않는 분들이 중간에 낙오하지 않고 여기까지 온 것입니다. 그중에 한 분이 호기롭게 이런 말을 합니다. '나는 이번에 나를 증명했다. 나 아직 안 죽었다!'

참 운이 좋았습니다. 혼자 걸으면 쓸쓸할 어두운 하산길에 동행자들을 만나서, 서로 도움 주고 의지하며 걸었습니다. 마지막까지 다 내려와서는 코로나 시즌의 인사법으로, 서로 주먹을 살짝 부딪치고 웃으며 해어졌습니다. 소공원에 도착하니 8시 30분쯤 되었습니다. 충분히 즐기며 걸을 생각으로 넉넉히 예상했던 시간 안에 내려왔습니다.

소원을 풀기 위해 편의점부터 가서 시원한 생수 500ml를 샀습니다. 뚜껑을 열자마자 쉬지 않고 모두 다 마셔버렸습니다. 공룡능선을 걸으며 간절했던 소원을 드디어 풀었습니다. 몸을 점검해 보니 배만 조금 고프고, 몸의 어느 관절도 느낌이 나쁘지 않았습니다. 체력도 어느 정도 남아 있었습니다. 이 정도면 아주 만족스러운 산행이었습니다.

공룡능선! 과연 이름값 했습니다. 그 긴 거리 내내 볼거리가 많고, 다이내믹하게 걷는 재미가 있습니다. 코로나가 끝나고 대피소가 운영되면 부담 없이 갈만하겠다는 생각이 들었습니다.

~ metta & karuna ~

이 후기의 목적은 설악산 등산에 부담감이 사라진 분들에게, 공룡능선도 한번 도전해 보기를 권하는 마음으로 쓴 글입니다. 4장 31번 글(설악산을 처음 도전하는 분께 드리는 노하우)의 도움으로 설악산에 어느 정도 익숙해졌다면, 이제 공룡능선도 안전하게 즐겨봅시다.

등 산 후 기

5-2. 한파경보와 강풍주의보에 설악산 신년 일출 산행을 가다.

2019년 12월 31일 ~ 2020년 1월 1일　**설악산 신년 일출**

언젠가는 꼭 한번 해보고 싶은 경험이 있었습니다. 마치 고공낙하 훈련을 마친 특전사 대원의 전투복에 달아주는 낙하산 인증마크 같은 그런 것이었습니다. 바로 설악산 신년 일출 산행입니다. 새해 첫 해돋이를 설악산 정상 대청봉에서 보는 경험입니다. 산을 좋아하는 사람이라면 일출산행 한 번쯤은 해보았을 것입니다. 하지만 설악산 대청봉에서 새해 첫날에, 구름에 가리지 않은 성공적인 해돋이를 본 사람이 몇이나 될까요? 하기 힘든 그 경험을 해보고 싶었습니다.

그래서 19년도 10월 중순부터, 설악산 대청봉 일출 산행 예행연습을 하며 본격적으로 준비에 들어갔습니다. 이전까지만 해도 겨울 산에 큰 관심이 없었습니다. 겨울 눈꽃 사진을 보면서 아름답다고는 생각했지만, 추위 때문에 고생할 것 같아 별로 흥미가 생기지는 않았습니다. 그래서 겨울 산행에 대한 지식도 별로 없었습니다. 경험이라고는 강원도 전방 산악부대에서, 한겨울에 혹한기 훈련을 뛰어 봤던 경험이 전부입니다. 그리고 부대 자체가 산 중턱에 있어서, 일 년에 몇 달은 겨울 산에서 일상생활이 이뤄졌습니다.

하지만 그때 한 경험은 단지 손발 시리고 괴롭고 힘든, 다시는 하고 싶지 않은 안 좋은 추억일 뿐 겨울 등산 요령과는 무관한 것들이었습니다. 그 춥고 힘들었던 기억 때문에, 언젠가는 해봐야지 하며 생각만 하며 선뜻 내키지 않았습니다. 눈이 오면 자동차로 쉽게 갈 수 있는 경치 좋은 곳에서 눈꽃을 즐겼습니다.

인터넷으로 설악산 겨울 산행에 관한 정보를 찾고, 필요한 장비를 사서 테스트하기 시작했습니다. 11월이 되면서 나의 모산(母山)인 속리산 문장대 코스에서 겨울 산행을 연습했습니다. 눈 오는 날에 가서 하드 셸 입고 눈도 맞아 보고, 미드레이어만 입고서 눈을 맞으면 어떻게 되는지도 실험도 해봤습니다. 또는 '넥워머나, 비니, 장갑' 같은 방한용품 사용에 익숙해지도록 만들었습니다.

그렇게 준비를 마쳐 갔는데, 12월 31일과 1월 1일의 일기예보를 보니 '한파경보 + 강풍주의보'였습니다. 기상청 홈페이지에 나온 정보를 보면 31일 최저기온 영하 13도, 1일 최저기온 영하 9도였습니다. 당시에는 겨울 산행 경험이 없어 바람 세기가 체감 온도에 미치는 영향을 잘 몰랐기에, 바람은 신경 쓰지 않았습니다. 저 정도 날씨라면, 11월 12월의 따뜻한 속리산 문장대 코스에서 한 연습 산행은 크게 도움이 안 됩니다. 겨울 등산복과 방한용품에 조금 익숙해졌다는 의미만 있을 뿐입니다.

(중청대피소에서 등산객들이 하는 이야기를 들었는데, 체감 온도가 영하 40도였다고 합니다. 사실인지 확인하지는 않았습니다.)

하지만 꼭 해보고 싶었던 경험이라서 직장 연가를 쓰고 31일 새벽 4시 30분에 자가용을 타고 출발했습니다. 배가 고파 아침을 먹으려고 홍천휴게소에 내렸는데, 날은 아직 어둡고 바람이 너무 심하게 불며 추웠습니다. 자동차 계기판 온도계는 영하 10도를 나타냈습니다.

차에서 내려 휴게소까지 걸어가며 잠시 고민했습니다. '아. 이거 무모한 짓인가? 이 추운 날씨에?' 식사하며 고민하다가 이왕 나섰으니 계속 진행하기로 했습니다. 31일에 한계령으로 올라가서 1일에 대청봉 일출을 보고 소공원으로 내려올 계획이었기에, 대중교통을 이용할 생각으로 양양 시외버스터미널 근처에 주차했습니다. 양양에서 동서울로 가는 9시 15분 고속버스를 타니 30분 정도 걸려서 한계령 휴게소에 도착했습니다.

한계령 휴게소에 도착하니 다시 한번 갈등이 일어납니다. 일출을 보러 가는 등산객들로 북적이는 장면을 상상했는데 현실은 완전히 달랐습니다. 오히려 등산 배낭을 짊어진 사람들을 보면 반가울 정도였습니다. 또 하필이면 이 추운 날씨에, 속 장갑으로 사용할 비싼 메리노 울 얇은 장갑을 버스에 놓고 내렸습니다. 너무 추워서 망설여지니 장갑을 놓고 내린 것이 마음의 갈등을 더 키웠습니다. '등산객도 적은데 또 이 추운 날씨에 속 장갑도 없이?, 한파경보에 강풍주의보까지 내린 극동계 산행은 무모한 시도일까?' 한방차 한잔 마시며 고민하다가 결정을 내렸습니다.

'그래! 100% 완벽한 준비는 없다. 지금 안 하면 또 언제 하나?'라고 생각하고 장비를 챙겨 오르기 시작했습니다. 오르다 보니 그래도 신년이라고 이 날씨에 대청봉으로 가는 몇 팀을 만났습니다. 간단한 인사만 했지만 서로의 얼굴에서 반가움과 일종에 안도감을 느꼈습니다. 아마 그들도 '이 날씨에 오르는 것이 맞을까?' 하며 고민했나 봅니다. 더군다나 한파경보와 강풍주의보에 칼바람으로 유명한 한계령 능선은 최악의 조합입니다. 그 조건에서 극동계 첫 산행을 경험하고 있었습니다.

그런데 사실 걱정했던 것과 다르게 별로 춥지 않았습니다. 상의는 고소내의와 울 소재의 두께감 있는 베이스레이어를 입고, 그 위에 미드레이어 재킷과 소프트 셸을 입었습니다. 그런데 이 소프트 셸은 디자인 위주로 얇게 만든 거의 타운용 재킷이었습니다. 하의는 고소내의에 두께감 있는 동계용 팬츠를 입었습니다. 장갑은 비싼 메리노 울 속 장갑을 버스에서 잃어버려서, 여분으로 가져온 조금 얇은 플리스 소재의 장갑에 부피가 큰 외피 장갑을 끼었습니다. 양말은 인터넷에서 1만 원 정도에 파는 울 양말을 신었고, 그 외 방한용품으로 조금 두꺼운 울 소재 비니와 가벼운 울 소재 넥워머를 착용했습니다. 배낭 안에는 일출을 볼 때 사용할 1만 원 정도 하는 두꺼운 비니와 넥워머 세트, 그리고 얇은 합성충전제 경량 패딩과 바람을 완전히 막아줄 저렴한 가격의 하드 셸이 있었습니다.

참 신기했습니다. 혈기 왕성한 20대 초반의 나이에 군대에서 훈련 뛰거나 작업할 때는 그렇게 추워 고통스러웠는데, 이 날씨에 등산하며 별로 춥지 않았습니다. 조금 오르다 보니 땀이 나고 더워서 소프트 셸 재킷은 벗어 배낭에 넣었습니다. 바람이 술술 통하는 미드레이어 재킷만 입고서 올라갔습니다. 춥거나 손발이 시리지는 않은데, 방한 장갑이 커서 스틱 사용이 좀 불편했습니다.

처음 설악산에 왔을 때 한계령 코스로 올랐었습니다. 단지 등산 지도에 거리만 보고 정한 코스였습니다. 귀때기청봉과 대청봉의 갈림길인 한계령 삼거리에 올라섰을 때, 예측 없이 보게 된 내설악 방향의 엄청난 광경에 놀랐었습니다. 갑자기 나타난 예상치 못한 설악산의 거대한 모습에 놀라, 가슴이 울리다 못해 뭔가가 때리는 듯한 느낌을 받았습니다. 어마어마하다고 표현해야 할까요?

오래전 1박 2일이라는 예능프로에서 겨울 설악산 등산을 반영한 적이 있었습니다. 그때 강호동 씨가 한계령 삼거리에서, 갑자기 나타난 그 광경을 보고 무섭다고까지 표현했습니다. 처음 경험할 때 느끼는 설악산의 웅장함은 그 정도입니다.

그런데 두 번째 볼 때부터는 첫 느낌만큼은 아니었습니다. 갈 때마다 느낌이 조금씩 친숙해졌어도, 설악산이 아닌 다른 어떤 산에서도 그 정도의 웅장한 느낌은 받지 못했습니다. 사람들이 설악산을 좋아하는 이유 같습니다. 사진을 찍고 다시 소프트 셸 재킷을 꺼내 입었습니다. 이제는 능선길에 들어서기에 바람도 강하고, 몸에 땀이 날 정도로 힘들지는 않을 것 같았습니다.

사실 한계령 삼거리에서 시작되는 절경을 보며 걷다 보면, 나중에는 조금 지루해지기도 합니다. 멋진 경치가 계속 이어지기는 하지만 적응되면 무덤덤해집니다. 제가 느끼기에는 그렇습니다. 오르기 전에 망설였던 마음은 완전히 사라지고, 어느덧 활기참과 무료함, 피곤함을 번갈아 느끼며 걷고 있었습니다.

걷는 중에 가끔 손끝이 시렸습니다. 이번 겨울 산행을 준비하며 장갑 착용법을 알게 되었습니다. 극동계 날씨에는 속 장갑을 껴야 합니다. 왜냐하면 지퍼를 열거나 행동식을 꺼내 먹을 때, 두꺼운 방한 장갑으로는 손가락의 움직임이 무뎌서 어렵습니다. 그러면 장갑을 벗게 되는데, 손이 차가운 외기에 노출되는 순간 깨질 것처럼 시립니다. 그러면 다시 장갑을 껴도 시린 고통이 한동안 지속됩니다. 이런 경우를 대비해서 속 장갑을 끼면 좋습니다.

한파경보와 강풍주의보의 칼바람 속에 한계령 능선을 걸으며 느꼈습니다. 이런 날씨에는 어떤 비싸고 좋은 장갑을 껴도 손이 시릴 것 같았습니다. 손이 시린 이유는 장갑의 방한 성능이 부족해서가 아닙니다. 이런 날씨에서는 몸을 움직여 만든 체온으로 한기를 버팁니다. 그래서 행동식을 먹거나 장비를 점검하며 잠시 멈췄다가 다시 걸을 때, 그때 손가락이 시렸습니다. 아마도 잠시 멈춘 그 순간에 체온이 식어서 그런가 봅니다. 다시 걷기 시작하면 피가 돌며 곧 괜찮아졌습니다. 손가락이 시릴 때 발가락도 같이 시렸습니다. 시린 정도는 군대에서 느꼈던 그런 고통스러움은 아니고, 그냥 살짝 신경이 쓰일 정도였습니다.

추측해 보면 손가락과 발가락이 시린 것은 장갑과 양말의 성능 문제가 아니라, 신체 조건에 따른 문제입니다. 극동계에는 장갑을 두 겹 껴야 합니다. 속 장갑은 땀에 젖어도 보온 성능이 어느 정도 유지되는 울 소재가 좋고, 외부 방한 장갑은 속 장갑을 끼고 착용할 수 있는 크기의 솜이 들어간 일반 장갑이면 됩니다. 방수 기능이 있는 장갑이면 더 좋습니다. 이 정도 날씨에는 장갑의 가격과 브랜드가 큰 보온력의 차이를 보이지는 않습니다. 어떻게 사용하느냐에 달렸습니다. 몸이 활동을 멈춰 식으면, 몸통에서 멀고 혈액 공급이 적은 손끝 발끝부터 시리기 시작합니다.

(사실 겨울 등산에 익숙해지고 나서, 제가 한동안 애용했던 방한 장갑은 대형마트에서 3만 원에 구매한 장갑이었습니다. 더 비싼 유명 브랜드 장갑도 있었지만 막 쓰기 편해서 주로 사용했습니다.)

능선에 오른 후로는 몸을 계속 점검하며 걸었습니다. 이런 날씨에 설악산 능선을 걷고 있다는 자체가 재미있고 신기했습니다. 경치를 보는 것보다 등산복의 레이어링과 방한용품의 성능, 몸의 느낌을 살피는 것이 더 재미있었습니다.

　이날 얻은 결론은 레이어링 원칙을 잘 지키며 입는다면, 시중에 파는 어떤 국산 브랜드 등산복도 극동계 산행에서 춥지 않게 입을 수 있다는 것입니다. 군대에서 손발이 깨질 것 같았던 고통은 양말과 장갑이 항상 젖어 있었기 때문입니다. 방수 안 되는 전투화로 눈을 밟고 다니고, 홑겹의 장갑은 작업하며 쉽게 젖어버렸기 때문입니다. 옷은 전부 면으로 되어 있으니 땀에 젖는 순간 추워지기 시작합니다. 가격과 브랜드를 떠나서, 시중에 등산용으로 만들어 파는 옷을 입으면 몸통은 웬만해서는 춥지 않습니다.

　겨울 산행을 따뜻하게 하기 위해서는, 어떤 비싸고 좋은 옷을 입었나 보다는 방한용품의 활용이 더 중요합니다. '어떻게 머리와 목을 잘 감싸서 체온이 빠져나가지 않게 하는가? 또 외기에 노출된 얼굴과 귀를 보호하고 손발이 시리지 않게 하는가?'에 달렸습니다. 겨울에는 추위에 대비해 대부분 옷을 잘 챙깁니다. 그리고 요즘 등산복은 잘 만들어져서 가격에 상관없이 대부분 따뜻합니다. 운행 중에 머리를 감싸지 않으면 체온이 빠져나가 몸이 서늘해지고, 몸통이 따뜻해도 귀와 손이 시리면 고통스럽습니다. 찬 바람이 얼굴에 닿으면 따갑기까지 합니다. 그래서 장갑은 두 겹으로 끼고, 양말은 젖어도 어느 정도 보온 되는 울 양말이 좋습니다. 눈길을 걸어야 하므로 겨울 등산화는 당연히 방수 기능이 있어야 합니다.

이런 날씨에 그것도 설악산 능선에서, 걸음을 멈췄을 때만 손발이 조금 시린 것에 신기해하며 걸었습니다. 가장 불편한 부분은 가릴 수 없어 외기에 닿는 눈과 코 윗부분이었습니다. 머리는 비니로 다 감싸고 목에서 코 윗부분까지는 넥워머로 덮어 버렸는데, 그사이의 외기에 드러난 부분은 시린 느낌을 넘어 따가웠습니다.

걷는 내내 온몸에서 유일하게 약간 후덥지근하고 답답하게 느낀 부분은 머리였습니다. 이 날씨에는 약간 두께감 있는 울 비니를 써야 할 것 같았는데, 이상하게 걷는 중에 좀 답답해서 신경 쓰이고 잠시 벗고 싶은 마음이 계속 일어났습니다. 나중에 이 문제를 해결하려고 정보 검색하다 보니, 머리는 열이 많이 나서 운행용 비니와 휴식용 비니를 구분해서 써야 한다는 것을 알았습니다. 걸을 때는 쾌적함을 유지해 주는 얇은 운행용 비니를 쓰고, 쉬거나 할 때는 두꺼운 휴식용 비니를 써야 합니다.

지난 10월에 설악산 한계령 코스로 일출 산행을 예행연습하고, 11월 12월 두 달간 모산(母山) 문장대 코스에서 장비 테스트하며 준비한 결과, 한파경보와 강풍주의보 내린 한계령 능선을 춥지 않게 걸으며 내심 뿌듯했습니다. 끝청 가까이 와서 한 젊은 커플을 보았습니다. 남자는 유명 브랜드로 치장된 옷차림이었는데, 여자는 등산에 취미가 없었는지 '방수 안 되는 경등산화, 일상에서 입는 두꺼운 오리털 점퍼, 등산 배낭이 아닌 큰 백 팩'의 차림이었습니다. 그런데도 즐기며 잘 걸어갔습니다.

'분명히 등산화가 눈길에 다 젖어 발이 깨질 것처럼 시릴 건데?' 또는 '저 두꺼운 점퍼는 땀 배출도 안 되고 불편할 건데?' 하는 생각이 들었습니다. 아마도 겨울 산행에서 추운 것은 당연하다고 여기고 받아들이나 봅니다. 저런 등산객도 있는데 더군다나 군대도 다녀오지 않은 여자인데, 나는 산악부대 혹한기 훈련을 경험한 남자가 이렇게 중무장하고 와서는 내심 뿌듯해하는 것이 살짝 창피했습니다.

10시 30분쯤에 출발해서 4시 30분쯤 중청대피소에 도착했습니다. 도착하니 배가 고파 바로 취사장에 가서 식사했습니다. 많이 챙겨갔습니다. 한우 제비추리를 구우며 무알콜 맥주를 마시고, 오리고기 주물럭에 큰 즉석밥과 제로칼로리 콜라를 흡입했습니다. 식사를 끝내고 만약을 대비해 소화제까지 먹었습니다.

대피소 배정 자리는 침상의 3층 자리였는데, 강풍주의보가 발효된 날이라서 그런지 여름 태풍 때보다 바람이 더 심했습니다. 자는 중에 바람이 소리 내며 불어닥치면 건물이 흔들리고, 찬바람이 벽을 통해 들어오는지 누워있는 얼굴로 스쳐 지나가는 느낌이 났습니다. 몸이 으슬으슬해 안 되겠다 싶어, 붙이는 얇은 핫팩 두 개를 모포 바닥에 붙이고 다시 잠을 청했습니다. 자다 보니 춥게 느껴져 경량 패딩을 꺼내 입고 누웠는데, 그래도 추워서 핫팩을 경량 패딩에 붙이고 넥워머와 비니를 착용하고 손에는 내피 장갑까지 끼고 하드 셸을 이불처럼 덮으니, 그제야 떨지 않고 잘만 했습니다.

대피소를 여러 번 이용해 본 경험이 있기에 숙면은 기대하지 않습니다. 코 고는 소리와 이런저런 잡소리 때문에 잠들기도 어렵습니다. 그래서 저는 그냥 눈감고 호흡을 관찰하며 쉰다는 생각으로 누워있습니다. 잠들려고 애쓰지 않습니다. 그렇게 하면 오히려 스트레스가 되고 쉬지도 못합니다. 눈만 감고 있어도 어느 정도 피로가 풀린다고 합니다. 눈을 감고 편안한 마음으로 몸을 알아차리다 보면 어느 순간 잠들게 됩니다.

일출을 보기 위해서 5시 30분에 일어나 바로 식사했습니다. 동결건조 비빔밥과 뜨거운 물에 타 먹는 즉석 수프를 준비해 갔습니다. 물을 끓이며 하산할 때 마실 물도 보온병에 담아 놨습니다. 식사를 마치고 대충 짐을 정리하니 방송이 나옵니다. 일출을 보려면 지금 대청봉으로 올라가야 한다고 합니다. 강한 바람이 부는 대청봉에서 일출을 보며 오래 머물러야 하기에, 어제 입고 온 복장에서 비니와 넥워머를 두꺼운 것으로 바꾸고, 소프트 셸이 아닌 완전히 방풍이 되는 하드 셸을 입었습니다. 경량 패딩을 속에 입고서 하드 셸을 입으면, 대청봉까지 오르는 중에 땀이 납니다. 옷이 땀에 젖은 채 강한 바람을 맞으며 대청봉에 서 있으면 체온을 많이 빼앗기기 때문에, 경량 패딩은 허리춤에 묶어서 올라갔습니다.

대청봉에 오르니 바람이 엄청나게 붑니다. 한번 강하게 불면 몸이 휘청거립니다. 이런 바람은 처음 경험해 봅니다. 이 와중에 하드 셸을 벗고 안에 경량 패딩을 입으려니, 자칫하면 바람에 재킷이 날아갈 판입니다. 바람 세기로 봐서 재킷을 놓치면 금세 저 멀리 날아가 되찾지도 못합니다. 그래서 하드 셸을 벗어 바위틈에 안전하게 쑤셔 넣고, 경량 패딩을 입은 후 다시 하드 셸을 입었습니다.

하드 셸이 바람을 완벽하게 막아주었고, 1만 원에 세트로 산 두꺼운 비니와 넥워머는 오히려 비싼 브랜드보다 따뜻했습니다. 어제처럼 외기에 노출되는 눈근처 피부만 따가웠습니다.

　운 좋게도 태양이 구름에 가리지 않는 완벽한 일출이었습니다. 또한 덤으로 운해까지 장관입니다. 바람이 강하게 부니 운해가 흘러가기까지 합니다. 새해 첫날 해돋이를 그것도 대청봉에서, 이런 조합으로 보는 것은 정말 행운입니다. 일출을 보는 내내 전혀 춥지 않았습니다. 사진을 좀 더 찍고 싶어서 사람들이 내려갈 때까지 기다려, 셀카봉으로 사진을 찍는데 바람이 불면 중심 잡기가 어려웠습니다. 일출을 보며 소원도 빌고 어느 정도 만족 될 만큼 사진 찍으며 즐기다 내려왔습니다.

등산 후기

대피소에서 배낭 정리하고 몸을 녹이며 쉬다가, 9시 30분쯤에 설악동 소공원으로 하산 시작했습니다. 소청에서 희운각 삼거리까지의 내리막 길도 설악산에서 가파르기로 손꼽히는 구간입니다. 중청대피소에서 숙박하고 하산 코스로 내려갈 때는 그래도 좀 괜찮은데, 설악동 소공원에서 그 긴 거리를 걸어오며 힘을 다 뺀 후, 막바지에 이곳을 오르려면 너무 힘듭니다.

군대에서 상했던 무릎이 어느 때부터 등산하며 아프기 시작해, 하산할 때는 스틱을 사용하며 매우 조심하는 편입니다. 조심스럽게 내려가다 보면 나이가 많으신 분들이 뛰어서 추월해 가는 경우가 가끔 있습니다.

그러면 속으로 생각합니다. '아까운 무릎을 저렇게 막 쓰다니, 아끼면 좀 더 오래 쓸 수 있을 텐데.' 괜찮던 무릎이 희운각 대피소를 지나면서 살짝 느낌이 안 좋아졌습니다. 그래서 더 조심하며 천천히 걸었습니다. 내려가며 보니 나이를 불문하고 여기저기서 무릎이 아파 힘들게 걷는 분들이 눈에 띄었습니다.

그분들을 지나쳐가며 스틱 쥔 손을 보니 모두 스틱 파지법을 모르고 있었습니다. 아픈 무릎에 스틱까지 짐으로 들고 다니는 것과 다름없었습니다. 심지어는 등산 좀 하는 것처럼 온몸을 유명 브랜드로 무장한 사람들도, 자신과 함께 온 연인이나 가족들이 무릎 아파 힘들게 내려가도, 그들의 잘못된 스틱 파지법을 교정해 주지 못했습니다. 스틱을 사용할 줄 모르기 때문입니다. 그냥 옆에서 안쓰러운 표정으로 동행할 뿐이었습니다. 그래서 한번은 무릎이 아파 힘들게 걷는 사람에게 바른 스틱 파지법을 알려주었지만, 돌아오는 반응은 별로 기분 좋지 않았습니다. 그 후부터는 무릎 아픈 사람이 보이면, 무사히 잘 내려가기를 마음으로만 걱정해 줬습니다.

설악동 소공원 하산 코스는 희운각을 지나 완만한 길이 나와도 걷기가 좀 까다롭습니다. 계속해서 울퉁불퉁한 돌들로 이루어진 길이입니다. 거리도 멀지만 걷기가 불편하니 피로도가 높습니다. 백담사로 내려길 때는 조금 더 수월하지만, 볼거리는 설악동 소공원 코스보다는 덜합니다. 살짝 아픈 무릎으로 지루하게 걷던 하산길이 끝나고, 드디어 소공원에 도착했습니다.

속초 시외버스터미널로 가서 아침에 탔던 고속버스 회사에 전화하니, 분실했던 내 피 장갑을 찾을 수 있었습니다. 6시쯤 되어서 자동차를 주차한 양양 시외버스터미널에 도착했습니다. 집에 가서 맛있는 것을 먹으리라 벼르며 저녁 식사를 참고 있다가, 허기를 달래기 위해 고속도로 휴게소에서 라면 한 그릇을 먹었습니다. '와~~~ 세상에 이렇게 맛있는 라면이 있다니!' 따뜻한 국물이 식도를 타고 위장으로 전달되는 느낌에 얼었던 몸이 녹는 듯합니다. 아래위로 특이한 디자인의 까만 옷 입은 사람이, 2일간 비니에 눌려 완전히 떡이 된 머리를 하고 휴게소 라면을 감격스러운 표정으로 먹는데, 남들이 그 얼굴을 보면 무슨 생각이 들었을까요? 라면을 먹으며 속으로 웃음이 나왔습니다.

집에 도착하니 10시가 넘었습니다. 샤워 후 찜닭을 배달시켜 하산 주를 기분 좋게 마시고 잠들었습니다. 이것으로 10월부터 준비했던 설악산 신년 일출 산행을 무사히 마쳤습니다. 그렇게 극동계 산행 끝판왕을 경험하고 자신감을 얻었습니다.

모든 경험과 여행이 그런 것 같습니다. 처음부터 끝까지 즐겁고 행복하지만은 않습니다. 또 어떤 경우는 목적지에 도착해서 느끼는 것 보다, 목적지에 도착하기까지의 과정이 더 재미있고 의미 있습니다. 이번 설악산 등산도 그런 것 같습니다. 목적이었던 신년 일출을 보는 경험은 아주 대단했습니다. 그러나 그 순간은 짧았고, 설악산을 오르내리는 긴 등산길에서 보내는 시간이 더 많았습니다. 좋은 느낌과 싫은 느낌이 조합되어 있는 긴 산행을, 단편적으로 좋은 경험 또는 나쁜 경험으로 판단할 수 있을까요?

확실한 것은 매일 같이 반복되는 비슷한 일상에서 벗어나, 가치 있고 소중한 경험들도 채워진 특별한 1박 2일을 보냈다는 것입니다.

이것이 등산을 즐기는 사람으로서 꼭 한번 해보고 싶었던, 설악산 대청봉 신년 일출 산행이었습니다.

~ metta & karuna ~

이 후기의 목적은, 겨울 등산의 체감과 레이어링을 상세하게 보여드리는 것입니다. 단지 설명보다는 실제 등산 후기를 통해 더 많은 이해를 얻으실 수 있을 것입니다. 아름다운 겨울 산을 즐기는 데 도움 되길 바랍니다.

5-3. 무모한 자신감의
겨울 소백산 어의곡 환종주.

<u>2020년 12월 18일</u> 소백산 어의곡 환종주

담담함.

올해 1월 13일에 처음 경험한 소백산의 칼바람은
신년 일출을 보러 갔었던 '한파경보 + 강풍주의보'의
설악산 서북 능선보다 더 강력했다.

' 헉~ 소리가 나오고...... '

일상에서는 잊고 지내던
강한 생존 본능이 함께 한다고 할까?

오늘은 15km가 넘는 긴 거리의 극한 속에서
동행자도 없이 하루 종일 두세 팀을 마주치며
처음 가는 겨울 산길을 혼자 걷는다.

아무도 없는 눈 덮인 숲속을 고요하게 걷고 있는
나를 느끼다 보면, 담대함을 넘어서 담담해진다.

' 나에 대한 신뢰…… '

보통 사람들 눈으로는 이해할 수 없는
K2 원정이 그런 기분 때문에 하는 도전일까?

그래도 올해 1월에 죽령에서 올라 능선을 따라
어의곡으로 하산하며 소백산 칼바람을 경험했기에
처음보다는 마음이 여유롭다.

이번에는 운행 중에 마시는
보온 물병 대신 수낭을 가져가 봤다.

물 1.5리터를 담고, 얼지 않게
수낭 파우치에 핫팩을 덧대 배낭에 넣었다.

수낭 호수를 배낭 밖으로 빼내어
이동 중에 마시기 좋게 가슴에 연결했다.

물을 마신 후, 호스 안에 고여 있는 물이
어는 것을 방지하기 위해 입으로 불어
다시 수낭으로 밀어 넣었다.

그렇게 관리하는데도
비로봉 근처까지 가니 호스가 다 얼었다.

더 이상 수낭의 물을 마시는 것은 불가능하다.

비로봉에 도착했으니...
이제 국망봉까지 능선을 타고 가다가

하산 길에 들어 늦은맥이재를 지나
다시 어의곡으로 내려가려면 10km 정도 남았다.

그런데 물을 마실 수 없으니 난감했다.

' 비로봉을 찍었으니, 그냥 왔던 길로 다시 내려갈까? '
고민하다가...

여름도 아닌데 탈수로 죽지는 않을 것 같아서
그냥 계획대로 진행한다.

국망봉으로 향하는 능선길에 진입하니
한 번 발을 잘못 디디면 허벅지까지 눈속으로 들어간다.

처음 가보는 길인데, 최근에 눈까지 많이 와서
곳곳에서 길을 확인하기 어렵다.

지나간 사람들의 발자국이 눈발에 덮여
어디로 가야 할지 방향을 알 수 없는 곳에서는
멍하니 서서 고민도 한다.

한번 길을 잘못 들면, 어떤 상황이 벌어질지 모른다.
그렇다고 되돌아가기에는 너무 많이 왔다.

지금 처한 상황을 판단해 본다.

가진 식량은 볶음밥 하나와 바나나 칩 두 봉지,
아몬드 20g, 보온 물병에 담은 따뜻한 물 500ml,
단호박 수프 한 개가 전부다.

좀 헤매거나 왔던 길을 다시 돌아간다고 해도
배낭 속에 헤드 랜턴이 있으니 사고는 안 날 것 같다.

사실 군 생활하며 막막했던 기분에 비하면
이 정도는 뭐 별거 아닌 것처럼 느껴진다.

걷다 보니 허기가 진다.

지금까지 먹은 것은 새벽에 먹은 김밥 한 줄과
행동식으로 먹은 떡 두 조각, 에너지 젤 두 개가 전부다.

점심 먹을 때가 지났는데 식사할 마땅한 곳이 나오지 않는다.

능선길이라서 바람이 너무 세차게 불기 때문에
걸음을 멈추면 체온이 떨어져 문제가 생긴다.

지금 상황에서는
길에 잠시 서서 행동식을 먹는 것조차 힘들다.

식사할 수 있게 바람을 막아줄 지형을 찾아야 하는데
등산로가 능선을 중심으로 바람이 불어오는 방향에 있다.

더 걷다 보면 능선의 반대 방향으로 넘어가서
바람을 막아줄 곳이 나온다는 보장도 없다.

너무 배가 고파서 배낭에서 바나나 칩을 꺼내
바람을 등지고 서서 몇 조각 먹는다.

등으로 강한 바람을 맞으며 서 있다 보니
아무래도 이건 아닌 것 같았다.

바나나 칩이 든 봉지를 손에 쥔 체
바람이 불지 않는 곳이 나오길 바라며 무작정 걷는다.

걷고 걸어도 능선의 오르막 내리막을 반복하며
배고픔에 지쳐갈 뿐, 도무지 식사할 공간이 나오지 않는다.

이래서는 안 되겠다 싶어, 적당한 곳에서
등산로를 이탈하고 능선의 반대편으로 넘어간다.

넘어가니 운 좋게도 바람을 막아줄 적당한 곳이 나왔다.

눈 덮인 소나무가 멋지게 지붕까지 만들어주고 있다.
텐트를 하나 쳐도 될 만한 아늑한 공간이다.

' 나중에 텐트를 들고 와 볼까? '
이런 생각이 들 정도로 멋진 공간이다.

시간을 보니 서두르지 않으면 어둠 속에서 하산해야 한다.

늦어도 해지기 전에는
칼바람 부는 상고대 지역을 벗어나야 한다.

나무가 우거진 곳까지 내려가야
헤드 랜턴을 켜도 안전하게 내려올 수 있다.

시간이 빠듯함을 느끼며 비화식으로 볶음밥을 데워 먹는다.

호스가 얼어 사용할 수 없는 수낭의 물을 500ml 보온병에 옮겨 채우고 나머지는 배낭 무게를 줄이기 위해 과감하게 버린다.

' 준비 부족이다. 등산 당일 일기 예보에 많은 눈이 내리지 않았어도, 산 정상 상고대 지역에는 조금씩 계속 쌓인 눈 때문에 등산로가 가려질 수도 있구나. '

한 번도 가보지 않은 겨울 산 깊은 곳은
사람을 데려오지 말아야겠다는 생각이 든다.

깊게 발이 빠지는 눈길을 걸으니
체력이 더 소모되고 시간도 걸린다.

그래도 걱정이 마음을 압도해서 불안해지지는 않는다.
펼쳐지는 풍경들은 아주 멋지게 느껴진다.

' 애니메이션 겨울 왕국을 현실로 구현하면 이럴까? '

나를 믿는 담담함 속에서 묵묵히 걷다 보니
어느덧 국망봉이 나왔다.

마음 한편에 안심이 된다. 이제는 내려가는 일만 남았다.

해 질 녘이면 칼바람 없는 안전한 곳에
도달해 있을 거라는 생각에 마음이 조금 활기차진다.

잠시 후 늦은맥이재에 다다르고...

칼바람과 상고대 지역을 완전히 벗어나
편안한 마음으로 하산한다.

다행히 6시 이전 아직 해가 있는 시간에
안전하게 주차장으로 돌아올 수 있었다.

아침 8시에 시작해서 오후 5시 30분까지 총 15km를 걸었다.

그중 약 5km는 해발 1,400m 이상의 두 봉오리를 잇는,
칼바람과 눈발이 몰아치는 상고대 지역 깊은 눈 속을
홀로 걸었다.

짧은 하루에 어느 곳에서 어떤 경험을 한들...

나의 내면과 가장 가깝게 만나 극한 상황을 헤쳐 나가는
이런 경험을 할 수 있을까?

다시 돌아온 일상에서의 번잡함과 번뇌가
작고 사소하게 느껴질 수밖에 없는 이유다.

많은 사람이 산을 찾는 이유 중 하나는…

바로 이렇게 자신을 다시 확인하고
확신을 되찾기 때문일 것이다.

~ metta & karuna ~

 이 후기의 목적은, 겨울 등산에 자신감이 어디까지 무모해질 수 있는지 보여주기 위함입니다. 비록 사고는 나지 않았고 더한 극한도 뚫어버릴 것 같은 자신감이었지만, 너무 위험합니다.

5-4. 위험하지 않아도
    충분히 아름다운 한라산 눈꽃.

- 맑은 하늘이 만들어 준 멋진 한라산 눈꽃 산행. -

<u>　　　　　　　　　2022년 1월 6일</u>　한라산 어리목 영실

　겨울이 되면 항상 날씨 앱을 보며 산다. 겨울 산을 좋아하는 사람들이라면 모두 그럴 것이다. 왜냐하면 멋진 눈꽃 산행은 눈 온 다음 날의 날씨가 결정하기 때문이다. 눈만 많이 온다고 좋은 것이 아니고, 적게 온다고 해서 또 나쁜 것도 아니다. 눈이 오는 양과 '어떤 상황에서 눈이 왔는가? 또는 다음날 날씨는 어떤가?' 등 많은 요소가 멋진 눈꽃 산행을 결정한다.

　그 요소 중에 중요한 한 가지는, 눈 온 다음 날 맑은 하늘의 파란 배경과 햇살 조명이다. 같은 장소에 같은 양의 눈이라도, '파란 하늘을 배경으로 눈꽃이 선명하게 빛나는가? 아니면 흐린 날에 몽환적인 분위기를 연출하는가?'에 따라 달라진다.

　겨울에 자주 날씨를 확인하는 등산 애호가들은 바로 이런 것들을 본다. 22년 1월 6일에 딱 이 조합이 맞아떨어졌다. 그래서 바로 대구에서 출발하는 제주도행 항공편을 예약하고, 6일은 직장 연가를 냈다.

새벽에 공항으로 가서 비행기 타고 제주도에 도착하는 것까지는 수월했지만, 잘 모르는 지역에서 대중교통을 타고 등산로 들머리까지 가는 것은 좀 불편했다.

설경이란, 아무리 추워도 해가 뜨고 정오가 넘어가면 눈이 녹으면서 또 달라진다. 그래서 눈꽃이 가장 멋진 장소에 늦지 않게 도착해야, 눈 덮인 멋진 나뭇가지를 온전히 감상할 수 있다. 어떤 유명한 산에 눈이 얼마나 왔나 보다는, 평범하고 낮은 산이라도 나뭇가지에 눈이 있을 때 가서 구경하는 것이 더 아름답다.

한라산 눈꽃은 백록담으로 올라가는 '관음사, 성판악' 코스보다는 '어리목, 영실' 코스가 유명하다. 사실 눈이 많이 왔을 때는 걷는 자체가 힘들다. 그래서 긴 코스로 백록담 정상까지 가는 것은 쉬운 일이 아니다. 배낭이 무겁든 걷는 것이 어렵든, 어쨌거나 몸이 힘들면 감흥이 떨어진다. 그래서 상대적으로 짧고 쉬운 '어리목, 영실' 코스로 많이 간다. 비록 눈 내린 백록담을 볼 수는 없지만, 넓은 공간에 홀로 우뚝 솟은 백록담의 남벽도 상당히 멋지다.

'영실로 올라서 어리목으로 내려갈까?' 아니면 '어리목에서 올라서 영실로 내려갈까?' 잠시 고민했다. 10월경에 영실에서 올라 백록담의 남벽을 보고 다시 영실로 내려온 경험으로 비추어 볼 때, 바다와 백록담 남벽이 보이기 시작하는 넓은 정상 부근에는 나무가 없어서, 눈이 쌓였을 때보다는 초원의 색감이 더 아름다울 것 같았다. 반면에 어리목 방향에서 백록담의 남벽 쪽을 볼 때는 멀리 떨어진 곳에 나무숲이 적당히 있기에, 그 나무에 눈이 쌓이면 올라가 가는 내내 멋져 보일 것 같았다. 그래서 어리목을 들머리로 잡고 영실로 내려오는 코스로 결정했다.

버스를 타고 어리목에 내려 등산을 시작하는데 예상보다 조금 늦었다. 버스에 사람들이 많아서 불편했고 시간도 오래 걸렸다. 이러다가 햇살에 눈이 녹으면 아쉬워진다. 그렇다고 조급하게 올라가면 힘만 더 들 뿐 얻는 것도 없다. 그래서 이왕 한라산 눈꽃을 보려고 비행기 타고 왔다면, 코스의 들머리까지 택시를 이용하는 것도 좋을 것 같다. 나중에 알게 된 정보인데, 한라산 눈꽃 산행에 편리하게 숙박업 운영하는 곳이 있다고 한다. 전날 저녁에 도착해 그곳에서 숙박하면, 차량으로 등산로 입구까지 데려다준다고 한다. 그러면 비행기 시간을 맞추기 위해 새벽에 일찍 일어나 서두를 필요도 없고, 택시비도 아낄 수 있다. 그런 것을 고려하면, 숙박업소를 이용하는 것이 그리 더 비싸지도 않다는 말을 들었는데 확인은 안 해봤다.

등산로 입구를 지나 눈을 밟으며 숲속으로 들어가는데, 역시나 사람들이 엄청나게 많다. 하나같이 모두가 눈은 즐거운 데 발은 걷는 것이 불편하다. 눈이 너무 많이 오니 등산화에 착용한 아이젠은 의미가 없었다. 바닥에 톱니가 너무 짧아서 눈 속에 충분히 박혀 지지력을 얻지 못하고, 걸을 때마다 눈과 함께 미끄러진다. 이런 경우에 사용하는 심설용 장비인 크램폰이 있다. 아이젠처럼 등산화에 착용하는데, 바닥 톱니가 길어서 쌓인 눈 위를 미끄러지지 않고 걷기에 적합하다. 단점은 눈이 낮게 쌓인 곳에서는 착용하고 걸을 수 없다. 안 그래도 이런 날을 대비해서 크램폰을 사 놓기는 했는데, 깜빡 잊고 놓고 왔다.

숲속은 바람이 별로 불지 않았다. 나뭇가지 사이로 햇살이 비치며 가끔 부는 바람에 눈이 날리면, 사방이 눈에 반사된 빛으로 반짝거렸다. 저절로 입에서 감탄사가 흘러나왔다. 하지만 뒤에서 사람들이 계속해서 밀고 올라오기에 걸음의 속도를 어느 정도 유지해야 했다. 이런 경우는 무슨 군대 훈련하듯 강제로 떠밀려 가는 듯해서 기분이 별로다.

설경에 익숙해지며 조금 길고 지루한 듯 느껴질 때, 숲을 빠져나와 넓게 조망이 터지기 시작하니 세상이 달라졌다. 한라산에서만 볼 수 있는 풍경이 펼쳐진다. 뒤로 돌면 바다가 빛나고 있고, 바다 위에 구름이 있다. 그 구름보다 더 높이 서 있는 내 앞에는, 백록담 남벽을 배경으로 넓게 펼쳐진 하얀 설경이 마음을 행복하게 만든다.

시야를 가리는 높은 나무들이 없어, 광활하게 펼쳐진 하얀 눈 위로 맑은 하늘이 더 돋보인다.

　예상했던 대로 눈 온 날에는 영실보다는 어리목으로 오르는 것이 더 나은 것 같다. 바다와 백록담 남벽이 보이기 시작하는 넓은 공간 중간중간에 우거진 나무숲이 있다. 그 숲에 눈이 쌓여서 멋진 장면을 연출한다. 만약 영실에서 올랐다면, 넓은 공간에 백록담 남벽과 하얀 눈 덮인 언덕만 보여서 조금 허전했을 것 같다. 이날 아쉬웠던 것은 정상 부근에 바람이 좀 많이 불었다. 그런데 한라산 특성상 겨울에 바람 잔잔한 날이 몇이나 될까? 대설이 내린 뒤 맑은 하늘의 조합도 드물기에 만족할 만하다. 하지만 윗세오름 대피소 근저에서 식사하며 쉬는 곳에서는 바람이 잔잔했다.

 조금 늦게 출발해서인지, 윗세오름에서 남벽 분기점으로 올라가는 길은 통제 시간(13시 30분)이 넘어서 갈 수 없었다. 그런데 만약 통제 시간 전에 도착했어도 가지 않았을 것 같다. 그리 특별한 조망이 없는데, 왕복하며 두 시간 넘게 쓰면 여유롭고 편하게 하산할 수 없다.

남벽이 가까이 보이는 윗세오름 대피소에서 식사를 마친 후, 영실 방향으로 하산을 시작했다.

(가을에 영실 코스에서 올라 다시 영실 코스로 내려와 본 적이 있다. 멋진 병풍바위를 지나서 남벽이 보이기 시작하는 곳에 도착했을 때, 오후 2시 가까이 되었다. 그때 태양의 위치는 몸의 앞이 아닌 오른쪽과 뒤쪽 사이에 있었던 것 같다. 태양은 시간이 지날수록 더 몸 뒤쪽으로 이동했다. 그래서 남벽을 바라보며 걸을 때 눈이 편했고, 남벽을 배경으로 사진 찍을 때도 역광이 아니라서 잘 나왔다. 하산하는 시간에 태양 위치는 걸어가는 방향의 왼쪽 대각선 앞에 있었다. 초원 같은 배경의 등산로를 지나서 가파른 내리막길음 통해 숲으로 들어가기 전에 병풍바위가 나온다. 그 병풍바위에 도착하기 전에 아주 멋진 조망이 터진다. 아래로 제주도가 넓게 보이고 바다는 태양 빛이 반사되어 아름답다. 지는 태양이 바다에 가까이 붙어 황금 카펫을 펼쳐놓았다. 발걸음을 멈출 정도로 너무나 아름다웠다. 영실과 어리목 코스를 많이 가보지는 않았지만, 이 태양의 위치 때문이라도 어쩌면 어리목으로 올라서 오후에 영실로 내려오는 것이 나을지도 모른다.)

 어리목에서 오르며 설경에 눈이 즐거웠고, 윗세오름을 지나 영실로 내려갈 때는 바다에 반사되는 태양 빛이 만든 멋진 분위기에 즐거웠다. 하지만 바람 때문에 서서 느긋하게 감상하지는 못하고 적당히 속도감 있게 걸었다. 바람에 등산로 옆 언덕에 쌓인 눈이 부셔져 내리는데, 마치 사막 모래언덕이 바람에 부셔져 내리며 날리듯, 눈도 그렇게 바람에 부서지고 날리는 모습이 장관이었다. 처음 보는 장면이었고, 이런 상황을 연출할 수 있는 지형은 우리나라에서 이곳 밖에는 없을 것 같았다. 그래서 아무리 바람이 불더라도, 그 장면은 놓칠 수가 없어 한동안 서서 핸드폰 영상으로 담아 왔다.

이제 병풍바위를 앞에 둔 가파른 하산길이 시작되는 지점에 도착했다. 조금만 내려가면 앞서 말한 바닷가에 반사된 태양 빛이 길게 늘어져 아름다웠던 곳이 나온다. 이곳은 바람이 그리 강하지 않다. 서서 여유 있게 감상하며 사진도 여러 장 찍고 경치를 즐겼다.

몇 걸음 걷다가 사진을 찍게 되고 또 몇 걸음 걷다가 씩세 된다. 사실 혼자 멋진 곳에 등산 가면 사진 찍는 재미가 많은 부분을 차지한다. 사진을 찍는다는 것은 그만큼 풍경에 관심을 더 두게 되는 것이다. 그냥 가볍게 지나치지 않고 좀 더 자세히 보고 많이 즐긴다는 의미도 될 것이다.

영실 코스의 유명한 병풍바위에 도착했다. 그런데 여기까지 오며 너무 멋진 광경을 많이 봐서, 병풍바위에는 별로 감흥이 생기지 않는다. 그래서 사진도 한 장 안 찍고 지나가 버렸다.

이제 곧 숲길로 들어서고 별로 볼 것도 없기에, 셀카봉과 핸드폰을 배낭에 넣고 스틱 사용에 손을 집중했다. 그런데 내리막길이 어리목 코스와는 완전히 다른 상황이었다. 길이 아니라 눈 많이 쌓인 미끄럼틀이다. 걷는 것은 불가능하고 미끄러져 내려가야 한다. 어떻게 길이 이렇게 만들어질까? 올라오기도 내려가기도 너무 힘들다. 어리목으로 올라가길 잘했다는 생각이 든다. 어려운 구간을 지나 이제 걷기 좋은 숲길에 들어서고 무사히 다 내려왔다.

주차장에 이르러 버스를 타고 공항에 도착했다. 깔끔하게 차려입은 많은 여행객 속에서, 어떤 하루를 보냈는지 상상하게 만드는 복장으로 탑승을 기다리고 있었다. 하지만 약간 지저분한 등산화와 다르게 얼굴은 환한 행복과 만족으로 가득했다. 운 좋게 창가에 앉아 도시의 야경을 내려다보며, 멋진 눈꽃 산행을 마무리할 수 있었다.

다음 날 나는 평소처럼 달라진 것 없이 출근해 근무했고, 누구도 내게 어제 어디서 무엇을 보고 왔는지 듣지 못했다. 이렇게 가끔 일상에서 벗어나 나만의 환상에 세상을 경험하고 온다. 그것이 내 삶에 활력을 불어넣어 주는 등산이라는 취미다.

~ metta & karuna ~

 이 후기의 목적은, 멋진 눈꽃 산행을 위해 무모하고 위험한 도전을 할 필요 없다는 것을 보여주기 위함입니다. 눈꽃 산행은 날씨가 중요합니다. 날씨를 잘 맞추면, 사람들이 함께하는 안전한 곳에서도 충분히 아름다운 눈꽃을 즐길 수 있습니다.

5-5. 겸손을 가르쳐준 대설의 소백산.

2022년 12월 13일 **소백산 죽령 희방사**

2019년부터 즐기기 시작한 겨울 산행은 내게 자신감을 주었다. 첫 산행은 한파경보에 강풍주의보가 발효된 설악산 대청봉 신년 일출 산행이었다. 물론 20대부터 해왔던 등산 경험이 있기는 하지만, 그래도 첫 겨울 산행을 최고 난도로 무리 없이 성공했으니 당연히 자신만만했다. 그 후로 2020년 12월에 극동계 생존 훈련 같았던 '소백산 어의곡 환종주' 산행으로 겁이 없어졌고, 2022년 1월 6일에는 아름답기만 했던 환상의 '한라산 눈꽃' 산행을 하며 나름 겨울 산행의 고수라고 생각했다. 그 외에도 동계 백패킹과 멋진 눈꽃 산행을 계속 즐기며 행복한 겨울을 보냈다.

솔직한 마음에 이제는 겨울 산이 쉬워 보였다. 아니 어쩌면 자신감을 넘어서 오만에 빠져 있었다. 눈이 얼마나 오든 기온이 어디까지 내려가든 상관없이, 눈꽃이 아름다울 것 같은 날씨 조건이 되면 그냥 산행을 계획했다.

어느 날 날씨 앱에 기회가 포착됐다. '12월 13일의 소백산은 맑은 하늘 아래 눈꽃 세상이 빛나리라.'라고 알 수 있었다. 오전 맑은 하늘 저고도에서 비추는 태양 빛이 만들어 낸 환상의 세상을 경험하려면, 연화봉 대피소에서 밤을 보내고 아침에 아름다운 그곳에 있어야 한다.

11일에 날씨 앱을 보다가 결정 내리고 12일에 이용할 연화봉 대피소를 예약했다. 12일 오전까지만 일하고 오후와 13일은 연가를 냈다. 점심 식사를 마치고, 전날 미리 꾸려둔 등산 배낭을 점검한 후 자가용으로 출발했다. 소백산 죽령 탐방안내소 앞 주차장에 주차 후 연화봉 대피소에서 밤을 보내고, 다음날 소백산 능선 따라 설경을 마음껏 즐기며 어의곡으로 하산할 계획이었다. 영주에 들어서니 눈발이 굵어진다. 죽령휴게소 근처에 이르니 폭설이 내리기 시작한다. 마음속으로는 신이 났다. 내일 과연 어떤 풍경이 펼쳐질까 기대만 될 뿐이었다.

죽령 탐방안내소에 도착해 채비를 마친 후 등산로 입구를 지나려는데, 전자 게시판에 '대설주의보 발효' 메시지가 보인다. 폭설을 맞으며 입구를 지나는데, 탐방안내소 직원이 대피소 예약자인지 묻는다. 당연히 이 날씨에 오후 3시 넘어서 오르기 시작하면 대피소 예약자일 수밖에 없지만, 그래도 안전상 물어보는 것 같다. 그렇다고 답하고 기분 좋게 한 걸음 한 걸음 걷는데, 눈은 더 많이 내리기 시작해서 살짝 걱정됐다. 눈비를 막아줄 하드 셸을 가져오지 않았다. 비가 아닌 눈이라서 소프트 셸의 발수 기능으로도 괜찮을 것 같았다. 또한 대피소까지 5km 정도 되기는 하지만, 넓은 시멘트 도로라서 예전에 올랐던 시간을 따져보면 별일 없을 것 같았다.

    눈을 구경하며 걷다 보니, 어느새 날이 어두워지기 시작했다. 그런데 생각보다 걷는 속도가 안 난다. 눈은 더 많이 내리고, 강한 바람에 날리는 눈발이 얼굴을 때린다. 소프트 셸의 발수 성능에 한계가 왔다.

 팔이 젖어 차가워지고, 머리에 쓴 비니는 완전히 젖어 체온을 떨어뜨렸다. 해가 지고 갑자기 상황이 변했다. 입구에서 설경을 보며 상상했던 행복한 기대는 완전히 사라지고, 살며 지금까지 경험해 보지 못한 극한의 상황에서 힘겹게 걷고 있었다.

　설악산 일출 산행은 단지 추운 것을 참으면 되는 산행이었다. 어의곡 환종주 역시, 아무도 없는 처음 가는 산길에서 추위와 배고픔을 이기며, 담대한 마음을 잃지 않으면 되는 산행이었다. 그런데 지금 상황은 달랐다. 이건 참고 용기를 내는 것이 아니라, 극한 환경을 버티면서 생존해야 하는 상황 같았다. 바람이 심하게 불며 날리는 눈발 때문에, 헤드 랜턴을 끼고 있어도 1m 앞까지만 시야가 확보됐다. 자동차가 올라갈 수 있는 넓은 시멘트 도로 그것도 여러 번 올라가 본 길이지만, 눈발에 시야가 가려 걸음 바로 앞까지만 보이니 처음 가보는 산속에서 랜턴 없이 걷는 것과 다를 게 없었다. 그렇게 힘겹게 걷고 있는데, 갑자기 길이 사라지며 마치 파도처럼 쌓인 눈이 앞을 가로막았다. 1m 앞까지만 볼 수 있는 상황에서, 발 앞에 그런 것이 나타나니 놀라서 멈추게 되었다.

혹시 내가 길을 잘못 들었는지 생각했다. 그런데 잘못 들 수가 없다. 이 길은 연화봉 아래에 있는 천문대를 관리하기 위해, 자동차가 지날 수 있게 만든 넓은 시멘트 포장도로다. 만약 길을 이탈하려면, 길옆 비탈로 떨어지는 수밖에는 없다. '비탈로 떨어지려면 눈이 꺼져있어야지. 왜? 갑자기 다른 곳보다 높게 쌓여있나?' 하며 놀란 마음에 걸음을 멈췄다. 날리는 눈발을 피하고자 숙였던 고개를 들고 사방을 둘러본다. 눈발이 시야를 가려 1m 앞 외에는, 아무것도 보이지 않는다. '아니. 지금 내가 어디에 있는 거지?'라는 생각에 당황스러웠다. 그래서 방향을 옆으로 틀어 조금 걸어가며 확인해 보니. 나는 시멘트 포장도로를 이탈하지 않고 걷고 있었다. 바람의 영향으로 눈이 파도처럼 쌓여 길을 알아볼 수 없게 된 것이었다.

혼란스러움 속에 힘들게 걸으며 창피함을 느꼈다. 소프트 셸의 발수 성능이 얼마나 되는지 몰랐다. 또 밤에는 강한 바람에 날리는 눈 때문에 시야 확보가 안 된다는 것도 몰랐고, 바람의 영향으로 눈이 파도처럼 쌓여 길을 숨길 수 있다는 것도 몰랐다. 나름 겨울 산 좀 탈 줄 안다고 자신했는데, 뻔한 시멘트 포장도로 그것도 여러 번 와본 길에서 이런 상황을 겪으니 황당했다. 만약에 처음 가보는 산속이었다면 무슨 일이 벌어졌을까? 그리고 배낭 무게 좀 줄이겠다고 레인 재킷을 놓고 와서, 온몸이 다 젖고 정신력으로 버티고 있으니, 이게 무슨 어처구니없는 일인가? 걷는 것은 고사하고 서 있는 것도 힘든 상황에서, 어떻게든 쓰러지지 않고 대피소까지 도착해야 한다는 생각으로 정신 줄을 붙들며 걷고 있었다.

'도대체 얼마나 남았을까? 내가 어디까지 왔을까?' 알 수 없는 상황에서 땅만 보며 걷고 있는데, 갑자기 앞에서 환한 불빛이 나타났다. 사람의 랜턴 불빛은 아니다. 너무 밝다. 사람이든 아니든 뭐든 간에, 일단 이 상황에서 뭐라도 나타났다는 것이 반가웠다. '이건 뭐지?'라고 생각하며 고개 들고 보니 작은 제설차였다. 쌓인 눈을 치우며 내려오고 있었고 내 옆에 멈춰서 괜찮냐고 물었다. 그 제설차가 마치 구원자처럼 느껴졌다. 혹시나 '태워줄까?' 살짝 기대했는데, 괜찮다는 대답을 듣고서 그대로 눈을 치우며 내려갔다. 그래도 좋았다. 제설차가 지나간 후로는, 다시 평평한 시멘트 포장도로를 걸을 수 있었기 때문이다.

어쩌면 지금 이 상황은, 겸손함을 배우기 위해 한번은 겪어야 할 일인지도 모른다. '만약 외국 히말라야의 산이라도 가서 이런 예상치 못한 경험을 하게 된다면 얼마나 위험할까? 차라리 여러 번 와서 잘 아는 국립공원 산 시멘트 포장도로에서 하게 됐으니 얼마나 다행인가?'라는 생각이 들었다. 제설차 덕분에 걷기가 편해지니 다시 걷는 것에 집중할 수 있었다. 한 걸음 한 걸음 알아차리며 생각을 차단하고 걸었다. 마음도 곧 고요해졌다.

저 멀리, 건물에서 나오는 빛이 보였다. 이제는 내가 어디까지 왔고 얼마나 더 걸어야 하는지 알 수 있었다. 걸어오는 과정이 너무 힘들고 길게 느껴졌는데, 막상 저 건물의 빛을 보니 '내가 벌써 여기에 와있나?' 이런 생각이 들었다. 힘들게 한 걸음 한 걸음 걷고 있었지만, 그 걸음들은 제자리걸음이 아니었고 나를 여기다가 데려다 놓았다.

건물로 올라가는 계단에 이르러, 이제는 완벽하게 안심할 수 있었다.

등 산 후 기

건물 앞, 밝은 불빛 아래에서 내 몸을 보니 말이 아니었다. 온몸은 다 젖었고, 배는 너무 고팠다. '이런 미친 짓을 하다니.' 350g 줄이겠다고, 눈 많이 오는 날 레인 재킷을 놓고 왔다. 또 '소프트 셸의 발수 성능이 어느 정도까지인지도 모르고 있었다니.' 이게 무슨 한심한 일인가? 정말 제대로 반성하고, 자만심을 내려놓게 되었다.

그대로 건물에 들어가면, 몸에 붙은 눈이 떨어져 내부 바닥이 젖을 것 같아 다 털고 들어갔다. 대피소 직원에게 신분증을 보여주고, 예약자 임을 확인한 후 자리를 배정받았다. 대피소 직원이 내 모습을 바라보는 눈빛도 어처구니가 없다는 느낌이었다. 배정받은 자리에 배낭을 내려놓고 젖은 비니와 셸을 벗은 후, 음식을 챙겨 취사장으로 갔다. 챙겨온 음식을 데워 먹으며 지금 이게 무슨 상황인지 어이가 없었다. 며칠 전부터 날씨 보며 기대했던 상상과 완전히 다른, 낭만이란 전혀 없고 예상치도 못한 살며 처음 겪어보는 생존 훈련이었다.

그저 한심하기만 할 뿐, 어두운 밤 눈발 날리는 힘든 길을 뚫고서 대피소에 도착했다는 성취감이나 자부심도 없었다. 그냥 바보짓을 했다는 생각만 들었다.

연화봉 대피소는 다른 대피소와 다르게 시멘트 도로가 나 있다. 수세식 화장실에 물도 나온다. 그래서 식사 후 양치할 수 있었다. 자리에 짐을 정리한 후 가져온 마른 옷으로 갈아입었다. 침낭에 들어가 자려고 누웠는데 걱정이 생겼다. 운행용 비니는 여분으로 하나 더 가져왔으니 그렇다 쓴다고 해도, 젖은 소프트 셸과 미드레이어는 입을 수 있을 정도로 마를지 알 수 없었다. 그러나 몸이 너무 힘들고 피곤해서 곧 잠에 빠졌다. 핸드폰 알람이 울리기 전까지 한 번도 깨지 않았다. 대피소에서 이렇게 깊게 잠들어 보기는 처음이었다.

일출을 보기 위해 맞춰놓은 알람 소리에 잠이 깬 후, 경량 패딩에 보온 비니 차림으로 건물 밖을 나갔다. 바람이 엄청나게 분다. 한번 바람이 몰아치면, 바람 반대 방향으로 몸을 돌려야 한다. 바람이 불 때마다, 근처 산기슭에 싸여있는 눈이 어지럽게 날리며 매서운 느낌을 일으킨다. 그런데 하늘에는 구름 한 점 없고, 여명이 붉게 물들어 있다. 너무나 아름답다. 떠오르는 태양을 감상하며 사진 찍다가, 대피소로 들어와 몸을 녹였다. 널어놓은 젖은 소프트 셸은 조금 축축하지만 입을 수 있을 것 같았다. 문제는 덜 마른 미드레이어인데, 입으면 체온에 금방 마를 것 같아 별로 신경 쓰지 않았다(하지만 아주 큰 착각이었다.).

대피소 홀에 붙어 있는 디지털 기상정보를 보니 영하 21도다. 바람이 저 정도로 불면 체감 온도는 그보다 훨씬 더 낮다는 것이다. 대피소에서 밤을 같이 보낸 등산객은 열 명 정도 되었다. 저 사람들 모두 미리 날씨를 알아보고 온 등산 애호가들이다.

 그렇지 않고서는 이 날씨에 여기에 있을 리 없다. 하지만 겨울 산 좀 즐긴다는 사람들이, 모두 서로 눈치를 보는 중이었다. 이 날씨에 등산하는 것이 맞을까 고민하고 있었다.

해가 뜨고 취사장에 식사하러 가며 풍경을 보니, 진짜 대박은 대박이다. 그래서 더 망설이는 것 같았다. 몇 사람이 내게 어떻게 할 거냐고 물었다. 어제 그 늦은 시간에 다 젖어서 들어온 내가, 아마도 경험이 좀 많아 보였나 보다. 그런데 나는 고민도 하지 않고, 능선을 따라서 비로봉을 찍고 어의곡으로 하산할 계획이라고 대답했다. 어제 그 고생을 했지만, 밖을 보니 도저히 바로 내려갈 수 없었다. '이제는 낮이다. 어제와 다르다. 나는 간다!' 이런 마음이 굳건했다.

좀 있으니 대피소 직원이 들어와 사람들에게 말을 건넸다. '산이 어딜 가는 것도 아니고, 다음에 와도 산은 그대로 여기에 있습니다. 그러니 오늘처럼 눈 많이 왔고 추운 날에는 죽령으로 바로 하산하시는 것이 좋습니다. 멀리서 여기까지 오신 분들에게, 눈이 그쳤는데 못 가게 막을 수 없어서 권하는 것입니다.'

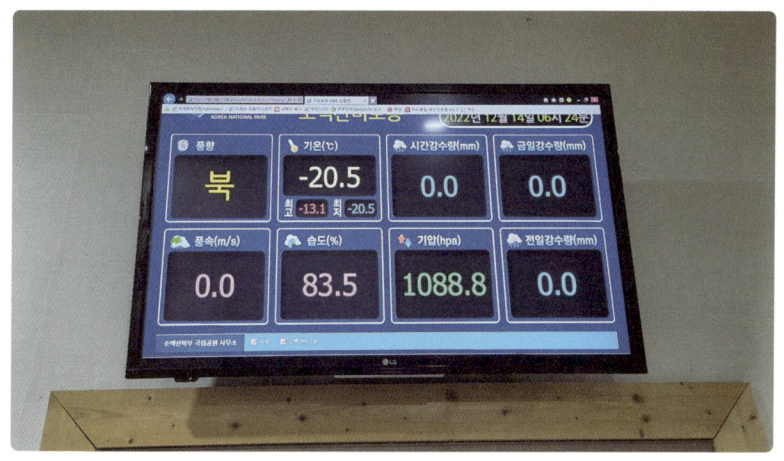

　대피소 직원이 나간 후, 가장 나이 많아 보이시는 분이 다시 내게 등산할 것인지 물었다. 아마도 어떻게 해야 할지 고민되는 듯 보였다. 변함없는 단호한 나의 대답에 그분이 용기를 얻었는지, 자신도 연화봉을 찍고서 희방사로 내려갈 생각이라고 한다. 그분이 먼저 출발하고 조금 있다가 나도 따라서 나갔다.

　어젯밤 그 힘든 사투를 벌이며 올라온 것에 보상인지, 오늘은 완전히 달랐다. 청명한 하늘과 길을 따라 서 있는 하얀 눈꽃 나무들이 어서 오라고 환영하는 듯했다. 소백산 눈꽃은 제2연화봉 대피소에서 연화봉 구간이 가장 아름답다고 말하는 사람들이 많다. 바로 그 길을 걷고 있있다. 흠뻑 내린 눈이 낮은 기온에 보존되어 그대로 눈 위에 얹혀있고, 파란 하늘 배경이 조명 역할을 해준다면 얼마나 아름다울까? 이 색감은 말로는 표현 불가능하다 직접 봐야 안다. 바람이 불면, 마치 파란 바닷속 하얀 산호초처럼 흔들거렸다.

아! 그런데 뭔가 좀 이상했다. 어느 정도 즐기며 가다 보니, 왜 이렇게 걷는 게 힘들까? 한 걸음 한 걸음 걸을 때마다, 마치 등산화가 쌓인 눈에 쩍쩍 달라붙는 듯했다. 안 그래도 대피소에서 몇 사람이 걷기 힘들 거라고 이야기하던데, 혹시 바닥이 콘크리트 포장도로라서 그런가? 내리면서 녹은 눈이 지면으로 흡수 안 되고 콘크리트 바닥에 갇혀 그런가?

　이런 경우는 처음이다. 허벅지까지 쌓인 눈을 헤치고 가야 했던 산에서도 이렇지는 않았다. '자연이 모든 것을 다 주지는 않는구나.' 풍경은 정말 아름다운데 길은 너무 걷기 힘들었다. 마치 예전에 갈증에 시달리며 풍경에 감탄하던 공룡능선길 같았다. 바람도 엄청나게 불었다. 몸에서 한기가 느껴졌다. 아마도 덜 마른 옷 때문인 것 같았다. 얼굴이 따가웠던 설악산 한파경보와 강풍주의보에서도 몸통이 차갑게 느껴지지는 않았었다. 그래도 아름다운 풍경에 계속 즐거웠다. 하지만 즐기며 걷는 가운데 머릿속에는 빠르게 계산이 돌아갔다. 이 상태로는 능선을 타고 비로봉까지 못 간다. 가다가 추위에 못 견딘다. 그래서 연화봉까지만 갔다가 희방사로 내려가기로 했다. 그렇게 해도 별로 아쉬울 건 없었다. 사실 어제 그 고생을 하고 오늘도 힘든 산행은 하기 싫었다. 이런 날 소백산에서 눈꽃이 가장 아름다운 길을 걸었고, 비로봉까지 이어지는 눈 덮인 소백산 능선을 한눈에 담았으면 충분하다.

산은 약이다

등산 후기

 연화봉 정상석에서 사진 찍고, 저 멀리 비로봉까지 이어진 능선을 잠시 바라보았다.

 '정말 멋지구나. 오늘 같이 구름 한 점 없고 선명한 파란 하늘에, 하얗게 이어진 소백산 능선을 찍은 사진이 내 핸드폰 외에 어디에 또 있을까?' 혼자 보기 아깝다고 생각하며 희방사 코스 하산길로 걸음을 돌렸다.

　희방사 코스로 하산하며, 어제 눈이 얼마나 많이 왔는지 실감하게 됐다. 연화봉까지 이어지는 시멘트 포장도로는 제설차가 밤에 몇 번 움직였고, 또 길이 넓어 별로 체감하지 못했는데, 좁은 하산길에 들어서니 허리까지 쌓인 눈을 헤쳐가며 걸어야 했다. 그 역시도 너무 재미있었지만, 한편으로는 또 한 번 배움과 반성의 시간을 가지게 되었다. 대피소에서 출발하기 전에 내게 말을 걸었던 나이 드신 분이 먼저 희방사 코스로 내려가서 다행이지, 그분이 지나가며 흔적을 남기지 않았으면 지금 이 길도 눈 속에 덮여 알아볼 수 없었을 것이다.

　눈이 너무 많이 쌓여 발로 밟아도 길인지 아닌지, 느낌으로 구분할 수도 없었다. 그렇게 걸으면서도 계속 눈은 즐거웠다. 내려가다가 어느 지점에 이르니, 능선에서 불던 강한 바람은 그치고 산들산들 고요한 바람이 하얀 나뭇가지들을 부드럽게 흔들었다. 걷다 말고 길옆 폭신한 눈 위에 누워, 파란 하늘에 하얗게 움직이는 나뭇가지를 보며

산은 약이다

모든 것을 잊었다. 나조차도 잊었다. 시간도 잊고 마음 편하게 누워서 보고 있자니, 등에 살짝 시린 느낌이 났다. 아쉬워하며 일어나 다시 내려가기 시작했다. 내려가다 보니 연화봉 천문대가 보이는 쉼터가 나타났다. 쉼터에서 행동식을 먹으며 연화봉 천문대를 보면, 그냥 고요해 보인다.

바람이 강하게 부는 것 같지도 않다. 하지만 내 마음에는 탈출에 성공했다는 안도감이 일어날 정도로 힘든 능선 길이었다. 기분이 묘했다. '멀리서 보면 그림처럼 고요하구나.'

행동식을 먹고 기운 차린 후 조망이 막히는 숲길로 들어섰다. 크게 볼 것이 없는 길이라서 하산하는 데만 신경 쓰기로 했다. 적당히 속도를 높여 걷는데 또 갑자기 길이 사라졌다. 이번에는 정말 모르겠다. 눈이 파도처럼 쌓인 곳인데, 대충 짐작으로 추측하려 해도 도무지 방향을 잡을 수 없었다. 가장 가능성 있어 보이는 방향으로 눈을 뚫고 들어갔는데, 갑자기 몸이 푹 빠지며 이번에는 깊이가 가슴까지 온다. 그 몇 걸음에 가슴까지 빠지고 나서, 겨우 다시 원위치로 돌아왔다.

앞에 먼저 갔던 분이 걱정되기 시작했다. 그분 발걸음이 사라졌다. 그분은 무사할까? 서서 한동안 고민하는데, 전혀 길이 아닐 것처럼 보이는 곳에 발걸음 흔적이 있었다. 앞서갔던 분은 이 길을 여러 번 다녀봐서 잘 알고 있었나 보다. 또 한 번 그분의 도움으로 길을 찾을 수 있었다. 능선 가까운 위치에서 길을 잃었다면 다시 대피소로 돌아가거나 할 수 있지만, 만약 어느 정도 내려온 위치에서 길을 찾아 헤매다가 다치기라도 하면, 그때는 정말 위험하다. 깊은 반성과 함께 앞서간 발자국을 따라 다시 내려가기 시작했다.

좀 더 내려오니 길이 넓어지며 쌓인 눈도 많이 낮아졌다. 걷는 중에 한 번씩 바람이 휘몰아치면, 길옆 높은 언덕에서 눈이 떨어져 날리며 허공의 반을 하얗게 가려버린다.

조금 전 가슴 쓸어내리며 반성해 놓고, 언제 그랬냐는 듯이 넋을 잃고 바라보며 말한다. '그래! 바로 이거지!' 조금 더 걷다 보니 등산로 입구에 도착했다.

등산로 입구에서 기념으로 사진 찍으며, 감사한 마음을 일으켰다. '시간과 건강이 허락해 겨울 산을 즐길 수 있는 것에 감사합니다. 또 무사히 산행을 마칠 수 있어 감사합니다. 이번 경험을 바탕으로 좀 더 겸손한 마음으로 안전하게 등산을 즐기겠습니다.'

이날 밤 갑자기 온몸에 두드러기가 났다. 일시적인 증상이겠지 생각했는데, 하루에 몇 번씩 두드러기가 나고 가려워 힘들었다. 며칠 참으며 두고 봤는데 일주일이 지나도 낫지 않았다. 약을 먹어도 소용없었다. 병원에 가도 약 처방 외에는 특별한 게 없다고 하기에, 인터넷으로 두드러기 원인을 검색하며 공부했다. 모두 다 비슷한 말을 하는 가운데, 어느 한의사 한 분이 흥미로운 이야기를 한다. 두드러기는 땀구멍에 문제가 생겨서 나는 것이니, 땀을 흘리면 된다고 한다. 그러나 사우나처럼 강제로 빼는 것은 별로 효과가 없고, 운동할 때처럼 몸 안에서 데워지며 땀구멍이 열려야 된다고 한다. 또는 족욕이나 반신욕으로 천천히 땀을 흘리라고 한다. 그래서 족욕기를 샀다.

족욕기를 사용해 보니 약간 효과는 있었는데 너무 번거로워서 쓰다가 말았다. 긴 겨울 동안 두드러기에 시달리며 밤잠을 설쳤다. 그런데 봄이 오고 날이 풀리니 나도 모르게 두드러기가 사라졌다. 그 한의사 말이 맞았다. 너무 추운 날 등산 가서 몸이 젖고 얼어서, 땀구멍에 이상이 생겼던 것이었다. 봄이 오니 땀구멍이 열리며 자연스럽게 치료된 것이다. 혹시라도 이 글을 읽는 분 중에, 추운 날 갑자기 두드러기가 나면 참고하면 좋을 것 같다.

~ metta & karuna ~

이 후기의 목적은, 직접 경험하지 않으면 모를 수밖에 없는 겨울 산의 숨겨진 위험함을 보여주기 위함입니다.

'제5장 등산 후기'에서는 필자가 의도한 순서대로 겨울 산행을 여러 편 소개하였습니다. '극동계 설악산에서 자신감을 얻었고, 그 자신감이 넘쳐 무모함으로 변했던 소백산 어의곡 환종주, 위험하지 않아도 충분히 아름다운 한라산 눈꽃 산행, 평소 쉬웠던 산이라도 만만하게 보면 아주 위험할 수 있는 영하 21도 대설주의보 소백산' 순으로 수록하였습니다.

독자께서 겨울 산과 친숙해져 멋진 눈꽃 산행을 즐기길 바라는 마음과 동시에, 위험한 상황을 간접경험 함으로써 항상 안전에 주의하길 바라는 마음이었습니다.

- 모두 안전하게 겨울 산을 즐기길 기원합니다. -

5-6. 설악산 대청봉에서 만난 80대 어르신 부부.

_2021년 5월 30일_ 설악산 오색 한계령

 3월부터 시작된 봄철 산불방지 기간이 5월에 끝났다. 사람들에게 잠시 해방되어, 약 두 달간의 휴식을 마친 설악산을 다시 찾는 것은 매년 연례행사 같은 일이다. 곧 더워지면 가을까지 등산하기 힘들 텐데 그 전에 한 번 다녀오자는 생각이다. 그래서 5월 30일에 [오색 - 대청봉 - 한계령 코스]로 설악산에 올랐다.

 일출을 볼 생각은 아니었지만, 해지기 전에 여유 있게 내려오자는 생각으로 새벽에 헤드 랜턴을 끼고 오르기 시작했다. 서두르지 않고 힘을 비축하며 올랐지만 그렇다고 너무 여유를 부리지도 않았다. 오르는 중에 해가 뜨고 정상에 도착하니 8시 30분이 되었다. 어떤 목적이나 특별한 기대 없이 왔는데, 운 좋게도 정상에서 멀리 보이는 운해가 장관이었다. 대기질도 좋아서 아주 멀리까지 선명하게 잘 보였다.

    만족스러운 마음으로 대청봉 정상석에서 사진 찍은 후, 사람들을 피해 한적한 곳에서 동해 방향으로 풍경을 감상하며 앉아 있었다. 잠시 후 연세가 꽤 있어 보이는 남자 어르신이 내 옆에 오시더니 손으로 아래 방향을 가리키며 물으신다. "저기가 공룡능선 맞지요?"

어르신 얼굴을 보니, 마치 어린아이가 놀이동산 사진을 보며 상상하는 그런 표정이었다. 어르신께 말씀드렸다. "네 어르신, 저기가 공룡능선 맞습니다." 그런데 어르신 얼굴이 살짝 변하더니, "나는 이제 늙어서 못가." 이렇게 말씀하셨다. 곧이어 뒤에서 "인제 그만! 대청봉이 마지막이에요." 라며 누군가 말을 했다. 뒤돌아보니 할머니 한 분이 근처 바위에 앉아 이쪽을 바라보고 계셨다. 할머니는 마치 어린아이 돌보듯 어르신에게 눈을 떼지 못하는 얼굴이었다.

어르신께 여쭤보았다. "어르신 죄송하지만, 올해 연세가 어떻게 되세요?" 외모로 짐작하면 적어도 70대는 되어 보이셨다. 그런데 이 시간에 대청봉에 계시다니, 대피소에서 주무시지 않았으면 오색에서 올라왔을 텐데 도대체 얼마나 빨리 올라왔다는 건가? "나 올해 84살이야. 집사람은 78살이야."라고 말씀하신다. 그 말을 듣는 순간 놀라움을 금치 못했다. 그래서 다시 여쭤보았다. "혹시 대피소에서 주무셨어요?", "응 대피소?

그게 뭔데?"라고 답하신다. "젊어도 힘든 것이 겁나 설악산에 올 엄두도 못 내는 사람들이 많은데, 어르신 정말 대단하세요." 이렇게 말씀드렸더니, "나 이번에 세 번째야!" 하며 자랑하듯 웃으신다.

어르신과 한동안 대화 나누며 많은 것을 느꼈다. 나이가 젊어도 주말에 뭘 해야 할지 몰라서 TV나 보는 사람들이 많고, 자신에 삶을 가꾸며 발전시키지는 못하고 남에게만 관심 가지며 인생 허비하는 사람들도 많다. 이 어르신이 어떤 초년, 중년의 삶을 살아왔는지 알 수 없지만, 이제 인생의 끝자락에서 가고 싶어도 갈 수 없는 공룡능선을 바라보던 그 얼굴이 잊히지 않았다. 짧은 인간의 생과 피할 수 없는 노화가 서글프기도 하고, 한편으로는 시간의 소중함도 함께 느꼈다.

대청봉에서 70대 80대 어르신 부부를 만난 것은 내게 큰 행운이었다. 어르신과 함께 대화하는 시간이 소중하고 감사하게 느껴졌다. 그 어르신은 가고 싶은 곳은 어디든 갈 수 있는 나를 보며 어떤 마음이 드셨을까? 인사 나누며 헤어지고 소청봉 쪽으로 걷기 시작했다.

중청봉에서 멀지 않고 경치도 좋으니, 들렀다가 한계령으로 하산할 생각이었다. 맑은 하늘에 설악산 능선들도 더 선명하게 보이고 멋졌다. 경치 구경하며 좀 있으니 50대는 넘어 보이는 남자 등산객 다섯 명이 숭청봉 쪽에서 나타났다. 나에게 북쪽으로 멀리 보이는 산맥을 배경 삼아 사진 찍어달라고 부탁했다. 그중에 한 분이 말씀하시길, 여기서 금강산이 보이는 경우가 잘 없는데 오늘 운 좋게 본다고 했다. 그러면서 사람들에게 저기 보이는 곳이 금강산이라고 알려줬다.

그분들과 헤어지고 한계령 방향으로 하산하기 시작했다. 아직 오월인데도 햇볕이 좀 따갑고 더웠지만, 파란 하늘 아래 신선한 초록이 내려다보이는 아름다운 능선 길을 걸었다.

등산 후기

나도 이제 등산을 시작한 지 약 25년이 넘어간다. 한때는 산에서 가장 빠르다는 나만의 자부심이 있었고, 체력으로는 누구에게도 지지 않을 자신이 있었다. 그런데 언제부터인가 20대, 30대의 젊은 등산객들을 보면, 나도 피할 수 없는 노화(老化)의 길을 걷고 있음을 느낀다. 헬스장에서는 20대, 30대보다 더 무거운 바벨을 들 수 있지만, 등산은 다르다. 내 생각에 등산은 생체에너지로 오르는 것 같다. 등산 경험이 많고 적음을 떠나서 나이에 따라 걷는 것이 분명 다르다. 산에서 가끔 초등학생 정도의 아이들을 보면 통통 튀듯 오르는 느낌도 받는다. 하지만 긴 코스에서 체력을 안배하거나 등산하는 마음가짐을 바르게 갖는 것은, 나이가 들며 더 노련해진다.

바르고 가치 있게 세월을 보냈다면 잃는 것만큼 반드시 얻는 것도 생긴다. 만약 무엇을 얻었는지 보이지 않는다면 원래 잃을만한 것도 없었기 때문이다. 그래서 지금 현재를 열심히 살아서 가치 있는 것을 지니고 있다면, 세월이 지나도 여전히 다른 가치 있는 것을 지니게 된다.

~ metta & karuna ~

자애와 연민의 마음으로……

긴 이야기를 함께한 그대에게 드리는 맺음말.

가끔 서점에 가면 등산에 관한 책을 살펴보았습니다. 아직 누구도 다루지 않은 주제에 관해, 나만의 특별한 등산책을 써보고 싶었습니다. 하지만 직장 다니며 책을 쓴다는 것이 쉽지 않았습니다. 그래서 머리말과 목차만 완성해 놓고 더 손대지 못하고 있었습니다. 차일피일 미루고만 있다가 인생의 전환점을 맞이하기 위해 직장에서 퇴사하고, 잠시 휴식기에 들며 본격적으로 책을 써갔습니다.

기억과 경험으로 알게 된 지식을 서술하면 되었기에 창작의 고통은 없었지만, 그래도 시간이 꽤 오래 걸렸습니다. 2024년 6월부터 원고가 완성되는 10월까지, 주말도 없이 책 쓰는 일에만 매달렸습니다. 한번 해보니, 책을 쓴다는 것은 보통 일이 아니라는 것을 알았습니다. 이미 알고 있는 것을 글로 표현하는 작업도, 정신 에너지가 많이 소모되었습니다. 그래서 하루에 쓸 수 있는 분량이 어느 정도 정해져 있었습니다. 만약 창작으로 쓰는 종류의 책이라면 더 힘들고 오래 걸렸을 것입니다.

원고만 끝내면 다 된 줄 알았는데, 인디자인이라는 프로그램으로 조판 작업과 내지 디자인, 표지 디자인도 직접 하고 싶어졌습니다.

11월부터는 책과 인터넷으로 인디자인 사용법을 익히며, 원고를 책처럼 만들기 시작했습니다. 올해 안에 책을 내기 위해서, 먹고 자는 시간 외에는 계속해서 작업만 했습니다. 그러다 보니 어느덧 가을은 다 가고 추위가 시작됐습니다. 책이 조금씩 완성되어 갈 때마다 느끼는 기쁨에 힘든 줄 모르고 집중할 수 있었습니다.

교정을 위해 전문가에게 의뢰하지 않고 순수하게 제 글의 느낌이 나도록 썼습니다. 창작이 아닌 나의 경험과 견해를 쓰는 책에, 남의 표현 방식과 느낌을 덧칠하고 싶지 않았습니다. 그렇기에 전문 작가가 아닌 이상, 조금 어색한 표현이나 어투도 있을 것입니다. 하지만 문학작품이 아니라서 크게 상관없다고 생각했습니다. 이 책은 내가 세상과 소통하는 한 가지 방식이기에, 그래서 더 있는 그대로의 내 표현을 담고 싶었습니다. 하지만 글을 쓰고 난 후 읽고 또 읽으며 계속해서 교정해 갔습니다. 이 점은 양해 부탁드립니다.

출판사를 운영하는 분들이 말하길 책을 써서 돈 벌기가 쉽지 않다고 합니다. 유명 작가도 인세가 10%를 넘지 못하는 수준이라고 합니다. 책 내용이 괜찮고 반응이 좋을 경우, 일본이나 다른 나라에 번역서로 출간하면 돈을 벌 가능성도 있다고 합니다. 하지만 책을 내는 거의 모든 분이 자신만의 이유가 있기에 책 쓰기를 시작할 것입니다.

선업(善業)을 지어 세상에 보탬이 되고 싶은 마음이 우선순위지만, 그래도 수익을 한번 따져보았습니다. 시급 1만 원에 하루 일당 8만 원으로 가정하고 주 5일로 계산해 보았습니다. 한 달 20일에 일당 8만 원을 곱하면 160만 원입니다. 집필 및 출판 작업 기간 6월부터 12월까지 7개월로 잡으면 총 1,120만 원입니다. 인터넷으로 검색해 보니, 1인 출판사를 창업해서 책을 내면 최고 수익률로 따져도 35% 정도라고 합니다. 책 정가를 얼마로 할지는 모르겠지만, 2만 원으로 했을 때 수익 35%인 7천 원으로 가정하고 계산해 봅니다. 7개월 인건비 1,120만 원을 한 권 수익 7천 원으로 나눈다면, 1,600권을 팔아야 인건비가 나옵니다. 또한 책을 내는 과정에 들어가는 부대비 등도 있을 것입니다.

그런데 이 책이 얼마나 팔릴지 또는 어떤 결과를 낼지 알 수 없습니다. 교보문고 정도의 대형 서점에 들어가면 그나마 광고가 돼서, 사람들이 좀 더 쉽게 관심 가질 수 있을 것입니다. 하지만 알아본 바로는 대형 서점과 계약하기가 쉽지 않다고 합니다. 또한 대형 서점과 계약하면 수익에 약 35% 정도를 줘야 한다고 합니다. 대형 서점과 계약이 안 되면, 온라인 쇼핑몰 같은 곳에서 판매하게 될 것입니다. 그러면 '도대체 왜 그긴 시간 동안 공들여 이 책을 썼는가?'라고 생각할 수 있습니다. 수익을 따진다면, 올해처럼 유난히 길고 더운 여름에 휴가도 가지 않고, 가을도 창밖으로 보면서 열정적으로 책을 쓰지 못했을 것입니다.

머리말에서 말씀드렸듯이, 이 책을 쓰게 된 동기는 내가 알고 있는 것을 나눔으로 세상에 보탬이 되고 싶은 마음이었습니다. 그래서 처음부터 끝까지 행복한 마음으로 쓸 수 있었습니다.

삶 속에서 마음에 휴식이 필요한 사람들이 있을 것입니다. 취업 준비생이 될 수도 있고, 몸이 불편해서 치료 중인 사람이나, 열심히 일하다가 잠시 쉬는 사람, 또는 세상에 상처받아 치유 중인 사람이 될 수도 있습니다. 제 경험으로 볼 때, 인생에서 그런 시기를 맞이하면 가장 도움 되는 것 중 하나가, 바로 산을 약으로 활용하는 것입니다. 그 이유는 책의 내용에서 충분히 설명하였습니다.

긴 인생의 여정에서 잠시 휴식하고 치유 받길 원하는 분들이, 이 책을 펴볼 수 있도록 책 제목을 '산은 약(藥)이다.'로 정했습니다. 책을 쓰기로 결심한 의도에 딱 맞는 마음에 드는 제목입니다. 산을 약으로 활용하려면, 등산에 선입견이나 거부감이 없어야 합니다. 이 책을 읽으면 '등산은 욕망(번뇌)을 위해 투쟁하고 성취하는 것이 아니라, 욕망(번뇌)을 내려놓고 현재에 머무는 것이다.'라는 바른 견해가 확립될 것입니다. 부담 없이 가벼운 마음으로 산을 찾을 수 있습니다. 산을 약으로 활용할 수 있게 됩니다.

오래전부터 책을 쓸 계획으로 대형 서점을 둘러봤지만, 등산의 바른 견해나 활용에 관해 이야기하는 책은 없었습니다. 아마 앞으로도 저처럼 명상을 즐기는 등산 애호가가 책을 내지 않는다면, 이런 주제의 책은 나오지 않을 것입니다. 이 책을 통해서 제가 의도한 대로 세상에 보탬이 되는 선업(善業)을 지을 수 있다면, 저는 그것으로 만족하고 감사하게 생각합니다. 저 또한 필요할 때, 누군가 지은 선업(善業)으로 도움을 받을 수 있을 것입니다.

맺음말

‘ 등산을 잘한다는 것은 무엇일까요?
　산을 인생에 약(藥)으로 활용할 줄 아는 것입니다. ’

행복하기를 안전하기를...

-끝-